本书受国家自然科学基金"组织和职业嵌入下员工多路径离职过程机理的多层次研究"(71572170)资助。

城镇化进程中农民工和农村老人的健康与生活满意研究

The Health and Life Satisfaction of Migrant Workers and Rural Elders in the Process of Urbanization

杨春江 ◎ 著

经济管理出版社

图书在版编目（CIP）数据

城镇化进程中农民工和农村老人的健康与生活满意研究 / 杨春江著. —北京：经济管理出版社，2019.8
ISBN 978-7-5096-6692-0

Ⅰ. ①城⋯　Ⅱ. ①杨⋯　Ⅲ. ①民工—生活状况—研究—中国②农村—老年人—生活状况—研究—中国　Ⅳ. ①D422.7②D669.6

中国版本图书馆 CIP 数据核字（2019）第 129323 号

组稿编辑：赵亚荣
责任编辑：赵亚荣
责任印制：黄章平
责任校对：董杉珊

出版发行：经济管理出版社
（北京市海淀区北蜂窝 8 号中雅大厦 A 座 11 层　100038）

网　　址：	www.E-mp.com.cn
电　　话：	（010）51915602
印　　刷：	三河市延风印装有限公司
经　　销：	新华书店
开　　本：	720mm×1000mm /16
印　　张：	15.25
字　　数：	251 千字
版　　次：	2019 年 8 月第 1 版　2019 年 8 月第 1 次印刷
书　　号：	ISBN 978-7-5096-6692-0
定　　价：	68.00 元

·版权所有　翻印必究·
凡购本社图书，如有印装错误，由本社读者服务部负责调换。
联系地址：北京阜外月坛北小街 2 号
电话：（010）68022974　邮编：100836

前 言

社会经济发展进程中第二、第三次产业在城市集聚,农村人口不断向非农产业和城市转移,使城市数量增加、规模扩大,城市生产方式和生活方式向农村扩散、城市物质文明和精神文明向农村普及。城镇化是中国现代化进程中的一个基本问题,特别是在国际经济环境发生深刻变化、我国进入中等收入国家行列以及面临经济下行压力的新形势下,科学推进城镇化是实现现代化、扩大内需、优化产业结构的必要途径。在城镇化过程中,有关农民工和农村留守老人的问题尤为突出,亟待深入分析。

改革开放快速推动了中国的工业化和城镇化进程。工业化促进了城市制造业和服务业的快速发展,产生了巨大的人员需求缺口;城镇化造成乡村土地减少和剩余劳动力的激增,形成了庞大的、可以自由流动的冗余人口。在两者的共同作用下,在中国产生了一个庞大的弱势群体——农民工。国家统计局2017年数据显示,我国农民工总量已超过2.8亿人。在我国二元经济的格局下,"生活在城里的农村人""不种地的农民""没有户口的城里人"等一系列标签勾勒出农民工的城市边缘群体身份,他们普遍存在收入低、工作负荷高、生活压力大、缺乏劳动保护和职业病严重等问题。

另外,中国社会的老龄化程度正不断加深,统计数据显示,截至2014年底,我国60岁以上的老年人口已超过2亿人,占总人口的14.9%,远超联合国老龄社会的标准(10%)。其中,农村老人是主体,占70%以上(国家统计局,2014)。这一群体数量虽然庞大,却游离在主流社会的边缘,构成了最大的弱势群体。在城乡二元经济结构下,经济收入低、卫生保健条件差的农村老人心理健康问题日益突出。中国乡村治理研究中心的调查显示,农村老人自杀现象呈逐年上升趋势,从20年前的1‰上升到现在的5‰。究其原因,除上述结构性因素外,家庭和社会因素也不可忽视。例如:我国工业化进程中的劳动力缺口使大量农村适龄劳动力流向城市,老人与儿童则因年龄、户籍等问题留守农村,致使农村老人一方面不得不承担繁杂沉重的田间劳动并抚养和照顾儿童,生活负担过重,另一方面缺少子女的照顾和关怀,较少进行社交活动,社会参与程度低。可见,这些家庭和社会因素对农村老人生活的影响可能更加直接和显著。

党的十八大提出"到 2020 年实现全面建成小康社会"的宏伟目标,在社会生活领域要实现人民生活水平的"全面"提高。农民工能否顺利完成由"农村人"向"城市人"的转变,实现城市融入,农村老人的生活现状能否得到改善,幸福地安度晚年?这些问题不仅影响家庭和社会的稳定,而且影响中华民族伟大复兴总战略的实现。由此可见,关注农民工、农村老人的城市融入、生活质量和心理健康具有重大的历史和现实意义。同时,探究影响上述问题的重要因素,分析其间的效应机理与条件又是社会学、经济学、心理学、管理学研究的前沿课题,具有重要的理论意义。

在现有文献的基础上,我们开展了 15 项系列研究:①从我国农村金融体系发展中存在的问题入手,基于金融视角分析了造成城乡收入差距的深层原因,并提出有益的建议。②兼顾经济、社会和个体心理视角,基于社会比较和区位理论构建了由城乡距离对收入(客观)和对主观社会经济地位、异质性产生影响,进而影响农村居民外出务工行为的路径模型。③以河北省农民工群体为研究对象,分析了农民工个体因素在就业状况上存在的差异。④基于社会角色和人际关系理论,从收入和工作时间出发建构了对农民工健康产生影响的中介—调节模型,分别从压力和婚姻角度分析了影响过程的心理机制和条件边界。⑤实证检验了生活压力和工作时间两方面因素对农民工生活满意的影响,并基于压力和需求层次理论,分析了健康和社会融入的中介作用,同时考虑经济收入的权变影响。⑥基于社会比较理论、需求层次理论和社会阶层理论,分析了公平感和安全感对农民工社会融入的影响,及其间生活满意的中介效应和经济收入的调节效应,探讨了其整个过程的心理作用机制和边界条件。⑦旨在发掘城市融入的影响因素,以及其对农民工个体的生活满意的作用,以社会关系理论为基础,研究个体社会安全感在上述关系中的调节作用。⑧以需求层次理论、归因理论和社会比较理论为基础,探究农民工社会安全感与其生活满意之间的关系,研究生活压力在其间的心理机制,使我们更深刻理解农民工个人基本需要在其生活质量评定中的重要性和权变条件。⑨引入整体性治理理论的分析范式,建立一个"整体性治理"的分析框架,对农民工住房保障这一问题进行了探讨,分析当前农民工住房保障的进展及所面临的困境,并提出相应的解决对策。⑩基于自我决定理论,构建了由工作价值观、社会支持和分配公平作为影响因素，以工作满意、主观社会地位和消极情感作为中介变量，对生活幸福感的影响路径模型。⑪从农村居民收入类型对医疗保健支出的影响和农村居民个体差异对医疗体系的满意水平的影响入手，深入分析影响医疗参与意愿和行为的各种因素，力求从一个较深入的层面分析现阶段我国农村医疗体系中存在的问题，并有针对性地提出完善措施和建议。⑫调查分析了农村老人慢性病发病率对身体健康的影响和慢性病患病率高的原因，并提出了改善措施。⑬根据社会网络和社会资本理论，提出两个中介变量——健康感知和心理福利来解释社会支持与生活满意的关系，并进一步假设社会经济地位会正向调节以上关系。⑭根据社会支持理论与差序格局理论，以心理福利为中介变量来解释社会交往与生活满意之间的关系，并检验了情感支持的负向调节效应。⑮选择情感支持和实际支持作为心理福利的主要影响因素，选择社会交往频率为条件变量，建构理论模型，以辨析农村老人心理健康状况的影响因素及其间的作用条件。

上述系列研究从社会学、经济学和心理学视角，系统、全面地分析了农民工和农村老人的健康、社会融入、生活满意、主观幸福感等重要议题，在发展和深化相关理论认识的同时，为相关部门制定政策和实施管理提供了可靠的理论依据。

杨春江
2019 年 5 月 22 日

目　录

1 中国农村金融体系发展对城乡收入差距的影响研究 ……… 1
   1.1　引言 ………………………………………………………… 1
   1.2　我国农村金融体系发展现状 ……………………………… 2
   1.3　农村金融体系发展与城乡收入的关系 …………………… 4
   1.4　完善农村金融体系，缩小城乡差距 ……………………… 5

2 农民工缘何背井离乡
   ——基于社会比较和区位理论的农民外出务工主客观路径分析 ………… 8
   2.1　引言 ………………………………………………………… 8
   2.2　研究框架与研究假设 ……………………………………… 9
   2.3　研究方法 …………………………………………………… 17
   2.4　数据分析结果 ……………………………………………… 18
   2.5　讨论与本章结论 …………………………………………… 21

3 金融危机后河北省农民工个体特征与工作状况分析 ……… 25
   3.1　调查过程与研究框架 ……………………………………… 26
   3.2　变量的描述统计 …………………………………………… 27
   3.3　农民工个体因素对就业情况的影响 ……………………… 28
   3.4　本章结论与建议 …………………………………………… 36

4 收入与工作时间对农民工健康的影响：压力、婚姻的中介和
   调节作用 ……………………………………………………… 38
   4.1　引言 ………………………………………………………… 38
   4.2　理论基础与研究假设 ……………………………………… 39
   4.3　研究设计与样本 …………………………………………… 43
   4.4　数据分析 …………………………………………………… 44

4.5　假设检验 ………………………………………………………… 45
　　4.6　讨论与本章结论 ………………………………………………… 48

5　压力下的农民工生活满意：健康和社会融入的作用 ……………… 52
　　5.1　理论基础与研究假设 …………………………………………… 53
　　5.2　研究设计与样本 ………………………………………………… 56
　　5.3　数据分析 ………………………………………………………… 57
　　5.4　本章结论与启示 ………………………………………………… 62

6　公平与安全对农民工社会融入的影响研究
　　——基于生活满意和经济收入的作用 ……………………………… 66
　　6.1　研究模型及研究假设 …………………………………………… 67
　　6.2　研究设计 ………………………………………………………… 70
　　6.3　结果与分析 ……………………………………………………… 72
　　6.4　本章结论与启示 ………………………………………………… 77

7　城市融入、社会安全感与生活满意
　　——基于农民工群体的实证研究 …………………………………… 79
　　7.1　引言 ……………………………………………………………… 79
　　7.2　理论框架与研究假设 …………………………………………… 80
　　7.3　研究设计 ………………………………………………………… 84
　　7.4　数据分析 ………………………………………………………… 86
　　7.5　讨论 ……………………………………………………………… 90
　　7.6　本章结论 ………………………………………………………… 94

8　越安全，农民工就会越幸福吗？
　　——生活压力与社会公平感的中介与调节作用 …………………… 95
　　8.1　引言 ……………………………………………………………… 95
　　8.2　文献回顾与研究假设 …………………………………………… 96
　　8.3　研究设计 ………………………………………………………… 99
　　8.4　数据分析 ………………………………………………………… 100
　　8.5　讨论与本章结论 ………………………………………………… 104

目录

9 我国农民工住房保障的供给机制研究
  ——基于整体性治理的视角 ·················· 107
  9.1 我国农民工住房保障供给机制的分析框架·············· 108
  9.2 我国农民工住房保障供给实践中的探索·············· 109
  9.3 我国农民工住房保障供给实践中的困境·············· 112
  9.4 走向整体性治理：农民工住房保障供给机制的构建·········· 118
  9.5 本章结论 ·························· 120

10 生活何以幸福？
  ——基于中国城乡居民劳动力动态调查的多路径解读 ········· 121
  10.1 引言 ··························· 121
  10.2 理论基础与研究假设 ···················· 125
  10.3 研究方法 ························· 129
  10.4 数据分析与结果 ······················ 131
  10.5 研究结论与讨论 ······················ 135

11 我国新型农村合作医疗体系的农村居民参与意愿与行为研究 ······· 141
  11.1 农村居民收入结构对医疗消费的影响 ·············· 141
  11.2 农村居民对医疗服务体系满意度的影响因素 ··········· 143
  11.3 增强农村居民合作医疗参与意愿和行为的建议 ·········· 145

12 社会经济地位视角下的农村老年人健康状况分析
  ——基于河北13个村的调查数据 ················ 147
  12.1 调研与取样 ························ 147
  12.2 数据分析 ························· 148
  12.3 改善农村老人健康状况的途径分析 ··············· 153

13 社会支持对农村老人生活满意的影响机制研究
  ——基于河北省19个村的调查 ················· 155
  13.1 引言 ··························· 155

13.2　文献回顾与研究假设 ……………………………………… 157
　　13.3　研究设计 …………………………………………………… 162
　　13.4　数据分析 …………………………………………………… 164
　　13.5　讨论与本章结论 …………………………………………… 169

14　农村老人社会交往对生活满意的心理作用机制研究
　　　　——基于情感支持视角 ……………………………………… 173
　　14.1　引言 ………………………………………………………… 173
　　14.2　理论假设 …………………………………………………… 175
　　14.3　研究方法 …………………………………………………… 179
　　14.4　数据分析 …………………………………………………… 181
　　14.5　讨论与分析 ………………………………………………… 186

15　社会支持对农村老人心理福利的影响机制研究
　　　　——基于河北省516位农村老人的问卷调查 ……………… 189
　　15.1　引言 ………………………………………………………… 189
　　15.2　理论框架与研究假设 ……………………………………… 190
　　15.3　研究设计 …………………………………………………… 192
　　15.4　数据分析 …………………………………………………… 193
　　15.5　讨论与总结 ………………………………………………… 198

参考文献 ……………………………………………………………… 200

1 中国农村金融体系发展对城乡收入差距的影响研究

1.1 引言

"三农"问题一直以来都是摆在我国政府面前亟待解决的难题。作为传统农业大国，中国不仅有着广袤的土地，还有着占全国人口绝大多数的农民群体。随着我国改革开放政策的深入推进，沿海开放地区经济得到了飞跃式的发展，人民收入和生活水平也持续提升。然而，在大中城市经济快速发展、城市居民全面享有小康生活的同时，我们也应当清楚地意识到，我国城乡二元经济模式所带来的负面效应也逐渐显现，其中最受关注的莫过于城乡居民收入差距进一步扩大的现实（姚耀军，2005）。数据显示，我国 1995 年基尼系数为 0.43，随后每年都有所增加，到 2010 年更是达到了 0.49，早已超过了国际公认的 0.4 的警戒线。随着我国城市经济的发展，城乡家庭收入差距也呈现不断扩大的态势，从 1978 年的 210 元扩大到 2006 年的 8172 元。北京师范大学劳动力市场研究中心发布的报告显示，我国城乡之间的收入比系数在 2010 年为 3.23∶1。由此可见，现阶段我国城乡差距仍然很大。这也引起了许多学者的注意，将研究重点聚焦于此，在分析深层次原因的同时，力图为解决这一矛盾献计献策（段景辉等，2011；李民，2011）。本章即着眼于此，主要关注农村金融体系建设对城乡收入差距的影响，并从农村金融体系发展角度提出相应的改进建议。

1.2 我国农村金融体系发展现状

20世纪80年代初,我国农村金融体系主要呈现出以农业银行为主,其他金融机构并存的多元化格局。进入90年代,逐渐转变为以农村信用合作社为主导,其他商业机构、政策机构和农村合作性机构并存的体系。到21世纪初期,又发展形成了以农业银行、农村信用社为主的正规金融体系(蔡玉胜,2009)。在此期间,正规金融体系虽然规范了农村金融市场,但某些弊端也开始显现。例如,正规金融组织的金融产品单一,无法满足农民对资金的多样化需求。因此,非正规的金融组织开始出现在农民金融筹资选择的范畴中。

总体来看,我国农村的金融体系可以分为正规机构和非正规组织两类。前者主要包括中国农业银行、中国农业发展银行、中国邮政储蓄银行和农村信用合作社等国有银行;后者主要包括自由借贷、私人钱庄、合会、典当业信用、民间集资、民间贴现等民间金融组织(董君,2011)。从组织规模和提供的服务范围来看,正规金融机构在农村金融服务中起到了主导性的作用,而非正规金融组织则长期不被承认,其合法性尚待明确。有鉴于此,本章主要聚焦于正规金融机构对城市与农村居民收入差异的影响作用。

我国现阶段农村金融市场主要依赖国有和股份制银行机构的金融服务(郭沛,2004)。虽然如此,正规金融机构提供的服务仍然十分有限,存在金融产品种类少、服务方式单一、金融机构工作效率低、服务质量不高和无法满足农民的多元化需求等问题(李庆华,2011)。尤其在一些偏远地区,农户连最基本的资金需求都不能得到满足。而且这种现状并没有改善的迹象,统计显示,银行机构正逐步缩小农村市场的业务比重(王新华等,2008)。例如,作为以发展农业为主要业务的中国农业银行,自股份制改造以后,其分支机构集中在中心城市,信贷业务也更偏向大中型企业和城市居民。这使其所提供的服务远不能满足农民为改善农业生产和搞活农村经济对资金的需要。不仅如此,其他各大银行也逐渐降低了对农户的借贷额度和提高了借贷标准,这使本就不乐观的农村金融市场更是雪上加霜。纵观现阶段我国农村金融体系的发展,主要存在如下问题:

（1）正规金融机构的农户贷款门槛相对较高。出于规避风险的考虑，正规金融机构发放贷款需要抵押资产，而农户的实物资产往往较少，无法满足银行的要求，这造成了贷款难的事实。正因为银行机构贷款难，农户便转而投向非正规金融组织筹集资金。然而，农村非正规金融组织的发展，在行政层面较少受到政府部门的监管，在制度层面尚没有得到法律的承认。因此，双方在产生矛盾冲突时，农户难以得到必要的保护和维权。即便如此，迫于融资渠道受限的压力，农户对非正规金融组织的需求有增无减。数据显示，非正规金融组织的借贷规模在2000亿~3000亿元（位志宇等，2007）。其发展对我国农村经济可谓有利有弊：一方面，它为农户提供资金支持，有助于解决农户资金短缺的难题；另一方面，它追逐利益，利息较高，这无疑增加了农户的经济负担。因此，对于农村非正规金融组织的发展，国家既要充分利用，又要严格监管。

（2）农村金融市场的资金收益率较低。追逐利润是金融机构的本性，然而为农村提供金融服务不仅投资大、风险高，而且利润率较低。正因如此，正规金融机构逐渐降低对农村市场的资金借贷额度和提高借贷门槛，以逐渐缩小农村业务比重。在"市场之手"的作用下，银行追逐利益的动机也是合理的。因此，我们应意识到，上述问题仅靠金融市场自身的调节机制是无法根本解决的，必须依靠中央和地方政府的政策扶持和制度导向，加以控制和约束。

（3）农村资金大量外流。我国金融市场的资金流向，总的来说是从农村流向城市。例如，从主要办理异地汇款业务的邮政储蓄来看，它在农村只从事存款业务，而未开放借贷业务，这样一来，无形中将农户的资金转向了中心银行，进而使资金流入大中城市。资金的外流，更加剧了农户获取资金的困难。而对于城市居民而言，由于资金充裕而易获得贷款，便于投资和发展经济，进而拉大了农村和城市间发展速度的差距。

综上所述，我国农村金融体系的发展仍存在诸多问题，这些问题构成了城乡收入差距的重要原因。例如，张立军等（2006a，2006b）认为，农村资金的外流以及非正规金融机构是造成城乡收入差距的原因。许崇正等（2005）则指出，扩大对农村资金的投入将有助于缩小城乡收入差距。因此，若要从金融体系入手改善城乡收入差距，首先必须弄清楚金融体系对城乡收入有着怎样的影响及两者间关系如何等问题。

1.3 农村金融体系发展与城乡收入的关系

城乡收入差距受众多因素的影响，其中农村金融体系的影响尤为重要。本章从《中国统计年鉴》收集数据，统计1978~2008年的数据发现：随着农村金融发展规模指标（FIR）的变动，城乡收入差距（CR）也随之变动。具体表现在：1978~1983年（计划经济主导时期），FIR指标下降，CR指标也随之下降；1983~1988年（计划经济向市场经济转变时期），FIR平稳下降，CR指标则逐渐提升；尤其在1995~2008年（市场经济主导时期），随着FIR指标的逐步降低，CR指标不断提高。具体如图1-1所示。由此我们推断，农村金融体系发展与城乡收入差距呈负相关，即随着农村金融体系发展水平的下降，城乡收入差距呈扩大的态势。有学者认为这种情况主要是农村资金外流和农村非正规金融组织所致（张立军，2006）。基于此，提出了三种解释效应，分别是排斥效应（具体包括条件排斥、评估排斥和自我排斥）、门槛效应和非均衡效应（冉光和等，2011）。基于上述三种效应，农村金融体系对城乡收入差距产生影响，如图1-2所示。

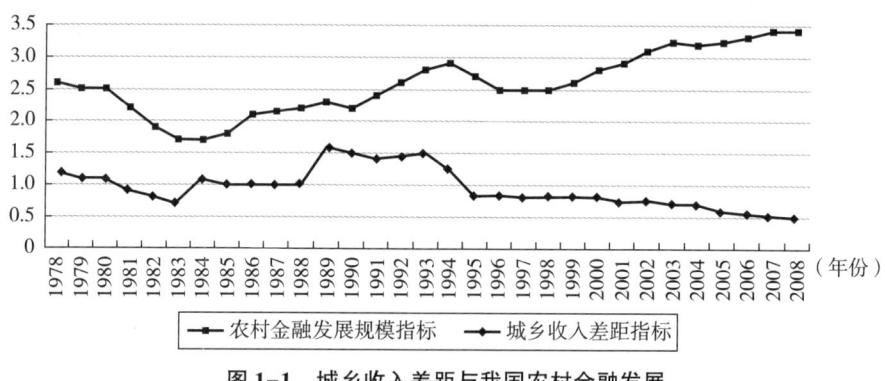

图1-1 城乡收入差距与我国农村金融发展

注：FIR为农村金融发展规模指标，FE为农村金融发展效率指标，CR为城乡收入差距指标。

资料来源：1979~2009年《中国统计年鉴》。

（1）排斥效应。市场环境下，金融机构经营的目标是"价值最大化"，它们为了获得更多的利益而终止业绩水平不高的农村金融分支机构的业务的做法被称为"排斥"，此举在满足金融机构利益最大化的同时，增加了

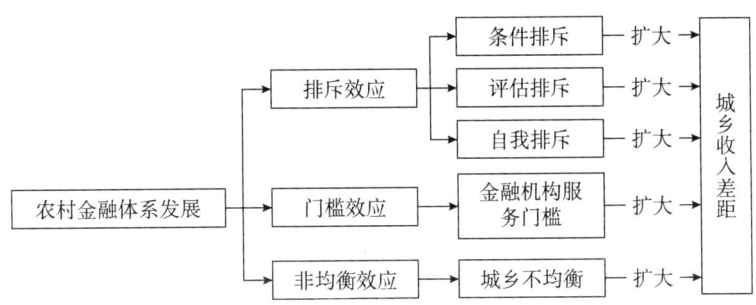

图 1-2 农村金融体系发展对城乡收入差距的影响机制

农民获得资金的压力。排斥效应有不同的作用形式：条件排斥、评估排斥、自我排斥。条件排斥是指附加于金融产品的条件不适合农村人群的需要；评估排斥是指金融机构通过风险评估手段对经济主体施加的准入限制；自我排斥是被排斥主体主动将自身排斥在金融体系之外。这些因素相互作用，阻碍农村金融机构的发展从而扩大城乡收入的差距。

（2）门槛效应。顾客在接受服务时要支付一定的成本，只有支付成本者才能享受金融服务。农民因为收入较低，很难满足金融服务的条件，因此无法接受金融服务。与之相反，城市居民拥有相当充裕的资金和更高市场价值的不动产，较易满足金融服务的条件而获得金融服务，进而获得更多的融资机会进行投资。如果这种效应持续循环作用，城乡收入差距则不断扩大。

（3）非均衡效应。现阶段我国总体金融资源是有限的，受其他因素的影响，这些有限资源在城乡分配中存在不均衡的现象。"非均衡效应"导致农村金融发展落后于城市金融发展，而经济增长与金融发展是相互作用、彼此影响的。一方面，经济增长需要金融机构提供资金支持，通过金融带动科技的进步，推动经济增长；另一方面，经济增长又会加速金融资本的流动，吸引金融机构进入，繁荣金融市场。现实中，农村经济落后于城市经济，导致金融市场发展不力，进而又减慢了农村经济的发展，形成负性循环。久而久之，城乡收入差距也越来越大。

1.4 完善农村金融体系，缩小城乡差距

以上我们分析了农村金融体系与城乡收入差距间的关系，讨论了我国

现行农村金融体系对城乡收入差距扩大的效应机理。那么如何从构建合理的金融体系入手，改善城乡收入不均衡的现状呢？笔者认为，至少应从政府和金融机构两个层面着手解决。

从政府方面来看，应采取改革金融体制的措施、完善金融机构运行的机制以及解决在管理方面存在的问题，落实将盈余资金转向资金短缺者，解决农民对资金的需求得不到满足的问题。其一，国家应从制度层面制定鼓励构建农村金融体系的扶持政策，放宽农村金融市场的进入限制，鼓励多渠道融资，肯定非正规金融组织的合法地位。增加对金融体系发展政策的支持，能够有效降低投资者的经营风险，保障农村金融机构获取利润的同时，增加农村资金的流入；放宽准入制度，能够鼓励更多符合标准的机构增加在农村的金融建设，从而能够将更多的盈余资金引入农村；农民所能够获取资金的渠道也不应仅限于正规金融机构，在政府政策的扶持下可以考虑其他的融资渠道。例如，在政府肯定非正规金融组织的前提下，从此类组织获得资金也会受到政策和法律的保护，农民也可以考虑增加从此类机构获取的资金。其二，从国家发展层面，国家财政应加大对农村企业、农户，特别是低收入居民的优惠性财政扶持。增加政策扶持和法律保护，使农民感受到自己的权益被国家法律政策所保护，因而能够有信心获得所需的资金来发展自己的业务，进而增加农民的收入。其三，各级政府应从行政层面加强对非正规金融活动的监管，打击过高收息的行为，维护农户的合法权益。加大监管力度，一方面能够有效地控制此类机构不合理地扩展，控制利率，以降低农民的负担；另一方面增加对农民的保护，使农民能够在无后顾之忧的情况下筹集所需的资金。其四，国家要统筹城乡的发展，缩小城乡之间的收入差距。国家在城镇化建设中，要偏重于农村的发展和建设，加快农村的经济发展，如此才能够降低收入的差距。

从金融机构方面来看，首先，国有银行不能仅限于盈利目的，应增强国有银行支持国家经济发展的社会责任意识，承担起均衡城乡经济的责任。在国家政策性的扶持下，银行机构应该在保证自己获得一定利润的情况下，增加对农村建设的责任，并且农村经济的发展壮大将有利于银行机构的长期发展。其次，银行应保留农村信贷业务，在营业网点上要着力覆盖农村区域。降低农村分支机构的盈利指标设置，更多地强调其便利和服务功能。此举将增加农民获得资金的可能性，减少农民在筹集资金时所遇到的障碍。再次，在业务"门槛"方面，尽量降低农户的贷款要求，增加小额贷款、政府信誉贷款等融资渠道。降低农民获得资金的"门槛"后，农民将会增加对正规金融机构的信任，从而会加大从该类机构筹集资金的可能。如果金融机构增加小额贷款，就会更大程度地满足农民对资金的需求。最后，金融机构应该使资金向农村"回流"，解决农村资金短缺的问题。资金的回流有助于落实将资金由盈余处流向资金的短缺者（杨春江和刘微，2013）。

2

农民工缘何背井离乡
——基于社会比较和区位理论的农民外出务工主客观路径分析

2.1 引言

国家统计局 2017 年最新数据显示,我国农民工总量达到 28171 万人,如此庞大的群体对我国社会和经济已经并正在产生难以估量的影响。农村劳动人口外出务工在吸引媒体关注的同时,不禁引起人们对其背后动因的好奇。城乡差距、地区差距、经济差距和产业差距之下的城乡人口流动,是农民希望提高收入,是他/她们渴望城市生活,还是人力资本与社会资本使然?

关于农民工现象的成因,涌现出多个学派的思想:①经济因素的驱动。Ravenstein 的"推—拉理论"、Levis 的"二元经济结构"理论、Schultz 的"三态论",以及李强(2003)、蔡昉和王美艳(2009)等的研究强调,城乡间的收入差异是吸引农村劳动力向城市转移的首要动因,构成了目前我国农民工流动研究的主流观点。②非经济动因。持此类观点的学者在承认经济因素有重要影响的同时,认为改变生存状态、追求城市便捷和现代化的生活、有益子女教育和发展等社会需要同样起到不可替代的作用。研究发现,此类动机在新生代农民工身上更为普遍和强烈。③社会结构和个体理性的交互动因。Giddens 等(1986)提出结构化理论(Theory of Structuration)来解释个人与社会、个体社会行动与社会结构之间的互动关系。从该理论来看,农民工的流动源于社会系统和个人理性行动的双重作用,即社会结构的"生存压力"和农民的"理性选择"。

当今中国,二元经济结构和地区发展差异造成我国城乡间收入差距较大，农村居民追求物质富裕，进城务工也在情理之中；严格的户籍制度和各种资源分布不均使我国城乡间社会化差距明显，农村劳动力向城市流动，享受城市生活和谋求发展也合情合理。社会制度的安排，个体对需要的追逐，一并构成了人口流动的驱动力。

显然，兼顾思考经济因素、社会因素和个体因素会更全面和系统地理解农村居民进城务工的动因和机理。为达此目的，我们设两条主线进行分析：①从经济动因来看，我国城乡差距的根源是地理空间布局，城市经济的溢出效应优先辐射邻近乡村经济的发展。距离近者受城市带动作用较大，经济发展较快；距离远者受地理条件、交通便利性和溢出效应下降的影响，经济发展往往较慢。由此可见，地理距离影响收入水平，在经济因素的驱动下，偏远乡村的居民更倾向进城务工。②从社会结构和个体理性动因来看，偏远地区的乡村居民收入普遍偏低，外出打工者的务工收入会在很大程度上改变居民家庭的整体收入和生活水平，由此造成外出打工者家庭与留守务农者家庭之间的收入差距。基于社会比较理论的观点，村民们在彼此的对比中产生心理不平衡和外出务工驱动力。其中，作为家庭主要劳动力和收入来源的男性则一马当先。基于以上思考，我们以村为单位构建了"城乡距离—收入—外出务工"和"城乡距离—主观社会经济地位—异质性—男性外出务工"两条路径的整体分析框架，不仅系统分析农村居民外出务工的经济动因、社会动因和个体心理动因的影响效果，而且深入探析模型中两条路径的逻辑链条和作用机理。通过本章的研究弥补以往研究仅从单一动因、单一路径和单一视角之下分析农村劳动力向城市流动的局限，使我们对农村居民外出务工的动因和影响效应有更加清晰和完整的认识，使研究发现能够更有效地指导实践。

2.2 研究框架与研究假设

不同背景、特征各异的农村居民，不约而同地涌入浩浩荡荡的民工队伍中，形成了具有典型中国特色的移民现象。其表征是人口的大规模迁徙和农民劳动内容与形式的改变，其出现是我国现阶段经济和社会发展的必然，其内在是农民们深层主观心理状态与活动的变化，必然兼受客观条件和主观感受的多重影响。自改革开放以来，中国区域发展呈现出鲜明的沿海开放省市领跑内地省市和中心城市经济辐射周边区域的特征，即表现为以点带面的发散性特点，辐射影响力随着与中心城市距离的增加而递减。由此，区域间的地理距离，以及由此产生的地区发展不平衡构成了农民外出务工的根本原因。无论是务工者向北上广深的集中，还是就近在省会或中心城市的就业都源于居住地与上述区域之间的经济落差。为此，我们将城乡间的地理距离因素作为促使农民向城市流动的逻辑起点来考虑。地理因素以及附加其上的经济收入差距会对农村居民产生主观和客观的双重影响。在客观方面，依据经济学的传统观点，经济因素当属农民外出务工的首要动因；在主观方面，依据社会和心理学的观点，主观社会经济地位和异质性等构成了农民外出务工的另一个重要动因。基于这些考量，本章将从主观和客观两条逻辑路径构建理论模型，解读地理距离因素对农民外出务工的影响及其间的作用机制。

2.2.1　经济理性下的外出务工逻辑

2.2.1.1　城乡距离与收入

两地间的距离是相对恒定的地理变量，城乡距离即农村与所属城市的地理位置间隔。空间经济学中的区位理论（Location Theory）认为社会经济活动受特定空间结构的影响，随着物质、资本和劳动力等要素在城市不断集聚，经济活动形成由聚集点向外的辐射变化。即资源配置、交通条件、市场活跃水平和经济密集程度等，都随着与城市聚集区距离的变远而逐渐降低，形成"中心→外围"的发散结构。唐朝生等（2017）以京津冀城市群的研究为例指出，即便在更大的城市群范围下，经济联系也呈现出中心指向性的特征。这种递减效应的影响主要表现在资源配置、交通状况和市场发展三个方面。

资源配置是影响地区经济和居民收入的重要物质基础，地理区位禀赋差异下的区域间资源配置不均衡，造成各地经济发展不均，人们的收入差异明显。市场和政府这两种资源配置手段，都会受到地理区位的影响。就市场而言，各市场主体依据市场价值规律、供求和竞争关系等机制自发进行调节和资源配置，邻近城市的农村会受到更多的城市经济聚集形成的溢出效应的影响，获取更多的市场资源。就政府而言，政府通过经济政策、行政审批、直接投资等行为改变着地区间生产要素的配置，城市周边的农村成为开发区或卫星城，得到更多的政策倾斜、行政便利和资金投资。由此，在"看不见的手"和"看得见的手"共同的配置、干预和操控下，邻近城市的周边农村经济活动活跃，远离城市的偏远农村经济活动沉寂。正如李爽爽和苗丽静（2016）对河南省108个县域进行调研时发现，郑州和洛阳的城市扩散效应积极带动了周边县域的经济发展，也促进了周边人们的持续增收。罗楚亮（2014）研究发现，人均收入水平高的城镇居民拥有与各类权力中心（地市政府、省政府、中央政府）距离更近的居住位置，低收入的城镇居民与权力中心的距离相对更远。

交通状况在地区间的连接上发挥重要作用，交通便利者"天堑变通途"，交通不便者"咫尺也天涯"。"要想富先修路"在表达农村改善交通的强烈愿望的同时，更强调了交通对农村经济发展的重要影响。便利和密集的交通网络，既有利于本地商品的流通和企业原材料与产品的进出，也会降低运输成本，扩大利润空间。由于交通管网等建设受自然条件限制较大，偏远地区往往交通不便。我国中西部和贫困地区的交通发展短板明显。偏远和贫穷地区缺乏足够的资金修建交通设施，不便的交通反过来又阻碍区域经济发展。正如罗能生和彭郁（2016）所发现的，中国各省的地理位置和交通状况能很好地解释省域收入水平的差异。相似的逻辑同样可以解释村与村的经济收入差异，村镇道路建设可以加快商品流通，降低农产品出售和购买成本，提高农民收入。

市场发展水平决定着农民经济要素的投资回报率，影响着收入水平。农村家庭除外出打工获得工资性收入外，还包括家庭经营收入和财产性收入两项。农民收入受城乡距离的影响可能体现在以下三个方面：其一，城市工业和服务业雇用了大量农村剩余劳动力，邻近城市的农村居民便于获取劳动力需求与劳动力市场变动信息，较近的距离和方便的交通也减少了他们进城务工的成本，由此导致邻近城市的农村居民有更高的工资性收入。张建涛（2017）分析陕西省25年的数据发现，在城镇化过程中，城市用工需求加大，用工价格维持在较高的水平上，附近农民工资性收入呈现快速增长的态势，且务工已经成为农民收入的重要来源。其二，市场行情往往决定着农民的家庭经营收入，行情好可能增产增收，反之可能增产不增收。在供需变化快速、市场行情波动较大的情况下，信息便成为市场博弈、获取收益的关键法宝，而偏远农村信息闭塞，难以捕捉市场变化和销售渠道信息。在农产品市场中，农民由于信息不对称和不完全，承担着较大的风险，严重地影响其农产品的经营收入。此外，关系着农民经营收入的交通成本、农业种植技术和农产品深加工等也都受到距离因素的影响。其三，房产和土地作为农民家庭的主要财产，其价值和可能带来的收入也与地理因素紧密相关。城市化进程中，伴随着住房需求的增加，城市近郊的农村居民可以通过土地升值、房屋出租和金融理财等途径增加财产性收入。例如，北京近郊的下辛堡村，在2014年已有90%的农村住房出租给外来人口，村民租金收入较高。Veeck 和 Pannell（1989）对苏州等地的调研表明，近郊农户非农收入比例较高，偏远地区农户农业收入比例较高。而且，近郊农户与偏远地区农户间收入差距在持续扩大。李小建等（2008）在济源、焦作等地的调查发现，村民收入随与城市距离的增加而呈现递减趋势，具体量化为距县城距离每增加1千米，人均年收入减少8元。可见，市场、交通条件、商业信息等因素确实影响着农民收入。综合以上各方面的分析，我们提出如下假设：

H1a：农村—城市的距离与农村人均收入呈现负相关关系，即城乡距离越远，农民的人均收入越低。

2.2.1.2　收入与外出务工

国家统计局《2016年全国农民工检测报告》显示，农民工2016年月均收入较上年增加了203元，为3275元。其中，外出务工农民工月均收入3572元，比上年增加213元，增长6.3%；本地务工农民工月均收入2985元，比上年增加204元，增长7.3%。外出务工农民工月均收入比本地务工农民工月均收入高587元。《2016年国民经济和社会发展统计公报》中城镇居民人均可支配收入33616元，农村居民人均可支配收入12363元。传统经济理论认为，劳动力是拉动经济增长的根本要素之一，而经济增长又会增加对劳动力要素的需求，从而促进就业量的增加。在城市人口提供的劳动力资源受限和成本过高的情况下，便亟须大量的农村人口向城市劳动力市场转移。二元经济结构下，我国劳动力流动主要表现为农村劳动力从农业部门的转出和城市现代工业与服务业部门对这部分劳动力的吸收。托达罗模型（Todaro Model），即二元经济体制下劳动力向城市迁移决策和就业概率劳动力流动行为模型指出，农村劳动力向城市转移的动机主要是城乡预期收入差距，差距越大，动机就越强，就有越多的农村劳动力涌入城市。蒲艳萍和吴永球（2005）在托达罗模型的基础上又加入了就业需求、人力资本差异和劳动力转移成本等变量，认为农村劳动力向城市转移的实质是经济发展过程中，原始产业从业者向新兴产业的转移，即第一产业的劳动力向第二、第三产业转移。由于产业的历史和自然特征，第一产业主要分布在农村,第二、第三产业则集中在城市,因此在形式表现上呈现出由农村向城市的人口迁移。这种"农村→城市"的人口迁移的根本原因在于三个产业在劳动力产出效率上的差距,这也是造成收入差距的主要原因。Harris 和 Todaro(1970)的研究支持了预期收入是决定农村劳动力向城市转移的主要动力。不仅如此,Fujita 和 Krugman(2003)的新经济地理理论(New Economic Geography)从经济聚集的角度提出,由于规模经济和运输成本的存在,第二、第三产业倾向于向市场容量大的城市聚集,城市区域商品提供者的竞争使区域价格指数较低,增加了当地居民消费后的净收入。在上述后向联系(Backward Linkage)和前向联系(Forward Linkage)的共同作用下,劳动力更倾向于向产业聚集的城市流动。因此,综合以上论述,我们认为,城乡收入差距会促进农村剩余劳动力向城市转移,因此提出如下假设:

H1b:农村居民收入与外出务工行为存在负向关系,即农村居民收入较城市居民收入越低,由此产生的外出务工行为就越频繁。

2.2.2 社会比较下的外出务工逻辑

2.2.2.1 城乡距离与主观社会经济地位

评价社会经济地位的客观指标主要包括收入、职业和受教育程度,其中收入最主要。主观评价方法则是对经济状况在社会排位中的心理感知。越来越多的研究发现,人们的态度和行为更多地受到其主观社会经济地位的影响。正如马克思所说:"一座小房子不管怎样小,在四周房屋同样这般小时,它是能满足社会对住房的一切要求的。但是,一旦在这座小房子近旁耸立起一座宫殿,这座小房子就缩成可怜的茅舍模样了。这时,狭小的房子证明它的居住者毫不讲究或者要求很低;并且,不管小房子的规模怎样随着文明的进步而扩大起来,但是,只要近旁的宫殿以同样的或更快的程度扩张,那么较小房子的居住者就会在那四壁之内越发觉得不舒适,越发不满意,越发被人轻视。"

依据社会比较理论的观点,个体的主观感受和态度往往是社会比较的结果。现实生活中,个体可能在方方面面与他人进行比较。其中,经济状况和经济地位的比较是最普遍、影响最大的一类比较。如前所述,中国的偏远农村较之城市和近郊农村而言,经济水平和发展速度都相对较低,农民收入也较城市居民和近郊农民更低。依据参照群体理论的看法,人们在评价自身经济状况时,通常与跟自己同质性较高的相对较窄的参照群体进行比较,比较的结果往往发现自身情况既不最差也不最好,而是呈现出一种"趋中"的倾向。在信息封闭的条件下,主要依靠土地收入的偏远农村居民在同村内部相互比较中认知到彼此之间的经济差异性不大,便也能安贫乐道。然而,在当今信息爆炸和广泛交融的时代下,再偏远的乡村也会获得来自网络、电视、书报或者口耳相传的外部世界的信息。如此一来,村民们进行社会比较的对象不再局限于同村居民这一相对狭窄的群体范围,而可能拓宽到城市甚至经济发达城市或农村的居民。对比效应使越是偏远乡村的村民心理差异感越大,进而感知自身经济状况下降。由此可以推论,在得到外部"世界"经济和收入等信息后,越是偏远的乡村的村民越会降低对自身社会经济地位的评价。基于以上论述,我们提出如下假设:

H2a:城乡距离与村民的主观社会经济地位呈负向关联,具体为农村距县城距离越远,其村民对自身经济状况感知越低。

2.2.2.2 异质性在主观社会经济地位与男性外出务工间的中介作用

《中国民生发展报告2016》数据显示,2012~2014年,全国农村家庭纯收入增长了31%,明显高于城镇家庭23%的增长率。另据国家统计局公布的数据,中国2016年的基尼系数为0.465,位列世界第二。从上述数据可见,中国国民在收入增加的同时,收入差距依然很大。我国农民受教育程度低、职业范围狭窄和收入差距大三个决定社会经济地位的指标中,只有收入上存在较大的差异,构成农民异质性的主要因素。社会经济地位表现的是人们对自己在全社会中经济排位的整体认知,而异质性表现的则是与参考群体相比(具体主要为同村村民)在社会经济地位上的差异性。以收入为基准的经济分层成为当今中国社会分层的首要依据。一般认为,社会阶层具有约束性和控制性。高社会阶层的俱乐部效应(Club Effect)、特权及易获得信任和领导权等收益,影响着社会成员对经济和政治资源的占有。社会经济地位会对农民外出打工产生影响,因为经济收入是影响农民获取社会地位的首要因素。如 Cole 等(1992)研究证明,社会地位代表了家庭在社会活动中的竞争力,而且社会地位由财富水平决定。由此可见,谋求社会经济地位是提高收入和获取财富的重要动机。

在为提升社会经济地位而提高收入的驱动过程中,异质性起到了关键的中介作用。农村环境中,社会层面的农业现代化改革,促进了农村经济的发展,使一部分人先富起来。原本主要依赖土地收入的具有经济地位相对同质性的农民,在收入和消费结构等方面开始呈现出明显的差异。家庭和个体层面上的农民工返乡,带回了资本,改善了生活条件,也带回了新鲜事物和观念等,进一步加剧了村民间的社会经济地位的异质性。就异质性本身而言,它是促进中国农村改革的动力和标志。我们认为,异质性传递着主观社会经济地位对农村居民外出打工的影响。根据社会比较理论,村民会将同村内其他居民视为参照体进行社会比较,产生对比效应(Contrast Effect)和同化效应(Assimilation Effect)。在对比效应下,与外出务工返乡者(外出打工者的工资收入提升了家庭经济状况)的上行比较(与优于自己的人比较),会降低自我的评价水平,获得经济状况不如人的异质性认知,遂产生改善经济地位的动机。随着越来越多的同村居民外出打工,携带资金返乡,改善家庭生活,更加剧了留守者的打工动机。另外,Lockwood 和 Kunda(1999)、Buunk 和 Oldersma(2001)研究发现,如果个体知觉自己同样可以取得参照群体获取的目标,上行比较就会产生同化效应。由于留守者与外出务工者原本居住同村,先前彼此在教育、能力、技术、经济状况等诸多方面具有较高的同质性。在同化效应作用下,留守者会提升自己的评价水平,认为自己同样有能力外出务工,提高收入,缩小差距。总之,与外出务工者社会比较过程中的对比效应,使留守者在经济状况方面产生"地位不如人"的异质性认知,增加了其外出务工的动机;同化效应则使留守者在务工能力方面感知"技能差不多"的同质性评价,提升了其外出务工的可行性。在"想走出去"和"能走出去"的双重作用下,越来越多的农村劳动力加入了"世界那么大,我想去看看"的行列。Stark(1984)在墨西哥大量的农村调研中发现了这样一个有趣的规律:拥有最高迁移率的村庄是收入不平等程度最大的村庄;在每一个有外出务工现象的村庄里,总是最穷的居民外出务工的意愿最强。究其原因,农民们一方面追求自己绝对收入的增加,另一方面更在意自己的相对收入,也就是自身收入在同村居民中的位序。Stark 与 Taylor(1989)研究发现较低的相对收入刺激了墨西哥村民去美国务工。

男性构成农村外出务工的主力军(本调查中,男性村民在外出务工人口中的占比均值高达 74.91%),主要由农民工的人力资本属性和社会角色分工所决定。对于前者,体力是农民工人力资本中的首要因素,男性较女性具有先天的优势;对于后者,中国社会长期存在"男主女从"的传统观念，男性扮演承担社会责任、获取家庭收入、维持生计的主要角色。此外，在男性外出务工的背后还有两方面因素起到了关键的推动作用。其一，在社会层面上，浓厚的"面子文化"深刻影响着中国人的行为逻辑与日常互动。作为"一家之主"的男性们为了"面子"而彼此攀比，争相增加家庭收入，纷纷加入到外出务工者的行列。这种现象在中国农村相当普遍，例如湖北顾村村民就曾为了面子和物质生活的优越感想方设法地开源节流，甚至出现不赡养老人的人间悲剧。其二，在家庭层面上，在农村居民间的社会比较中，女性表现得更加频繁和敏感：①家庭分工和社会角色使农村女性更频繁地参与社会交往，使她们有更多的机会在收入、生活条件、物质基础等方面进行社会比较。②女性较男性更为敏感，Blanck 等（1979）发现女性更易识别生活危机、语言或非语言暗示等，穿衣打扮、家具摆设、住房出行等方面的差异更易使农村女性觉察到异质性。依据 Wilson（1997）的观点，女性会对上述异质性的感知进行传递、加工和夸大，从而使男性配偶感知到更为强烈的主观异质性。刘济群和闫慧（2015）研究显示农村女性更易从邻里和亲朋处获取信息，并对收入与如何提高收入最为敏感。卢宪英（2014）的调查也显示，农村女性在交谈中更易产生心理波动，并产生改变不利现状的动机。

基于以上阐述，我们认为农村居民在社会比较过程中，评价着自己的主观社会经济地位并在比较中感知到异质性，产生为了改变不利处境而外出务工的行为。在"人力资本属性和社会分工"与"传统观念和配偶影响力"的共同作用下，男性成为农村外出务工的主力军。为此，我们提出如下假设：

H2b：异质性在主观社会经济地位对男性外出务工的影响中起到中介作用。

综上可得社会比较下的外出务工逻辑（见图2-1）。

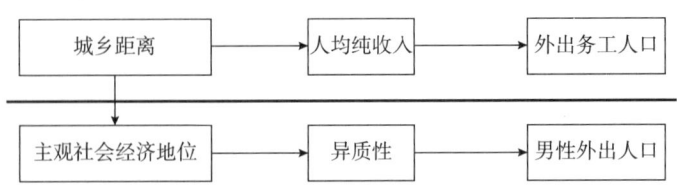

图2-1 社会比较下的外出务工逻辑

2.3 研究方法

2.3.1 研究样本

本章所使用的数据来源于2014年中国家庭追踪调查（CFPS）中的村居库，样本覆盖了辽宁、甘肃、河南、上海、广东等25个省/市/自治区，在一定程度上降低实证中可能出现的样本选择偏误问题，具有充分代表性。村居库中共有622个村居参与调查，本章研究对象为农村外出人口，需要对CFPS村居调查中的原始样本进行范围限定，因此，只保留了313个农村样本，如果城乡分类中有缺失数据，则按社区性质判断，所以剔除社区性质标记为居委会的1个样本数，剩余312个样本。此外，本章所使用的变量在数据库中存在"不知道""不适用"的情况，故剔除，最终保留有效样本为276个村。

2.3.2 核心变量描述

因城乡间的空间地理距离作为农村人口外出务工的主客观路径的逻辑起点，发挥统筹整体模型的作用，显然，城乡空间地理距离作为村级层面的变量是适宜的。从数据统计上来讲，同村内各村民居住地（只在本村行政范围内呈点离散分布）与城市的距离在数据测量上相差不大，不具有显著的差异性；从社会实践上来讲，同村居民共享通往城市的道路交通，在交通工具的选择上差别较小；从模型的普适性和研究的可行性来讲，只有以村为单位对变量进行测量，才能在全国范围内最大限度地进行样本收集并使理论模型得到验证，虽然在对作为模型路径之一的主观路径的阐述中以农民个体（含家庭）的心理和行为分析为主，但村民们内心共同的心理活动就成为同村村民整体的心理趋向，村民个体的外出务工行为的聚合便是同村村民群体务工行为的构成，同村村民整体的务工心理、倾向及行为在一定程度上可以是村民个体的反映。因此，在数据统计、实践意义、理论的普适性以及研究的可行性的多重考量下，本章的实证研究层次选取村级层面数据进行理论验证。变量具体信息如表2-1所示。

表 2-1 变量特征

变量	变量类型	变量描述
外出务工人口	连续型	去年，您村外出打工的劳动力占劳动力总数的比例是多少？
男性外出人口	连续型	去年，所有外出打工的劳动力中男性劳动力所占的比例是多少？
城乡距离	连续型	您村委会所在地距本县县城（市区）有多远？（单位：里）
人均纯收入	连续型	去年，您村的年人均纯收入是多少元？
主观社会经济地位	连续型	村/居经济状况看起来：1（很穷）~7（很富），采用7点计分
村民异质性	连续型	村/居成员的异质性：1（很相似）~7（混杂），采用7点计分
是否为矿区	分类型	您村是否属于矿产资源区？0=无，1=有
是否有高污染企业	分类型	目前，距离您村委会办公室方圆"5公里（10里）"范围内是否有化工厂、冶炼厂、造纸厂等高污染企业？0=无，1=有

注：①村民异质性变量是利用负向计分原则进行转换得来，"异质性"指村/居成员的社会经济状态差别很大，原始问卷是对村民同质性的测量；②男性外出人口比例是根据问卷中女性外出人口比例计算得出（100%-女性外出人口比例）；③控制变量的编码为0=没有（否），1=有（是）。

2.3.3 控制变量

本章选取以下变量作为控制变量：

（1）方圆五公里内是否有化工厂、冶炼厂、造纸厂等高污染企业。一个村的生活环境和劳动环境是决定农民是否外出务工的一个重要因素，高污染企业可能会成为农民外出的直接原因。

（2）村子是否为矿区。矿区本身吸引着本村大量的劳动力从事相关工作，获得较高的工资收益以及生活保障，这在一定程度上减少了农村外出人口。

2.4 数据分析结果

2.4.1 描述性统计

276个村的居民人均纯收入的范围是150~45000元，与县城距离最近的村为0里，最远的村庄远达280里；外出人口比例在0%~90%，男性外出人口比例在20%~100%，其中19个村属于矿产资源区，33个村内有高污染企业。表2-2报告了本章所涉及变量的均值、标准差及彼此间的相关

2 农民工缘何背井离乡——基于社会比较和区位理论的农民外出务工主客观路径分析

表 2-2 均值、标准差及变量间的相关系数

变量	均值	标准差	1	2	3	4	5	6	7
1. 城乡距离	52.92	42.19							
2. 人均纯收入	5105.10	4903.93	-0.134*						
3. 外出人口比例	37.96	22.53	0.015	-0.137*					
4. 男性外出比例	74.91	18.40	0.078	0.053	-0.379**				
5. 主观社会经济地位	4.38	1.43	-0.219**	0.187**	0.012	-0.075			
6. 异质性	3.19	1.28	0.001	-0.006	0.033	0.156**	-0.475**		
7. 是否为矿区	0.07	0.25	0.019	-0.025	-0.041	0.058	-0.063	-0.006	
8. 是否为高污染企业	0.12	0.33	-0.140*	0.102	-0.006	-0.055	0.113	-0.036	-0.100

注：* 表示在 0.05 水平（双侧）上显著相关，** 表示在 0.01 水平（双侧）上显著相关。

系数。结果显示,276个村距县城平均距离为52.92里,农村居民人均纯收入的均值为5105.1元,所有农村的外出人口比例的均值为37.96%,其中男性人口占总外出人口的均值高达74.91%;主观社会经济地位的均值为4.38;村民异质性的均值为3.19。城乡距离与人均纯收入呈显著负相关(r=-0.134,p<0.05),人均纯收入与外出务工人口呈显著负相关(r=-0.137,p<0.05);城乡距离与主观社会经济地位显著负相关(r=-0.219,p<0.01),主观社会经济地位与村民异质性显著负相关(r=-0.475,p<0.01),村民异质性与男性外出人口显著正相关(r=0.156,p<0.01),以上关系均符合我们的理论预期。

2.4.2 假设检验

本章依据结构方程模型(SEM)的分析程序来完成假设检验。采用MLR稳健估计方法,我们发现观测数据与模型假设之间拟合良好($\chi^2/df=1.484$,CFI=0.947,TLI=0.911,RMSEA=0.042,SRMR=0.038)。图2-2显示了整体假设模型的标准路径估计结果。如图2-2所示,"城乡距离到人均纯收入"和"人均纯收入到外出务工人口"的关系都是显著的(分别为$\beta=-0.107$,p<0.01和$\beta=-0.115$,p<0.01),H1a与H1b得到支持。同时,"城乡距离与主观社会经济地位""主观社会经济地位与异质性"和"异质性与男性外出务工人口"的路径系数同样显著($\beta=-0.313$,p<0.01;$\beta=-0.425$,p<0.01和$\beta=0.131$,p<0.01)。H2a得到支持。

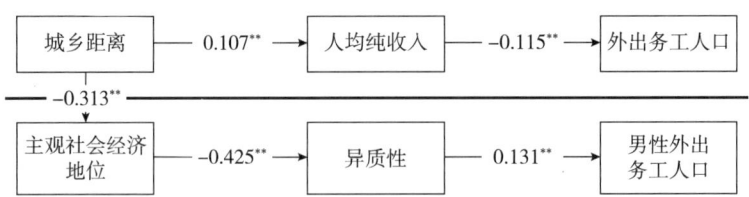

图2-2 结构方程模型检验结果

对于中介效应的检验,我们采用目前广泛应用的Bootstrap法检验,该方法通过估计95%的置信区间来判断中介效应是否显著,如果置信区间不包括0,则表示中介效应显著,结果见表2-3,主观社会经济地位通过村民异质性对男性外出务工人口的间接效应为-0.074，p=<0.05，95%的置信区间为[-0.122，-0.027]，不包括0，说明村民异质性在主观社会经济地位对男性外出务工的影响中起到显著的中介作用，H2b得到支持。

表2-3 中介效应Bootstrap检验结果

路径	中介效应	lower5% CI	upper5% CI
主观社会经济地位—异质性—男性外出人口	-0.074	-0.122	-0.027

注：Bootstrap的样本数为1000。

2.5 讨论与本章结论

2.5.1 理论意义和实践意义

农村劳动力向城市转移，代表了当今中国在地理区域上的典型人口流动。地理因素是不是造成上述大规模人口迁移的本源？区位条件对农村人口向城市流动的作用怎样？这种影响又是如何发生的？其间的机理是什么？为了回答这些问题和解决疑惑，我们开展了本项研究。在本章中，我们从乡村的客观地理条件出发，讨论并分析了地理因素对农村居民的收入和外出务工行为的影响。具体选取了城乡距离作为共同前因变量，从客观和主观两条路径分别假设并检验了其对人均收入和外出务工，以及主观社会经济地位、异质性和男性外出务工的影响，并且在主观路径中分析了异质性的中介作用。

中国城乡二元经济结构和区域经济发展不平衡的根本原因是地理位置因素，从大的方面来说包括地势地形、水系分布、自然资源和区域地理等，从小的方面来说包括城市规划、城乡距离、文化风貌等。为了探讨农村居民进城务工的原因，我们选择了"城乡距离"这一客观地理概念，从客观和主观两方面探讨它对农民流入城市的影响：在客观方面，应用空间经济学理论的观点，基于城市经济的溢出效应递减规律分析了城乡距离对人均收入的负向影响和对外出务工的正向影响。这也进一步验证了谋求经济收入的提高是农民进城务工的首要动因的以往研究结论。城乡收入差距近年来虽有缩小的趋势，但整体差异依然很大，农村居民与城市居民之间的收入落差在客观上驱动着农村剩余劳动力向城市涌动。在主观方面，应用社会心理学的观点，基于社会比较的对比效应和同化效应分析了城乡距离对农村居民社会经济地位的主观评价，以及异质性对农村男性劳动力外出务工的传递效应。研究模型中之所以特别强调了农村男性劳动力，主要是考虑到农民工的人力资本属性和劳动分工特征，并且引入了家庭配偶的影响力。村民们与外界和同村外出务工者的社会经济比较在主观上驱动着农村男性劳动力的外出务工。通过理论和数据分析，本章成功地从城乡距离出发，建构并验证了客观收入差距、主观社会经济地位和异质性两条路径驱动着农村劳动力外出务工，兼顾经济学和社会学视角，更全面地对当下中国的农民工现象的成因进行了阐释。

在经济理性的逻辑下，我们根据区位理论提出农村与城市之间的距离会影响农村居民的收入并进而对农民外出务工施以作用。在特定空间结构的限定下，产业与资本等各类资源要素向城市中心集聚，城市辐射效应随着与中心距离的递增而减弱，使偏远农村在资源配置、交通状况和市场发展等方面远不如近郊农村，最终导致偏远农村居民收入偏低，生活质量较差。加之，农业现代化造成了农村大量剩余劳动力。与此呼应的是，城市经济的快速发展使工业与服务业出现大量的劳动力缺口，不同产业间的效率差异影响下的收入差异使越来越多的农村剩余劳动力向城市转移。收入作为驱动农村人口迁移的根本要素是传统经济理论最主流的观点，因此构成了本章探讨外出务工的客观路径。

在社会与心理比较的逻辑下，我们根据社会比较理论提出城乡距离影响着村民对自身社会经济地位的评估，同时也提出了村民心理感知变量——社会经济地位的异质性在主观社会经济地位与男性村民外出务工中发挥了中介作用。社会比较不仅能确认自身属性，更决定着自身的情感、态度以及采取的行动。在乡村社会中，"比较"是村民日常生活中最鲜明的心理特征。在与"大社会"（城市居民或近郊村民）的比较中，对比效应使偏远乡村居民感知自身经济状况的弱势，形成心理落差感；在与"小社会"（同村村民）的比较中，留守家庭与外出务工家庭之间在生活条件、经济状况、角色地位等一系列社会经济状况上存在明显落差和异质性。在"大社会"和"小社会"的比较中，对比效应驱使着偏远乡村居民向城镇流动，加入到外出务工的行列。在同化效应的作用下，留守者会从外出务工者身上获得相似劳动能力的效能感，使之更有信心地加入到外出务工的队伍中。在上述"想出去"和"能出去"的共同作用下，偏远农村家庭接踵踏上务工之路。农民工的"人力资本属性""劳动分工"和"传统家庭角色"使男性劳动力成为外出务工队伍的主力军，由此构成了本章探讨外出务工的主观路径。

总之，首先，本章整合了农民外出务工的经济、社会与心理动因，上述主客观动因机制相互补充，不仅为农村劳动力向城市迁移增添了新的注解，也建构了一个更具综合性、更具解释力度的分析框架。熊景维和钟涨宝（2016）认为传统经济迁移理论的基本假定中因忽视迁移主体的价值动机，而存在解释"容量不足"的问题。由此可见，融合多种视角、遵循多元逻辑是逼近事实真相的最佳范式。本章引入地理学中"空间距离"概念，丰富了经济学和社会学中外出务工动因模型的前因变量，为外出务工行为研究提供了新视角。本章的多理论视角也响应了 Boswell（2008）和 Bakewell（2010）关于"只有融合多学科，才能促进人口迁移理论的发展"的号召。其次，以往文献虽有对村民异质性的关注，但其研究范围多局限于农村合作社等领域（黄胜忠和伏红勇，2014），针对农村人口流动的探讨尚属空白。越来越多的学者呼吁探究农村居民的心理状态和行为逻辑的作用机理和边界条件的重要性（杨春江等，2017），本章从社会经济状态的异质性视角去解读农村居民外出务工的心理机制，弥补了以往研究的缺失。最后，本章以"村"为层次来考察村民外出务工活动，跳出了传统上多从农民个体视角和家庭视角去考察类似问题的研究层次的局限，这无疑拓展了现有文献的认识（杨春江、田鹏妹和陈亚硕，2017）。

上述的研究结果对各级政府管理者来说具有较强的实践指导意义。对于市级及其以上相关政府部门而言，可以从以下方面着手：①地理位置虽作为客观条件难以改变，却可以通过交通网络加以克服，提升村际和城乡的交通便利性，缩短乡村与中心城市之间的物质与信息周转时间，可以有效地提高农村的经济水平和增加村民的经济收入。②相关政府部门可以给予偏远乡村特殊的政策扶持和惠民措施，用"看得见的手"去改善农村投资、市场和社会环境，发展村域经济，构建和谐的村民文化。对于村级管理者而言，可以从以下方面着手：①外出务工已然成为增加农村居民收入的首选渠道，为了促进村民的归属感和保护外出务工农民的收益，改变"散兵游勇"型的打工现状，村委会可以代表外出务工村民与用工企业进行接洽，统一进行用工和劳资方面的协商。这样既便于村民获得相对稳定的工作机会,也利于保障外出务工村民的合法权益。②当下中国农村,经济收入和物质条件是农村家庭之间攀比的首要因素,相对忽视精神文明和信仰理念方面的追求。为此,村级管理机构应当有针对性地组织和举办多种形式的村民交流活动,增加留守者与外出务工者之间的交流与互动互助,以先富带后富,以青壮帮老弱,营造农村社会的和谐氛围(陈亚硕等,2018)。

2.5.2 研究局限和未来研究方向

本章研究的局限之处主要体现在以下两方面:一是本章的数据基于全国范围内的大样本调查,理论模型的普适性得到了较好的验证,大体把握了全国范围内农村外出务工行为。但对于数量成千上万、历史传统迥然各异、地理条件千差万别的中国乡村来讲,村与村之间的差异性较大,面对着如此繁复的中国农村,如贺雪峰(2012)所言,只有做到具体问题具体分析,才能对乡村社会机制的复杂性寻幽入微。正是这一缘由,本章所构建的主客观路径模型需要在未来研究中缩小地理区域范围来进行模型稳健性的检验,也可将其他变量(是否是少数民族、地形特征等)纳入研究,不断丰富与完善理论模型,或从不同的理论角度来探究农民外出务工动因可能存在的其他中介机制及边界条件。需要提及的是,受二手数据的限制,我们无法控制不同县城间因其发达程度的不同而产生的对周围地区辐射效应的差异,因此,今后研究可以将县城为全域范围,比较同一县城下不同村庄的外出务工状况,也可以选某省为例,进行城市间农民务工现象的横向对照。二是模型中主观变量测量的问题,主观社会经济地位与异质性在问卷中只有一个题项来测量,未来研究可以利用多题项问卷进行调查,从而获得对两变量更准确的测评。

2.5.3 本章结论

本章分别依照经济区位理论和社会比较理论从主客观因素两方面证实了城乡距离对农村外出务工的深刻影响,整合多种动因的同时,又详细剖析农村社会内部村民的心理动态,为农民外出务工这一研究议题提供新思路和新思考。此外,村民异质性在乡村治理中尤为重要,农村管理者应积极发挥其价值,规避其风险,这对于农村的长远发展是非常必要的。

3

金融危机后河北省农民工个体特征与工作状况分析

由美国次贷危机引发的全球金融风暴对世界各国经济产生了深刻影响。我国典型的出口加工型企业受到的影响尤为深远,而这些企业集中了大量的农村劳动力。仅2008年上半年我国共有6.7万家规模以上的中小企业破产和倒闭,作为服务和制造企业的主要劳动力,农民工群体受到的冲击最为严重。金融危机爆发后,农民工的就业发生了很大的改变,80%的农民工经历了返乡的热潮。随着金融危机的影响逐渐淡去,企业经济恢复,用工需求又逐渐增加,各地出现了不同程度的"用工荒"。服装、玩具、制鞋和电子等企业劳动力不足状况尤为严重,各地政府和企业纷纷出台措施来吸引农村劳动力。时至今日,"用工荒"的相关报道渐少,似乎又回到了原始的状态。然而,我们应该清醒地认识到,如果没有从根本上解决农民工的用工、就业、生活等问题,"用工荒"的现象还可能反复,甚至加重。因此,有必要对金融危机过后的农民工的就业状况做一个深入的调查和了解(杨春江等,2013)。

回顾相关研究,学者们对此问题进行了探讨。例如,纪韶(2011)在全国19个城市进行了调研,分析了农民工年龄和文化程度对其工作场所、是否签订劳动合同、月收入、社保情况等的影响。高耀志(2009)以河南为例分析了就业疏导和服务政策对农民工就业渠道等的影响。韩凯和王宾(2009)则通过对105个村的调查,分析了国际金融危机对农民工就业、返乡意愿等的影响。此外,樊帆(2009)、陈浩等(2010)也对金融危机后农民工的就业状况进行了研究。鉴于农民工就业状况的重要性,本章选择了更为详细的人口统计变量和更为具体的农民工个体层面的就业状况为研究对象,通过问卷调查获取一手数据,应用统计学方法探寻两类因素间的关系，分析特征，以期能够掌握翔实的现实资料，为各级政府和用人单位提供有益的信息和理论支持。

3.1 调查过程与研究框架

3.1.1 调查过程

问卷调查在秦皇岛、保定、石家庄、唐山、承德、张家口、邯郸七个城市进行，时间从 2010 年 10 月至 2011 年 3 月，共调查了 330 位农民工个体。经过筛选，剔除了有明显错误和规律的问卷，最终得到有效问卷 310 份，问卷的有效率达到 94%。在获得有效数据的基础上，应用统计软件 SPSS17.0 对原始数据编码或者进行计算生成新变量，并做进一步数据处理与分析。由于本调查没有采取在全国范围内随机抽样的方式，所以，本章研究结果并不能推论总体，但希望能在一定程度上反映中国和河北农民工的就业现状与特点。

3.1.2 研究框架

笔者认为，农民工个体的年龄、性别、文化程度、家庭状况等人口统计学特征与他们的就业状况密切相关。因此，将上述个体特征中的类型变量作为分组条件，通过单因素方差分析，揭示个体特征与就业状况之间的关联；将年龄等连续变量作为自变量，将就业状况作为因变量，通过回归分析，研究年龄对上述就业状况的影响作用。研究框架如图 3-1 所示。

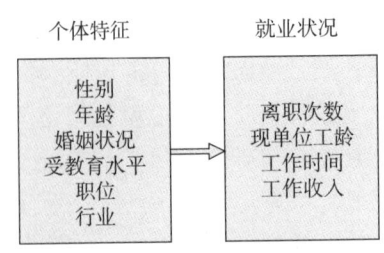

图 3-1 研究框架

3.2 变量的描述统计

本章所界定的农民工满足如下条件：具有农业户籍身份；从事第二、第三产业劳动的以工资为收入者；非农业户籍的私营企业主、个体经营者和自我雇用身份的从业者。因此，本章所限定的农民工范围小于广义的界定。这样界定主要出于两点考虑：其一，雇员与雇主和自我雇用者在就业状况、社会认知等方面存在显著差异；其二，本章狭义的农民工界定更能反映农民工群体的实际工作状况。本次调查样本的人口统计特征如表3-1所示。

表3-1 样本的人口统计特征

	特征	频数（人）	百分比（%）
性别	男	201	64.8
	女	109	35.2
年龄	20岁以下	19	6.1
	21~25岁	74	23.9
	26~30岁	60	19.4
	31~35岁	30	9.7
	36~40岁	39	12.6
	40岁以上	88	28.4
婚姻	未婚	71	22.9
	已婚无子女	58	18.7
	已婚有子女	181	58.4
受教育程度	小学	61	19.7
	初中	178	57.4
	中专/技校	29	9.4
	高中	25	8.1
	大专	17	5.5

续表

特征		频数（人）	百分比（%）
现工作时间	小于半年	37	11.9
	半年至1年	68	21.9
	1~3年	98	31.6
	3~5年	47	15.2
	大于5年	60	19.4

金融危机后农民工的离职频率明显降低，平均不到1次；平均每周工作天数为6.78天，几乎没有休息日；每天平均工作9.12小时，每周工作时间更是高达62小时，超出国家规定的标准（40小时/周）的50%以上；平均月收入1720.73元，与河北省2009年的城镇职工平均工资2365.25元相比，减少了27.25%，说明农村务工人员的整体收入水平仍处在较低水平。我们对全部310个样本数据进行描述性统计，详细数据如表3-2所示。

表3-2 农民工基本就业状况数据

	离职次数（次）	年资（年）	周工作时间（小时）	月收入（元）
最小值	0	1	25	700
最大值	10	5	112	6000
均值	0.95	3.08	62	1720.73

3.3 农民工个体因素对就业情况的影响

本章采用单因素方差分析（One-Way ANOVA）和回归分析（Regression Statistic）对数据进行分析。鉴于"性别""婚姻状况""受教育程度""职位"和"行业"等统计学变量为类别型或次序型变量，适于应用单因素方差分析的方法探寻就业状态在这些人口特征上的差异；对于"年龄"这种连续型变量，我们采用回归分析的方法探讨其对就业状况的影响。

如果在单因素方差分析中，发现在某就业状况上呈现显著差异，我们就进一步进行多重比较分析。多重比较分析旨在找出各特征分组农民工之间在哪些就业状况上呈现显著差异，并就不同分组的被试在差异性就业状况上的分布做交叉分析。在分析工具的选择上，本章采用 SPSS17.0 统计学软件包，对本次调查不同特征的农民工的离职次数、年资、每周工作时间、月工资收入等进行了统计分析。

3.3.1 性别对就业状况的影响

性别是影响个体就业的最基本因素，就业状况的性别差异受到以往研究的广泛关注。因此，本章首先探讨性别与农民工群体就业状况的关联。对农民工的性别进行单因子方差分析，结果如表 3-3 所示。

表 3-3　不同性别的被试在各就业状况的平均得分与单因素方差分析结果

	离职次数	年资	周工作时间	月收入
男	1.00	3.08	62.15	1969.83
女	0.87	3.07	61.75	1261.38
F	0.45	0.01	0.07	58.58
Sig.	0.50	0.94	0.8	0.00

从表 3-3 可见，尽管不同性别的被试在离职次数、年资、周工作时间上有所区别，然而这种区别并未达到统计意义上的显著水平，说明男、女农民工的上述工作特征是一致的。但在月收入方面，男性被试的月平均收入明显高于女性被试，达到了女性被试的 1.56 倍。与以往相关研究的数据相比 [1.07 倍，见李利英和董晓媛（2008）；1.22 倍，见陈建宝和段景辉（2009）]，差距更为明显。

从职位规范角度看，在管理、技术、设计等对体能要求较低的职位上男女差别不大，但对于体能依赖较高的工作，男女存在较大的差异。这一结果也符合农民工的主要工作性质，即农村劳动力多以低附加值的体力劳动为主，体力构成了工资收入的主要部分，而在此方面男性明显优于女性，因此男性被试的收入较高。

3.3.2 婚姻对就业状况的影响

婚姻及家庭状况不仅会影响到个体对其社会责任的感知，而且会增加个体对工作的依赖性。已婚的农民工一旦轻易离职，将不得不面对家庭收入急剧下降的窘迫情境。因此，家庭和婚姻状况应该与农民工的就业与工作状态密切相关。本章对不同的婚姻状况的被试在各就业状况上的得分进行单因素方差分析。

由表3-4中数据可见,婚姻状况与工作时间的关系不大,虽然已婚无子女的被试平均工作时间最长,但未达到显著水平。不同婚姻和家庭状况的被试在离职次数、年资和月收入上呈现出明显的差异。未婚农民工的离职次数、年资和月收入都是最低的。他们年龄小,所以工作年限和换单位次数较少,相应地缺乏工作经验致使工资较低。已婚有子女的被试离职次数也较少,而且现单位工作年限最长,可能是他们的家庭责任较重的缘故。表3-5为不同婚姻状况被试的多重比较结果。

表3-4 不同婚姻状况的被试在各就业状况的平均得分与单因素方差分析结果

	离职次数	年资	周工作时间	月收入
未婚	0.82	2.38	61.54	1590
已婚无子女	1.47	3.22	64.90	2005
已婚有子女	0.84	3.31	61.27	1681
F	4.08	15.33	1.73	4.39
Sig.	0.02	0.00	0.18	0.01

表3-5 不同婚姻状况被试的多重比较结果

	未婚	已婚无子女	已婚有子女
未婚			
已婚无子女	S, T, Y		
已婚有子女	Y	S, T	

注:采用最小显著性差异法(LSD)法,表中为各分组间存在显著差异的离职次数(T)、年资(Y)和月收入(S)。

3.3.3 受教育程度对就业状况的影响

从人力资本的构成来看,其包括体力资本、智力资本、社交资本和情绪资本等要素。其中,智力资本是指一定时期内个体的综合认知和学习能力,包括基本的知识结构、技巧和专业技能。由于智力资本对产品和服务价值的贡献越来越大,因此提升智力资本越来越受到重视。受教育是提升个体智力资本最有效和直接的途径,因此,有必要从该途径入手探讨教育程度与农民工群体就业状况的关联。

如表 3-6、表 3-7 所示，不同教育背景的被试在离职次数、年资、周工作时间和月收入方面均有显著差异，说明教育与农民工群体的就业状况密切相关。从离职次数来看，受教育水平直接影响着被试的工作能力和技术水平，这些能力又影响着转换工作的可能性，因此受教育水平越低离职次数越少。从年资上来看，受教育水平越低的被试，在一个单位工作时间越长，受过大专教育的被试年资最短。这可能源于两个原因：其一，受教育程度较高的被试参加工作的时间较短；其二，他们具备较高的知识水平和技能，易于流动。从工作时间方面来看，随着受教育程度的不断增加，相应的待遇和工作条件也得到改善，工作时间作为工作疲劳程度的指标呈现下降趋势。从月收入来看，受教育程度越高的被试月收入也越高。作为人力资本的重要组成部分，受教育水平越高，农民工的人力资本就越高，进而获得更好的福利和待遇。

表 3-6 不同受教育程度的被试在各就业状况下的平均得分与单因素方差分析结果

	离职次数	年资	周工作时间	月收入
小学	0.47	3.65	62.03	1601
初中	0.99	2.94	63.37	1665
中专/技校	1.24	3.21	61.86	2054
高中	1.44	3.00	58.32	1718
大专	1.00	2.53	54.59	2170
F	2.33	4.40	2.46	2.89
Sig.	0.05	0.00	0.03	0.02

表 3-7 不同受教育程度被试的多重比较结果

	小学	初中	中专/技校	高中	大专
小学					
初中	Y				
中专/技校	S	S			
高中	Y, W	W			
大专	Y, W, S	W, S	W	W	

注：采用最小显著性差异法（LSD）法，表中为各分组间存在显著差异年资（Y）、周工作时间（W）和月收入（S）。

3.3.4 职位对就业状况的影响

职位是影响员工工作状况的又一个重要因素。我们根据农民工群体的典型工作内容，将农民工的主要工作职位分为工头、现场管理、班组长、服务人员、销售人员、操作技师、工人和其他（如保安、环卫等）。这些工种和职位也基本涵盖了农民工的主要工作角色。

对各组被试在各就业状况上的平均得分进行单因素方差分析和多重比较分析。如表3-8所示，离职次数和年资均无显著差异。但在工作时间和月收入方面，差距明显，如表3-9所示。由于销售人员特殊的工作性质，其工作时间主要取决于客户的工作时间，因此，该群体被试的工作时间最短。与此同时，调查发现农民工群体从事销售职位的人员整体素质偏低，所推销商品多为保健品、美容产品、服装鞋帽等，销售此类商品的进入门槛较低，对知识、技术和体力等的要求不高，这也构成该职位的从业人员的工资收入普遍较低的原因。从事管理职位（如工头、现场管理和班组长）的被试收入水平较高，这也符合社会的整体分配规律。另外，操作技师因为具有一技之长，收入水平也较高。工头由于要负责施工现场的多种工作，工作时间最长，相应的工资收入也最高。现场管理和班组长从事基层管理工作，因此较其他农民工收入较高。旅馆和饭店的服务人员，由于从事服务业，工作时间较长。

表3-8 不同职位的被试在各就业状况的平均得分与单因素方差分析结果

	离职次数	年资	周工作时间	月收入
工头	0.75	3.50	75.25	2875
现场管理	0.80	3.70	58.20	2735
班组长	0.67	3.50	61.83	2809
服务人员	1.05	2.83	67.10	1457
销售人员	1.93	2.64	54.71	1478
操作技师	0.93	3.26	64.04	2175
工人	0.81	3.14	60.20	1716
其他	1.00	3.10	58.86	1341
F	1.09	1.37	3.95	11.78
Sig.	0.37	0.22	0.00	0.00

表 3-9　不同职位被试的多重比较结果

	工头	现场管理	班组长	服务人员	销售人员	操作技师	工人
工头							
现场管理	W						
班组长							
服务人员	S	W, S	S				
销售人员	W, S	S	S	W			
操作技师		S	S	S	W, S		
工人	W, S	S	S	W, S		S	
其他	W, S	S	S	W		S	S

注：采用最小显著性差异法（LSD）法，表中为各分组间存在显著差异的周工作时间（W）和月收入（S）。

3.3.5　行业对就业状况的影响

建筑业和服务业是农民工最集中的两个行业，本次调查数据显示，样本的42.6%从事建筑业，54.8%从事服务业，只有2.6%从事制造业。这些数据具有明显的区域特性，部分原因是河北制造业相对薄弱，在东南沿海可能会有所不同。如表3-10所示，不同行业被试在离职次数、工作时间和月收入方面存在显著差异。

表 3-10　不同行业的被试在各就业状况的平均得分与单因素方差分析结果

	离职次数	年资	周工作时间	月收入
旅馆酒店	0.77	2.92	62.77	1342
零售业	1.65	2.29	50.76	1523
餐饮娱乐	0.99	3.19	71.24	1351
建筑业	0.67	3.19	61.50	1986
制造业	1.00	3.13	51.13	2338
其他	1.33	2.95	56.05	1670
F	2.44	1.81	17.31	7.91
Sig.	0.03	0.11	0.00	0.00

城镇化进程中农民工和农村老人的健康与生活满意研究

如表3-11所示，在离职次数方面，零售业的离职最频繁，明显高于建筑业及保安、环卫、保洁等行业。从事建筑业的被试离职次数最少，这在很大程度上与建筑工人的工作组织形式有关。建筑工人多数是由工头组织，统一到某一个工地或建筑企业从业，大部分人是来自同一个地区的同乡和邻里，逐渐形成了一个长期共同工作、较为稳定的群体。在工作时间方面，工作时间的长短与工作性质密切相关，从事生产和销售行业的被试周工作时间最短；从事服务业（如餐饮娱乐业、旅馆酒店）和建筑业的工作时间较长，其中餐饮和旅馆业的日工作时间最长。综合来看，零售业、制造业及保安、环卫、保洁等行业的农民工劳动强度相对小一些。在收入方面，由于制造业和建筑业从业者具备一定的专业技术和知识以及劳动付出较多，因此他们所得到的回报也较高。

表3-11 不同行业被试的多重比较结果

	旅馆酒店	零售业	餐饮娱乐	建筑业	制造业
旅馆酒店					
零售业	W				
餐饮娱乐	W	W			
建筑业	S	T, W, S	W, S		
制造业	W, S	S	W, S	W	
其他			W, S	T, W, S	S

注：采用最小显著性差异法（LSD）法，表中为各分组间存在显著差异的离职次数（T）、周工作时间（W）和月收入（S）。

3.3.6 年龄对就业状况的影响

鉴于年龄变量属于连续型变量，因此本章运用回归分析的方法来揭示其与离职次数、年资、工作时间和工资收入之间的关系。由于从之前的方差分析我们发现，性别、婚姻及家庭状况、受教育程度、职位和行业变量与被试的就业状况存在关联，因此，在做逐步回归分析时，我们先控制上述变量，再分析年龄对就业状况的影响作用。从表3-12的数据可见，年龄只对收入存在显著的负向影响（$r=-0.155$, $p<0.01$）。这一影响可能源于以下几个原因：其一，工作经验并不是农民工工资收入的主要给付因素，对

表 3-12 年龄对各就业状况的回归分析

控制变量	因变量							
	离职次数		年资		周工作小时数		收入	
性别	-0.024	-0.028	-0.026	-0.014	-0.082	-0.09	-0.421**	-0.44**
婚否	0.003	0.021	0.259**	0.201**	-0.042	-0.04	0.063	0.149
受教育程度	0.115	0.113	-0.094	-0.086	-0.156**	-0.162**	0.061	0.049
职位	-0.019	-0.018	-0.044	0.045	-0.167**	-0.166**	-0.283**	-0.281**
行业	0.055	0.057	0.006	0.001	-0.192**	-0.188**	0.109	0.116**
自变量								
年龄		-0.033		0.105		-0.068		-0.155**
R^2	0.02	0.02	0.086	0.093	0.098	0.101	0.246	0.262
F	1.225	1.055	5.729**	5.200**	6.622**	5.687	19.853**	17.906**
ΔR^2	0.02	0.001	0.086	0.07	0.098	0.003	0.246	0.016
ΔF	1.225	0.22	5.729**	2.420	6.622**	1.012	19.853**	6.405**

注：** 表示 $p<0.01$，* 表示 $p<0.05$。

于体力劳动而言，工资更多地依赖于体能的状况。随着年龄的增长，体能下降，收入也相应减少。其二，作为年青一代的新生代农民工往往较父辈掌握了更高的技术和知识水平。因此，年青一代的收入较父辈更高。其三，年长的农民工多从事低附加值的工作，收入较低。从这样的回归关系我们也可以发现，随着新生代农民工知识和技术水平的提高，他们的生存状况呈现改善的趋势。

3.4　本章结论与建议

3.4.1　本章结论

根据调查数据分析，研究显示：第一，农民工就业较金融危机之前更加稳定，离职频率整体不高，受到婚姻状况和行业的影响显著。第二，被试的现单位工作年限平均为3年左右，处于适中的水平，受到婚姻状况和受教育水平的显著影响。第三，农民工的工作时间过长，平均达到62小时/周，大大高出国家规定，几乎没有休息日，日工作时间也远高于8小时。工作时间受婚姻状况、受教育程度、职位和所属行业的影响显著。第四，农民工的整体收入水平较低，远低于当地的平均工资水平。男性农民工的工资收入远高于女性农民工；已婚被试也显著高于未婚被试；月收入随着受教育水平的提高而增加；职位对收入的影响显著，管理和技术岗位的收入较高；不同行业也存在较大的收入差别，从事第二产业中制造业和建筑业员工的收入明显高于从事服务业者。

3.4.2　建议

农民工的就业状况不仅关系到农民工生活状况的改善、农村经济的发展，而且关系到"三农"问题的解决以及社会的稳定，因此，了解农民工的就业现状至关重要。在数据分析的基础上，本章提供了以下针对性建议，以期为完善农民工的就业提供信息和参考。

首先，我国已进入工业化中期，城市化进程也在不断深入，在这样的背景下，一方面，产业结构的调整与升级、科技水平的不断提高和经济增长方式的转变，要求劳动力素质也要随之快速提高，这就要求农民工必须不断地提高自身的教育水平和技术知识，以适应社会发展的需要。另一方面，伴随着城市化进程，来城市务工的农村劳动力会不断增加，他们不但要在城市中工作，未来还很可能在此地生活和繁衍生息。因此，就业竞争会不断增加，生活成本也会逐渐提高，农民工必须从经济、生活和文化等方面融入城市之中。

其次，随着我国人民生活水平的不断提高，中国廉价劳动力的时代将逐渐结束，"中国制造"将被"中国创造"所取代。中国劳动力的优势也必将从"成本领先"过渡到"技术领先"，为此必须做好充足的人才储备。作为中国企业重要的劳动力来源的农民工群体，应抓住机遇，提高自身的综合素养和技术水平，彻底改变现今"一无知识，二无技术"的尴尬境地。只有如此，才能从根本上脱贫。在此方面，政府也应该积极地提供便利条件，增加继续教育、职业教育、业余培训的扶持力度，提高农民工的知识水平和劳动技能。通过大规模提高劳动者素质，促进整个社会生产力的提升，进而提升中国企业在全球化进程中的地位。

再次，调查中发现，农民工在劳动强度过大的同时还缺乏相应的劳动保护和必要的休养保健。调查显示，农民工基本上是没有休息日地连轴工作，工作普遍具有"重、脏、苦、累、险"的特点。工作时间偏长、社会保障缺失、工资水平偏低等因素是社会不和谐，甚至不稳定的诱发因素。因此，政府相关部门应该切实负起责任，使农民工的劳动权益得到保障。政府部门在工业化和城市化的进程中，应将农民工问题视为保持社会稳定的重中之重，通过立法和监督等手段，确保农民工应有的劳动福利（杨春江、李雯和逯野，2014）。

最后，随着农村人口不断地向城市涌入，原来"二元式"的社会保障体系已不能满足社会发展的需要，亟须通过健全城镇职工医疗保险和新型农村合作医疗体系，改善农民工生活现状和社会融入度。这些对于主要依靠体力劳动的农民工群体尤其重要。针对农民工离职频繁的特点，现有的失业保险、工伤保险、医疗保险等应该能适应他们的跨城市、跨城乡、短时间、流动频繁等特点。鉴于新型农村合作医疗的积极作用，完善社会保障制度的突破口应该放在医疗保障上。

4

收入与工作时间对农民工健康的影响：压力、婚姻的中介和调节作用

4.1 引言

改革开放快速推动了中国的工业化和城镇化进程。工业化促进了城市制造业和服务业的快速发展，产生了巨大的人员需求缺口；城镇化造成农村土地减少和剩余劳动力的激增，形成了庞大的、可以自由流动的冗余人口。在两者的共同作用下，在中国产生了一个庞大的弱势群体——农民工。国家统计局数据显示，我国农民工总量已接近2.8亿人，较2015年又增长1.3%（国家统计局，2016）。在我国二元经济的格局下，"生活在城里的农村人""不种地的农民""没有户口的城里人"等一系列标签勾勒出农民工的城市边缘群体身份，他们普遍存在收入低、工作负荷高、生活压力大、缺乏劳动保护和职业病严重等问题。众所周知，健康的身体是人们生活和工作的根本，对于广大农民工来说更是如此：①由于缺乏技术和知识，健康的身体和足够的体力是他们获得经济收入的基本要素；②他们多从事高危险、高污染和健康危害大的工作，且往往缺乏必要的劳动保护，易对身体造成损害；③农村社会医疗保障体系尚不完善，一旦生病往往造成整个家庭的因病致贫或因病返贫。总之，健康问题可谓关系农民工生活和工作的头等大事，进而吸引了广大学者对其健康的影响因素和作用机制的关注。

围绕农民工的健康主题，现有文献主要从性别、心理、教育、社会资本、社会经济地位等视角进行了探析：李珍珍等（2010）发现性别、受教育程度对农民工的健康状况具有显著影响；黄乾（2010）探讨了教育与社

会资本对健康的影响；苑会娜（2009）认为农民工的健康状况与收入、心理健康有关。从改善农民工的生活状态来看，遗传和个体特质等因素是管理部门难以干涉和管控的，而从工作待遇和时间入手加强监督和管理，显然更加可行和易有成效。从提升农民工的社会地位来看，工作待遇影响着他们的社会阶层、网络关系和社会资本，工作时间影响着他们的人际互动和社会交往，两者是影响农民工社会地位的最重要因素。因此，聚焦收入和工作时间两个关键要素探讨对农民工的健康影响和机理是重要和可行的。从工作要素出发探究健康影响因素的研究尚处于起步阶段，深入分析其间影响机制的研究还很缺乏。本章旨在探讨工作收入和时间影响农民工健康的中介心理机制，并在此基础上，进一步探讨影响此过程的边界条件。本章的创新之处具体在于：①在社会角色和人际关系理论的基础上，分析收入和工作时间影响农民工健康的效应，通过生活压力解读其间的作用机理。②提出并检验婚姻状况的调节效应。我们预期婚姻作为一个代表个体家庭责任和状况的变量，会影响农民工对增加工作收入与缩短工作时间需要的迫切程度，从而发挥调节作用。③本章将整合中介和调节变量，通过检验一个被调节的中介模型，系统地分析收入与工作时间影响农民工健康的心理机制，以期能够更加深入地掌握农民工健康的受影响过程和谋求提升健康水平的途径。

4.2 理论基础与研究假设

4.2.1 生活压力的中介作用

健康不仅指人们躯体没有疾病，还要求心理健康、适应社会和行为道德。健康会受到遗传、环境、经济收入、观念和心态等多种主客观因素的影响。其中，经济收入对人们尤其是低收入人群健康的影响十分显著。对于低收入者而言，增加收入不仅可以改善营养状况和居住环境、购买必要的医疗保障等，还可以通过增加健康投入（如健身和休闲娱乐）、保健知识等进阶性条件，提升肌体的健康水平，降低患病风险（Feinstein，1993）。Grossman（1972）和 Preston（1975）等研究显示，个人健康状况会随着收入水平的上升而改善。针对我国农民工的调查也发现，收入会正向影响他们的健康水平（胡荣华等，2008）。健康除受遗传、收入等客观因素的影响外，还会受到个人观念、消费结构和人际交往等主观认知和社会因素的影响。人际交往不仅能够满足人们的归属和认同等社会需求，而且是人们排解压力、寻求支持的重要渠道。长时间的工作不仅会造成农民工工作负荷和压力的增加，而且挤占了农民工的社交时间，使其缺乏社会归属感，难以融入城市生活和疏解压力，不利于身心健康。

依照社会角色理论的观点，我们预期农民工感受的生活压力可能会在收入对健康的影响中起到关键中介作用。社会角色理论认为，人在社会中的角色和地位规定着行为，社会角色和地位的变化影响着人们的适应状态，形成压力。角色的变化一旦在客观上要求人们去适应，人们便会产生特异的紧张反应（Selye，1956），长期积累的压力会对健康造成不同程度的损害（Turner，1995）。收入作为社会地位的主要影响因素之一，悄然改变着"农民"与"农民工"的社会角色。从经济来源看，绝大多数农民工迫于缺乏知识和技能，只能从事低附加值的劳动，往往收入较低。这是因为，一方面，他们进城后的收入比农村务农时虽有增加，但是增幅有限，仍然难以过上富足的生活；另一方面，他们所接触的社会群体发生了巨大变化，由农民变为城市居民，在与周围群体的收入对比中会产生较大的心理落差。从生活成本看，农村自有的住房和土地、子女教育开支和较少的生活必需品花费，使农民生活成本较低。而进城后他们不仅要租住或购买住房、购买衣食住行等生活必需品，还要面对更高的子女教育开支，生活成本将大幅上升。在收入增幅较少和花费增幅较大的双重作用下，进城务工者的实际生活状况难有明显改观，承受的生活压力较大。此外，在与城市居民的交往和对比中，农民工也可能因收入较低受到歧视，不能平等地进行社会交往和享受社会服务，增加了额外的社会心理压力。如果这些心理压力得不到有效排解，肌体长期处于应激状态会损害身心健康。已有研究显示，工资收入会影响人们的压力感（李培林和李炜，2010），各种城市生活压力会影响农民工健康（万懿，2014）。Mino等（1999）和Bultmann等（2002）的研究也发现生活压力是心理疾患的重要致病因素。大量医学研究显示，长期的精神紧张、心理应激和消极情绪会造成心理障碍和失控等，影响健康（梁成洪，2005）。基于以上分析，我们提出假设：

H1a：农民工的收入与健康呈正相关关系，感受到的生活压力会在其间起到中介作用。

依据工作负荷和人际关系理论的观点，我们预期农民工感受到的生活压力也会在工作时间对健康的影响中起到关键的中介作用。从工作时间的个体性影响来看，工作时间过长会使农民工长期处于高强度和快节奏的生产劳动中，增加了工作负荷和工作压力。长期处于高压的应激状态下的农民工群体的健康会受到损害。早在19世纪初，超时劳动对工人健康及其家庭的危害就已广为人知。Stolzenberg（2001）研究显示，工作时间与健康呈负相关。李珍珍等（2010）的研究也发现，农民工工作时间对他们的健康状况有显著负向影响。从工作时间的社会性影响来看，首先，农民工在满足生存和安全需求后，会进而追求认同、归属和人际互动等社会需要。而过长的工作时间无疑减少了他们进行社会交往的时间和机会，使其社会需要难以得到满足，处于压抑状态。其次，由于缺乏与外界进行社会交往的时间，社交圈往往限于同乡和工友范围，阻碍了其融入城市的进程，不易获得有效的社会保障和支持，面对压力事件难以通过社会支持系统排解。最后，人际交往能够拓宽人们理解事件的角度和改善经历事件的心态，削减压力事件的负面影响。马秀颖等（2013）研究发现，工作时间的增加会阻碍农民工的城市化进程和增加其对压力事件的负面感知。生活压力得不到排解将会严重影响人们的健康（牛晓丽等，2005）。总之，过长的工作时间可能在个人工作和社会需求与交往等多方面，造成农民工感受到生活压力，进而影响他们的健康水平。因此，我们提出如下假设：

H1b：农民工的工作时间与健康呈负相关关系，感受到的生活压力会在其间起到中介作用。

4.2.2 婚姻状况的调节作用

婚姻不仅是法律上的夫妻身份、男女结合和共同生活，更是双方心理慰藉的港湾。正如萧伯纳（George B. S.）所言："家是世界上唯一隐藏人类缺点与失败的地方，它同时也蕴藏着甜蜜的爱。"心理学研究发现，家庭和婚姻具有获得社会支持、促进健康生活行为、缓解心理压力和维护心理健康的作用（Stolzenberg，2001）。Rahman（1993）发现有婚姻家庭的人比单身者死亡率更低。

本章认为从缓解生活压力的角度来看，婚姻会在农民工收入对生活压力的影响中起到调节作用。婚姻不仅意味着个体生活方式的改变，也意味着经济资源的重新分配。农民工家庭主要依靠从事个体工商或务工获得收入，男女双方通常都参与劳动，会增加家庭的整体收入。这会在一定程度上缓解农民工家庭对经济收入的迫切性。此外,家庭生活既能够满足人们的归属与被爱的需求,使个体以更积极和开放的心态经历和理解压力事件,降低压力事件的消极感知;也能够使夫妻双方相互支持和宽慰,缓解因经济压力产生的负面影响。基于上述讨论,我们提出如下假设:

H2a:婚姻状况会调节收入与生活压力之间的负向关系。具体来说,这种关系对于已婚农民工较弱,对于未婚农民工较强。

从婚姻的情感支持角度来看,我们还认为家庭会在工作时间对生活压力的影响中起到调节作用。社会支持理论强调网络关系对个体的影响,广泛和紧密的社会网络所提供的社会支持能够降低环境变化带来的不确定性。长时间的工作和高强度劳动负荷会增加工作压力。婚姻和家庭所带来的归属感和被爱需求的满足,能够正向影响农民工的心理状态,使他们更加积极地看待问题和处理矛盾,减少对工作的负面评价。此外,家庭支持还能够提高人们处理危机和适应变化的能力(Sindey,1976),来自家庭的开导和宽慰也能够减少长时间工作带来的消极影响,降低因此造成的心理压力。现有研究显示,社会支持能够缓解人们的压力,这种缓解作用对已婚农民工尤为明显(严予若,2012)。基于上述分析,我们提出如下假设:

H2b:婚姻状况会调节工作时间与生活压力之间的正向关系。具体来说,这种关系对于已婚农民工较强,对于未婚农民工较弱。

本章的假设H1a和H1b提出了生活压力在收入和工作时间对健康影响中的中介作用,假设H2a和H2b提出了婚姻状况对收入和工作时间效应的调节作用。整合这两组假设,我们认为婚姻状况不仅调节收入和工作时间对生活压力的影响,而且还将调节生活压力的中介效果。家庭和婚姻会对个体的认知和评价产生重要的影响,使人们更好地处理消极情绪以及精神紧张状态,从而对生活压力具有一定的缓冲作用(Hughes and Gove,1981;Umberson,1987)。婚姻和家庭能够缓解和削弱因收入低和工作时间长给农民工心理带来的负面影响,进而降低对其身心健康的损害。对于农民工而言,收入低会限制他们在健康保健和医疗保障上的花费,进而不利于健康;工作时间过长会减弱他们对自身健康保健和休闲娱乐方面的关注,造成肌体的过度疲劳,进而有损健康。相对于已婚者而言,未婚农民工由于缺乏婚姻对收入低产生负面影响的缓冲作用,会体验更大的生活压力感受，对健康的负面影响也会更强。未婚者年纪一般较小，家庭负担较轻，缺乏营养和医疗保障、高工作负荷等因素对健康感知的直接负面影响会相对较弱。综合以上推导和假设，我们提出如下假设：

H3a：农民工的婚姻状况会调节生活压力在收入与健康关系间的中介效果。具体表现为，较已婚农民工而言，未婚者生活压力的中介作用将更为显著。

H3b：农民工的婚姻状况会调节生活压力在工作时间与健康关系间的中介效果。具体表现为，较未婚农民工而言，已婚者生活压力的中介作用将更为显著。

4.3 研究设计与样本

4.3.1 数据收集和样本

本次调查以秦皇岛、唐山、保定和石家庄四个地级市范围的农民工为调查对象。为保证样本的聚焦和问卷回收率，我们先选择农民工集中的行业（如传统制造业、维修业、餐饮和传统服务业），再圈定业内恰当的企业进行问卷发放和收集，并以附赠品的方式鼓励农民工参与调查。

调查共发放问卷 362 份，在剔除有明显规律和漏选题项较多的无效问卷后，得到有效问卷 310 份，整体回收率达到 86.11%。调查样本中，男性占 64.8%；年龄在 21~30 岁的占 43.2%，在 31~40 岁的占 22.3%，40 岁以上的占 28.4%；已婚者为 239 位，占 77.1%；学历为小学的占 19.7%，学历为初中的占 57.4%；年资不足一年的占 33.9%，1~3 年的占 31.6%。

4.3.2 变量测量

问卷由两部分组成：一是被试的基本信息，如年龄、性别、职业、婚姻状况等；二是收入、工作时间、生活压力和健康感知等变量的数据收集。

收入为被试每月的实际收入值。工作时间是每周工作的小时数，为每周工作天数与每天工作小时数的乘积。婚姻状况区分为已婚和未婚。健康感知测量两个问题，即"与同龄人相比，您认为您目前的健康状况怎么样"和"出来打工之前，与同龄人相比，您的健康状况怎么样"，以两者之差作为打工期间健康的变化情况。

生活压力的测量借鉴了李培林等（2010）的生活压力量表，包括7个题项（如"子女教育费用高，难以承受""赡养老人负担过重"等），以李克特五点式计分，1代表不同意，5代表同意，得分越高代表生活压力越大。

4.4 数据分析

4.4.1 信效度分析

研究模型中只涉及一个潜变量——生活压力，故仅计算该变量的一致性信度，Cronbach's α 值为0.882（大于0.7），表明稳定性较佳。

使用Mplus7.0统计软件，应用验证性因子分析检验生活压力的结构效度，各题项的因子载荷均大于0.5（0.641~0.813），测量模型的拟合指标也均达到较优的水平（Hair，1998）（χ^2 = 36.641，df = 14，CFI = 0.978，TLI = 0.967，RMSEA = 0.072）。计算该量表的AVE值为0.51（>0.5），表明判别效度较好。

4.4.2 相关分析

计算各变量间的Pearson相关系数可知，收入与生活压力呈显著负相关（r=-0.373，p<0.01），与健康呈显著正相关（r=0.260，p<0.01）；工作时间与生活压力呈显著正相关（r=0.483，p<0.01），与健康呈显著负相关（r=-0.289，p<0.01）；生活压力与健康呈显著负相关（r=-0.632，p<0.01）。相关分析初步支持了本章假设的合理性，详细数据见表4-1。

表4-1 均值、标准差及变量间的相关系数

项目	1	2	3	4	5	6
1. 年龄						
2. 性别	-0.10					
3. 收入	-0.151**	-0.329**				

续表

项目	1	2	3	4	5	6
4. 工作时间	-0.06	0.038	-0.165**			
5. 生活压力	0.054	0.044	-0.373**	0.483**	(0.51)	
6. 健康	-0.019	-0.018	0.260**	-0.289**	-0.632**	
7. 均值（M）	34.10	1.35	1910.69	63.70	3.02	4.40
8. 标准差（SD）	10.96	0.48	782.96	13.64	1.22	1.12

注：* 表示 p<0.05，** 表示 p<0.01。对角线括号内为 AVE 值。

4.5 假设检验

4.5.1 中介效应检验

为检验生活压力的中介效应，我们构建了以收入和工作时间为前因变量，生活压力为中介变量，健康为结果变量的中介效应模型，Mplus7.0 软件的路径分析结果显示，模型与数据拟合度较好（$\chi^2 = 52.213$，df = 25，$\chi^2/df = 2.09$，CFI = 0.978，TLI = 0.967）。模型结构和标准化后的各路径系数如图 4-1 所示。

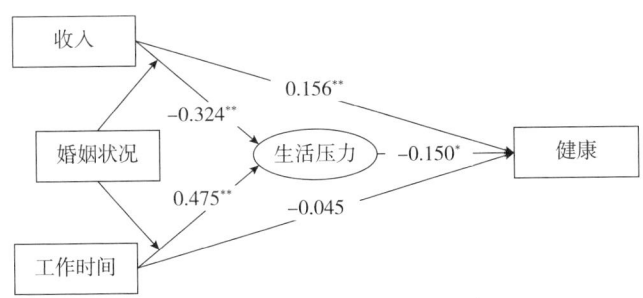

图 4-1 路径系数

注：①报告的是标准化路径系数；② * p<0.05，** p<0.01（双尾检验）。

收入到生活压力（r = -0.324，p<0.01）和工作时间到生活压力（r = 0.475，p<0.01）这两条路径系数均是显著的，生活压力到健康的路径系

数也达到了显著性水平（r=-0.150，p<0.05），支持了生活压力的中介作用，H1a 和 H1b 初步得到数据支持。为了进一步检验中介效应，我们应用 Zhao 等（2010）提出的中介效应分析程序，参照 Preacher 等（2004）和 Hayes（2013）提出的 Bootstrap 方法对生活压力的中介效应做进一步检验（这种方法使用中介效应估计值序列的 2.5 百分位数（LLCI）和 97.5 百分位数（ULCI）来估计 95%的中介效应置信区间，若置信区间不包括 0，则表示中介效应显著）。如表 4-2 所示，在"收入—健康"路径中，在 95%的置信区间下的 BootLower=-0.089 和 BootUpper=-0.008，不包含 0，表明生活压力的中介效应显著，且中介效应大小为-0.049。此外，在控制中介变量生活压力之后，自变量收入对因变量健康的影响区间（BootLower=-0.105，BootUpper=-0.028）不包含 0，说明生活压力在收入对健康的影响作用中发挥了中介作用，上述检验支持了 H1a。在"工作时间—健康"路径中，在 95%的置信区间下的 BootLower=0.013 和 BootUpper=0.129，不包含 0，说明生活压力的中介效应显著，且中介效应大小为 0.071。此外，在控制中介变量生活压力之后，自变量工作时间对因变量健康的影响区间（BootLower=-0.032，BootUpper=-0.067）不包含 0，说明生活压力在工作时间对健康的影响作用中发挥了中介作用。上述检验支持了 H1b 的假设。

表 4-2　中介总效果拔靴程序检验结果

路径	收入—健康中介拔靴程序		工作时间—健康中介拔靴程序	
	偏差校正的非参数百分位 95%置信区间	非参数百分位 95%置信区间	偏差校正的非参数百分位 95%置信区间	非参数百分位 95%置信区间
直接效应	(-0.105, -0.028)	(-0.105, -0.028)	(-0.032, -0.067)	(-0.032, -0.067)
间接效应	(-0.089, -0.008)	(-0.040, -0.006)	(0.013, 0.129)	(0.008, 0.058)

4.5.2　调节效应检验

因婚姻状况为类型变量，在检验调节作用时，我们按已婚和未婚分成两组，通过组间比较检验调节作用。结果显示，这一调节模型与实际数据拟合较好（$\chi^2 = 104.763$，df = 56，$\chi^2/\text{df} = 1.87$，CFI = 0.958，TLI = 0.947）。对于未婚农民工来说，收入与生活压力呈显著负相关且影响较为明显（r=-0.674，p<0.01），而在已婚农民工群体中，两者的关系也是呈显著负相关（r=-0.259，p<0.01），但是影响相对较弱，两组的组间差异显著（β=-0.380，p<0.01），说明婚姻状况在收入与生活压力的关系中起到了调节作用，H2a 得到了支持。将不同婚姻状态下，收入对生活压力的影响效果绘制效果图，如图 4-2 所示。对于已婚农民工来说，工作时间与生活压力呈显著正相关且影响较为明显（r=0.236，p<0.05），而在未婚农民工中两者虽呈显著正相关（r=0.515，p<0.01），但影响相对较弱，两组组间差异显著（β=-0.251，p<0.01），可见婚姻状况在工作时间与生活压力的关系中起到了调节作用，H2b 得到了支持。将不同婚姻状态下，工作时间对生活压力的影响效果绘制效果图，如图 4-3 所示。上述数据分析结果支持了 H2a 和 H2b。

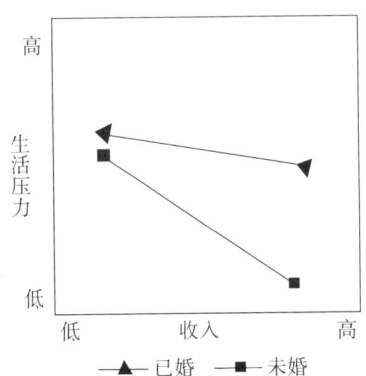

图 4-2　婚姻状况对收入与生活压力之间关系的调节作用

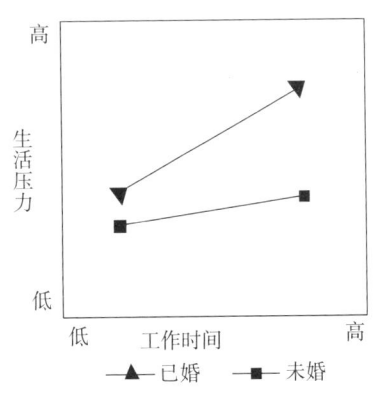

图 4-3　婚姻状况对工作时间与生活压力之间关系的调节作用

4.5.3　被调节的中介效应检验

采用 Edwards 和 Lamber（2007）的调节中介检验程序对 H3a 和 H3b 进行检验，结果见表 4-3。由表 4-3 可知：①未婚农民工中，收入与健康的间接效应较为明显（β=0.767，p<0.01），而已婚者中两者的间接效应

（β=0.213，p<0.01）虽也显著，但较未婚者已大幅度降低，降低幅度达到了显著性水平（ω=0.555，p<0.05）。可见婚姻状况显著影响了生活压力在收入—健康之间起到的中介作用，H3a 得到了支持。②已婚农民工中，工作时间与健康的间接效应较为明显（β=-0.432，p<0.01），而未婚者中两者的间接效应不显著（β=-0.249，p>0.05），但两者之差未达到显著性水平（ω=0.183，p>0.05），H3b 未得到数据支持。

表4-3　健康的调节—中介模型分析

分组统计	阶段		效应		
	第一阶段	第二阶段	直接效应	间接效应	总效应
收入（X）→生活压力（M）→健康（Y）					
未婚	-0.674**	-0.919**	-0.311	0.767**	0.382*
已婚	-0.253**	-0.744**	0.002	0.213**	0.215**
组间差异	-0.375**	-0.339	-0.388	0.555*	0.167
工作时间（X）→生活压力（M）→健康（Y）					
未婚	0.235*	-0.919**	0.015	-0.249	-0.232
已婚	0.515**	-0.744**	0.127*	-0.432**	-0.288**
组间差异	-0.267*	0.339	-0.126	0.183	0.057

注：①*表示 p<0.05，**表示 p<0.01（双尾检验）；②Bootstrap 样本数为1000。

4.6　讨论与本章结论

4.6.1　研究结果讨论

通过研究农民工收入与工作时间对其健康的影响，我们发现：①生活压力在收入和工作时间对健康的影响中起到了中介作用；②婚姻调节了收入和工作时间对生活压力的影响；③生活压力在收入对健康影响中的中介效果受到婚姻状况的调节。总的来说，本章的理论意义与实践启示包括以下几点：

第一，本章将农民工收入和工作时间与健康联系起来，深入探讨了收入与工作时间通过生活压力这个中介变量对健康的作用机制。健康作为一项重要的人力资本,是获得其他资本的前提,健康的体魄对于农民工来说至关重要。有研究指出,收入与健康可以形成一个循环,收入的增加可以使他们更好地享受健康保健,提高健康水平;健康的身心可以保障他们更努力地工作,创造更大的价值,获得更多的收入(尹庆双等,2011)。健康的保持不仅需要经济投入,还需要时间投入。基于健康的这一特征,在以往研究的基础上,我们把收入与工作时间一并作为影响健康的预测变量,通过阐述收入与工作时间对健康的作用机制构建了它们之间的关系。在本章中,我们根据社会角色理论和人际关系理论提出了收入和工作时间与健康的中介变量——生活压力。对于农民工来说,一方面,知识和技能的缺乏使他们只能从事低附加值的工作,较低的收入加上进入城市后生活成本的增加给他们带来了较大的生活压力,长期累积的生活压力为他们的健康问题埋下了隐患。另一方面,农民工不仅收入较低而且存在普遍超时工作的现象,长期高负荷的劳动增加了工作压力;工作时间的增加剥夺了他们参与社会交往的机会,这使他们难以获得社会保障和支持,从而进一步增加了他们对压力的感知,影响他们的健康。生活压力作为中介变量,反映了收入与工作时间对健康的作用机制(娄文龙、杨春江和唐学庆,2016)。

第二,本章提出并检验了婚姻状况的调节作用。研究结果表明,婚姻状况显著地调节了"收入—生活压力"和"工作时间—生活压力"的关系:对于未婚农民工而言,收入对生活压力的影响更为明显;对于已婚农民工而言,工作时间与生活压力的关系更显著。婚姻状况作为一个代表个体家庭责任和状况的变量,会影响农民工对增加收入与缩短工作时间需要的迫切程度。未婚农民工独自参与劳动且缺少家庭支持,因此他们更加迫切增加收入,收入的增加可以降低其对生活压力的感知。家庭支持能够缓解压力,这种缓解作用对已婚农民工尤为明显,因此他们更希望减少工作时间。在检验婚姻状况对收入和工作时间与健康的间接效应的调节作用时,我们发现婚姻状况显著地调节了收入与健康之间的间接效应,这种间接效应对于未婚农民工来说更为明显。婚姻和家庭可以缓解因收入低给农民工带来的负面影响,相对于已婚农民工,未婚农民工缺少婚姻和家庭对负面影响的缓冲作用,因此低收入将对其产生更大的生活压力,从而对健康的负面影响更强。

第三,本章的研究结果表明,提高收入水平、减少工作时间对促进农民工的健康水平具有重要作用。收入的提高可以促使农民工对健康进行投资，更好地享受医疗卫生服务；休息时间的增加为他们提供了更多参与社会交往和与家人沟通的机会，这有助于他们获得社会支持，从而促进健康。本章研究结果为提升农民工健康问题提供了一定的思路：①提高农民工的获薪能力。近几年农民工的工作条件和待遇得到了一定程度的改善，但和城镇职工相比，仍有较大差距（李培林和李炜，2010）。企业应适当提高他们的收入水平，同时对付薪过程加强监管，防止拖欠、扣留工资现象的发生。鉴于农民工知识和技能的缺乏，企业可以通过知识和技能培训，增加他们获得更高薪酬的机会。②加强监管，缩短工作时间。企业应严格遵守劳动法等相关法律，合理安排劳动者的工作时间，即使让他们在规定的范围内加班，也要给予相应的加班补偿。③推进农民工聚居区的社区建设。政府要在这个过程中发挥好作用，一方面，定期在农民工聚居社区举办文化活动，鼓励农民工积极参与，通过文化认同促进城市融入，获得社会支持；另一方面，帮助未婚农民工组建家庭，通过婚姻缓解其生活压力，使其获得情感慰藉和支持。

4.6.2 研究的优势、局限及未来研究方向

本章以农民工为研究对象，探讨了收入和工作时间对健康的作用机制，即生活压力的中介作用和婚姻的调节作用。以往研究多是讨论收入和工作时间对农民工健康的直接影响，对于作用机制和边界条件的研究相对缺乏。受资源所限，本章的研究尚存在如下不足：①本章的调查范围限于河北省的四个城市，样本选择上也难以做到随机抽样，研究结果的外部效度受到一定限制。基于现有数据，我们尚不足以对其他地区做相同结论。未来研究可以在更大范围进行调研，检验本章的结论。②本章检验了生活压力的中介作用，但作为单一中介因素，生活压力难以完整地反映收入与工作时间对健康的影响机制。后续研究可以继续从不同的视角探讨其他可能的中介过程，从而更好地掌握收入和工作时间对健康的效应机理。

4.6.3 本章结论

本章分析了收入与工作时间对健康的作用机制以及婚姻的调节作用，检验了农民工健康的影响过程和条件。健康作为农民工生存和发展的基础条件，至关重要。本章分析了收入和工作时间基于生活压力这一中介变量

对健康的影响,为今后有关农民工健康问题的研究提供了一些思路。政府和企业应该在提高农民工健康水平方面发挥重要作用,不仅要制定相关政策来提高农民工的收入,而且要合理安排农民工的工作时间,使他们有更多时间参与社会活动,从而缓解其生活压力,这对于提高农民工的健康水平具有重要影响。

5

压力下的农民工生活满意：健康和社会融入的作用

城镇化建设使农村土地面积减少，农业机械化等使农业劳动力需求下降，工业化转型使城市制造业和服务业急需大量劳动力，多种力量驱动着大量农村劳动力向城市转移，构成了中国现阶段一个庞大又特殊的群体——农民工。国家统计局最新数据显示，2016年全国农民工总量达到2.81亿，同比增幅1.5%。被城市的富足和便利吸引，他们怀揣着对美好生活的渴望，背井离乡，或携妻带子或只身一人踏进城市这片陌生的土地。然而，一方面，受教育程度、知识、技术和社会关系等自身条件的制约，他们难以从事收入高、条件好、环境舒适的工作；另一方面，城市生活成本的激增、社会保障缺失、市民待遇难以获得等，使他们不得不承受较大的生活压力。在内、外制约因素的作用下，作为中国城乡一体化建设主力军、加快城市化建设的原动力的农民工，实际生存状况堪忧，对生活的满意程度也往往较低。持续低水平的生活满意度，将严重影响他们对城市的认同，众多的社会问题也会随之出现。正如人民网在2016年1月6日报道中指出："如何适应经济发展的新常态，让城市平稳度过改革阵痛期，让农民工共享城市发展红利，政府各职能部门、企业、社会都需要深入思考，未雨绸缪。"可见，提升农民工在城市生活的主观幸福感，留住农民工，对缩小城乡差距、实现城乡共同富裕、促进社会主义和谐社会建设以及我国社会的长期稳定繁荣发展，具有深远的意义（杨春江和黄婉凝，2018）。

生活满意作为人们对生活质量的主观总体评价，是个体对生活现状认知的最重要指标。国内外学者主要从生活环境视角、社会交往视角和工作—家庭视角挖掘农民工生活满意的影响因素。例如，徐道稳（2010）和裴志军（2010）分析了改变生活环境产生的心理压力对生活满意的影响；吴国宝和檀学文（2015）与 Kasser 和 Sheldon（2009）实证了社会交往时间对生活满意的积极作用；张黎莉（2009）和韩艳（2015）分析了工作和家庭因素对农民工生活满意的影响。其中虽不乏综合生活和工作视角预测生活满意的文献，但它们一则多限于选择客观因素构建模型，二则对影响过程的作用机理分析不深。为弥补现有研究空缺，本章将综合农民工的生活和工作两个范畴，探寻生活压力和工作时间对工作满意的联合影响，在深入分析其间作用机理的同时，检验重要边界条件的权变影响。生活压力是个体生活中整体感受到的压力程度，影响着人们的行为；工作时间则不仅影响着农民工的工作负荷，也影响着他们的社会交往精力。为此，本章将探讨生活压力和工作时间对农民工生活满意的中介过程和心理机制，并进一步探讨影响这一机制的边界条件。具体而言：①基于压力理论，提出健康在生活压力影响路径中的中介作用；②基于社会资本理论，提出社会融入在工作时间影响路径中的中介作用；③探讨经济收入在上述路径中的调节作用。

5.1 理论基础与研究假设

5.1.1 生活压力与生活满意：经济收入调节下健康的中介作用

快节奏的城市生活和生存成本使人们越发感受到工作和生活的压力，这种生活压力对于农民工会更为突出。他们较城市居民面对更多的压力源、缺失社会和医疗保障、工作负荷和危险性较大等客观实际，影响着他们的心理健康和生活质量。生活压力不仅会影响人们的身心健康，而且会增加人们的消极情绪和情绪调节难度。对于处在社会底层的农民工而言，他们既要面对较多的压力源，又迫于有限的社交圈，使生活压力难以得到有效的消解，长期处于应激状态。压力理论认为，处于身心紧张之下的个体：①会造成身体健康的损伤，增加病痛和医疗负担，在物质层面影响生活质量。例如，Frese（1985）研究发现有 50%~70% 的疾病与压力有关；Tosevski 和 Milovancevic（2006）研究发现压力对健康的影响不仅普遍而且非常严重，会引起心脏病、中风、头痛、癌症、糖尿病、关节炎和肝肺疾病等多种疾病。②会造成心理健康的损伤,增加负面情绪和消极认知心态,使之悲观地预期未来和消极地对待生活。例如,Daw（2001）、Lorenz（2004）等研究发现高压下的人们会表现出更多的负面反应和攻击他人,体验到更多的不满、恐惧和愤怒。③会被迫进行心理调节来克服压力,易造成心理能力的损耗,产生疲惫感,甚至倦怠生活。持续应激状态下的人们会感到情绪、身体和精神上的疲惫,降低自尊和自我效能感,影响身心健康,继而影响生活质量。杨廷忠和黄汉腾（2003）、Matheny等（2002）的研究支持了上述观点。基于以上论述,我们认为压力会通过健康影响到农民工的生活质量评价,为此提出如下假设:

H1:生活压力会负向影响农民工生活满意的水平,在这一影响过程中健康起到了关键的中介作用。

收入作为影响农民工家庭生活的一项重要因素可能在上述关系中起到权变作用。收入是构成个体社会地位的一项重要指标,影响着个体所拥有的社会资本。我们认为收入至少可以在两个方面权变压力对健康的影响:在健康保健方面,高收入者往往可以购买必要的医疗保健服务,缓解压力对肌体和心理健康的影响,而低收入者由于缺乏必要的医疗保健,身心健康受压力的影响会更加显著。在压力消解方面,具有较多社会资本的农民工可以通过社交网络缓解压力带来的消极情绪,在亲朋的帮助下也会以更宽广的胸襟去解读压力事件,从而减弱压力事件带来的应激反应。不仅如此,较高的社会经济地位和社会资本会提供较多的社会帮助,降低压力事件造成的实际影响。拥有较少社会资本者,缺乏必要的社会支持,不仅难以从社交网络获取直接的帮助,而且还缺乏亲友的宽慰,因此会产生更为强烈的应激反应,损害健康。基于上述分析我们提出如下假设:

H2:经济收入在生活压力对健康的影响中起到调节作用。具体表现为,高经济收入者的生活压力对健康的影响较小,低经济收入者的生活压力对健康的影响较大。

需求层次理论强调个体需求会随情境发生变化——由生存需求逐级上升为社会和尊重等需求。在某一层次需要未得到满足时,该层次需要的效价最高。健康属于人们的基本需要,归属于生存和安全这两个层次。对于收入较低的农民工来说,需求主要停留在生存和安全的较低层次,因此健康的效价会相对较高,对生活满意的影响作用也更大,因此会在压力对满意的影响中产生更大的中介效果；对于收入较高的农民工，他们需要更高层次的社交和尊重等需要，因此社会交往、人际关系、社会地位和体面的工作等因素会对生活满意产生更大的影响，因此健康对生活满意的影响效力会下降，其中介效果也会减弱。因此，基于 H1 和 H2，我们提出如下假设：

H3：健康在生活压力与生活满意之间的中介作用会受到经济收入的调节。具体表现为，在上述关系中高收入农民工健康的中介效果较弱，低收入农民工健康的中介效果较强。

5.1.2 工作时间与生活满意：社会融入的中介作用

时间看似普通，却是最宝贵的财富。孔子就曾发出"逝者如斯夫，不舍昼夜"的感叹。人生体验的是经历的过程，人生品味的是点滴事件和时间的积累。Kasser 和 Sheldon（2009）强调，时间富余较物质富裕更能影响人们的生活满意，号召将时间引入生活满意的研究中。檀学文等（2013）发现，时间的利用对生活满意有明显的影响，其中劳动时间对生活满意有负向影响，社交时间对生活满意有正向影响。吴国宝和檀学文（2015）也发现，延长社会交往的时间会提高生活满意。

社会融入意指农民工的原文化与流入地文化的融合渗透，形成统一的社会文化体系，涉及在经济层面、社会层面、心理层面和文化层面与城市社会的融合。充足的可支配时间，是人们融入社会的基本保障。具体表现为：①与城市社会间长期和频繁的交往能够帮助农民工建立更广泛的社会网络关系，增加他们的社会资本，从而使其获得更多的社会支持，进而提升生活质量；②业余时间与城市居民的社会交往和人际互动，能够满足农民工的社会需要，提升其生活满意；③长期的城市和社区生活能够促进农民工接纳城市文化，适应城市居民的行为方式，提升身份认同和城市归属感，进而提升对生活现状的积极感知。综合以上论述，我们提出如下假设：

H4：工作时间会负向影响农民工的生活满意，在这一影响中社会融入会起到关键的中介作用。

整合以上四条假设，我们提出图 5-1 所示的概念模型。

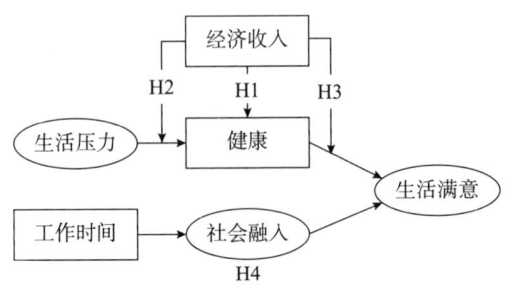

图 5-1 概念模型

5.2 研究设计与样本

5.2.1 数据收集

本章在河北省秦皇岛、唐山、保定和石家庄四个城市进行调查，选取在上述城市务工的农民工为调查对象。为了使调查更有针对性和保证问卷质量，在调查前通过文献阅读掌握了农民工群体主要集中的行业分布，在实际调查中采取调查人员上门调查的方式，主动进入建筑工地、工厂、小区、餐饮机构等，以一对一的方式进行问卷填写。对协助完成问卷的农民工以送赠品的方式表示感谢，并借以提高填答质量和问卷填答对象的配合意识。

本次调查共发放问卷358份，实际填答问卷327份，在剔除无效问卷后最终得到有效问卷310份，整体回收率达到86.59%。样本的人口学特征如下：男性占64.8%，女性占35.2%；年龄在20岁以下的只有6.1%，21~30岁占所调查人群的43.2%，31~40岁为22.3%，40岁以上的占28.4%；大多数农民工为已婚人士，达77.1%，未婚者仅为22.9%，初中及以下教育程度者为77.1%，中专、技校及高中学历占17.4%，大专毕业者仅为5.5%；工作年限小于1年所占比例为33.9%，1~3年为31.6%，3~5年为15.2%，5年以上占19.4%。

5.2.2 变量测量

问卷内容主要分为两部分：第一部分是调查农民工的个人基本信息

和家庭状况，包括性别、年龄、受教育水平、工作年限、健康状况、婚姻及家庭负担状况等；第二部分是生活压力、社会融入和生活满意量表。我们用 SPSS21.0 和 Mplus7 统计软件分析各变量测量的信效度，分析如下：

（1）生活压力。借鉴李培林等（2010）开发的生活压力量表，使用该量表中的 5 个题项，采用李克特 5 点计分，由农民工自评，1 代表"不同意"，5 代表"同意"。举例条目如"子女教育费用高，难以承受""赡养老人负担过重"。其中，Cronbach's α 值为 0.861，标准因子载荷为 0.779~0.816。

（2）健康。我们在研究中采用苑会娜（2009）提到的农民工通过与同龄人相比对自己健康的评测作为健康指标，问题包括："与同龄人相比，您认为您目前的健康状况怎么样"和"出来打工之前，与同龄人相比，您的健康状况怎么样"。自评健康状况分为五个等级，以两者之差作为健康得分。Jasso 等（2004）的研究中采用同样的健康状况处理方法。

（3）社会融入。借鉴胡荣等（2010）的三个题项，采用李克特 5 点计分，由农民工自评，1 代表"不同意"，5 代表"同意"。举例条目如"我经常与本地居民交往"和"我觉着当地人很友善"。其中，Cronbach's α 值为 0.876，标准因子载荷为 0.855~0.924。

（4）生活满意。采用 Diener 等（1985）开发包括 5 个题项的整体生活满意度自评量表。采用李克特 7 点计分，1 代表"非常不同意"，7 代表"非常同意"。举例条目如"迄今为止我已经得到我生活中想要得到的最重要的东西""如果生活可以重新来过，我几乎什么都不想改变"。其中，Cronbach's α 值为 0.872，标准因子载荷为 0.782~0.857。

5.3 数据分析

5.3.1 共同方法偏差

为了检验是否存在严重的共同方法偏差，本章采用两种方法：方法一，采用 Harman 单因子法进行检验（周浩和龙立荣，2004），该方法认为当共同方法偏差问题严重时全部或大部分变异被一个公共因子解释。为此，我们将生活压力、社会融入与生活满意三个潜变量设定为一个公共因子。验证性因子分析的结果显示，单因子模型拟合指数均未达到可接受的水平（$\chi^2/df=12.821$，CFI=0.667，TLI=0.581，RMSEA=0.195）。方法二，采用不可测量潜在方法因子检验。即允许各项目负荷在其理论维度的同时，也允许它们负荷在一个潜在的公共方法因子上（模型 M_b），如果该模型明显优于理论模型（模型 M_1），则认为各变量间存在严重的共同方法偏差。结果显示，M_b 的拟合指数（$\chi^2/df=2.465$，CFI=0.953，TLI=0.932，RMSEA=0.069）并不明显优于 M_c（$\chi^2/df=2.947$，CFI=0.946，TLI=0.931，RMSEA=0.079）。因此，通过上述两种方法检验可知，本章中各个变量间不存在严重的共同方法偏差的问题。

5.3.2 描述性统计

表 5-1 报告了本章所涉及变量的均值、标准差和其间的相关系数。我们对各个变量进行了相关分析，结果如表 5-1 所示：生活压力（本量表得分越高代表生活压力越小）和健康的相关系数达到了显著水平（$r=0.252$，$p<0.01$），健康和生活满意呈显著正相关（$r=0.308$，$p<0.01$），工作时间和社会融入显著负相关（$r=-0.397$，$p<0.01$），社会融入和生活满意的相关系数同样达到了显著水平（$r=0.173$，$p<0.01$），相关性符合我们的理论预期。表 5-1 中对角线上括号中计算的平均抽取变异数（AVE）平方根的数值均大于 0.644，且大于对应的行和列中相关系数的最大值，符合 Hair 等（1998）的建议标准，说明各个变量间也具有很好的区分效度。

5.3.3 模型区分度检验

为了进一步检验潜变量之间的结构效度，我们构建了四种替代模型（$M_2 \sim M_5$），并应用验证性因子分析技术评估了变量测量之间的区分效度。如表 5-2 所示，观测数据与假设模型（M_1）之间的拟合度很好，而替代模型与实际观测数据之间拟合度较差，卡方检验和模型拟合指数都显示假设模型与替代模型之间差异显著。替代模型的构建见表 5-2。

表 5-1 各变量的描述性统计与相关分析结果

变量	1	2	3	4	5	6	7	8
1. 性别								
2. 年龄	-0.101							
3. 健康	0.005	-0.056						
4. 工作时间	-0.015	-0.063	0.122*					
5. 经济收入	-0.400**	-0.055	0.006	0.132*				
6. 生活压力	0.067	0.037	0.252**	-0.033	0.025	(0.644)		
7. 社会融入	-0.013	0.053	0.149**	-0.397**	-0.100	0.101	(0.812)	
8. 生活满意	0.171**	0.060	0.308**	-0.145*	-0.252**	-0.058	0.173**	(0.670)
均值	1.35	34.10	4.58	62.01	1720.73	2.92	3.93	4.11
标准差	0.478	10.958	0.930	13.206	847.553	1.270	1.314	1.551

注：① * 表示 p<0.05，** 表示 p<0.01；② n=310；③ 对角线括号内数据为平均抽取方差 AVE 值。

表 5-2 测量模型的比较

模型	因子	χ^2	df	RMSEA	CFI	TLI
M_1	假设模型	179.782	61	0.079	0.946	0.931
M_2	生活压力和生活满意并入一个因子	1030.706	66	0.217	0.561	0.482
M_3	生活满意和社会融入并入一个因子	871.918	66	0.198	0.634	0.567
M_4	生活压力和社会融入、生活满意并入一个因子	1508.883	66	0.266	0.344	0.225
M_5	生活压力和社会融入并入一个因子	905.417	66	0.203	0.618	0.549

5.3.4 假设检验

根据吴艳等（2009）的调节作用检验方法，构建生活压力和经济收入对健康作用、工作时间对社会融入作用、经济收入×生活压力对健康和生活满意的作用以及生活压力、健康、工作时间和社会融入对生活满意作用的结构方程模型 M。实际调查数据和模型 M 的拟合程度较好（χ^2 = 301.118, df = 117, χ^2/df = 2.574, CFI = 0.924, TLI = 0.904, RMSEA = 0.071）。

根据温忠麟和叶宝娟（2014）提出的建议，采取新的中介效应的检验流程检验假设：

第一步：检验生活压力对生活满意的总效应 c_1，工作时间对生活满意的总效应 c_2，结果显示 c_1 不显著（$c_1 = -0.007$, $p = 0.920 > 0.05$），c_2 显著（$c_2 = -0.158$, $p = 0.008 < 0.01$），因此进行后续检验。

第二步：分别检验生活压力对健康的效应 a_1，工作时间对社会融入的效应 a_2，控制自变量影响后，检验中介变量健康对生活满意的效应 b_1，中介变量社会融入对生活满意的效应 b_2，结果显示四个系数均显著（a_1 = 0.272, $p = 0.000 < 0.01$; $a_2 = -0.405$, $p = 0.000 < 0.01$; $b_1 = 0.384$, $p = 0.000 < 0.01$; $b_2 = 0.208$, $p = 0.013 < 0.05$），因此 H1 和 H2 的间接效应显著。

第三步：检验在控制了中介变量的影响后，自变量生活压力和工作时间分别对生活满意的直接效应系数 c_1' 和 c_2'，结果显示 c_1' 不显著（c_1' = -0.106，p= 0.092 > 0.05），c_2' 同样不显著（c_2' = -0.054，p = 0.389 > 0.05），因此生活压力对生活满意的直接效应不显著，说明该路径中只存在中介效应，H1 得到检验，而工作时间对生活满意的直接效应同样不显著，该路径中只存在中介效应，H4 得到检验。

当自变量通过中介变量对因变量产生影响，而中介过程受到调节变量的调节作用时，即存在有调节的中介（温忠麟等 2006，2012；温忠麟、叶宝娟，2014）。因此，我们采用了温忠麟等（2014）提出的有调节的中介模型检验方法：

用 Mplus7 软件跳过依次检验，直接用偏差校正的百分位 Bootstrap 法分别计算相关系数的置信区间，结果如表 5-3 所示。

表 5-3　有中介的调节作用 Bootstrap 法检验结果

系数	间接效应	LL95%CI	UL95%CI
$a_1 b_2$	-0.040	-0.086	-0.006
$a_3 b_1$	-0.014	-0.042	0.012
$a_3 b_2$	0.004	-0.002	0.015

注：做健康对生活压力、经济收入以及经济收入和生活压力交互项的回归，其中 a_1 为生活压力的系数，a_3 为交互项的系数；做生活满意对生活压力、经济收入、健康、经济收入和生活压力交互项以及经济收入和健康交互项的回归，其中 b_1 为健康的系数，b_2 为经济收入和健康交互项的系数。

其中，$a_1 b_2$ 的置信区间不包含 0，$a_3 b_1$、$a_3 b_2$ 的置信区间均包含 0，意味着中介作用受到调节且仅后半段受到调节，如图 5-2 所示：对于低经济收入群体而言，良好的健康状况会带给其更多的幸福感，因此，H2 不成立，H3 成立。

综上所述，本章所建构理论模型经检验基本成立，且各变量之间关系如图 5-3 所示。

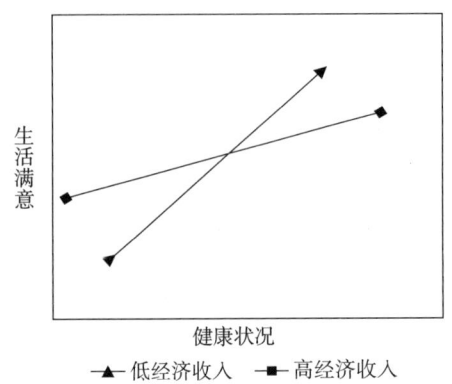

图 5-2 经济收入对健康中介作用的调节

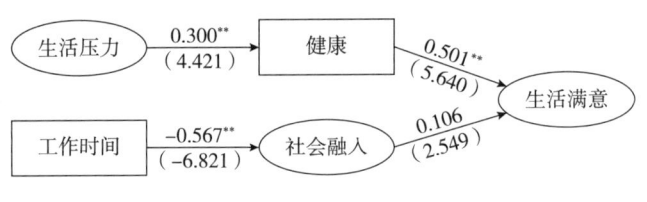

图 5-3 路径系数

5.4 本章结论与启示

5.4.1 本章结论

在本章中,我们研究了农民工生活状况、社会交往与生活满意之间的关系。研究结果主要包括:①生活压力和工作时间与生活满意存在负相关关系;②健康在生活压力与生活满意的关系中起到了中介作用;③社会融入中介了工作时间与生活满意之间的关系;④经济收入对健康的中介作用存在负向调节,即收入越高,健康的中介作用越弱。总体而言,表现在以下三个方面:

首先,本章成功地将农民工的生活状况与生活满意联系起来,揭示了高生活压力和过长的工作时间阻碍农民工积极地评价生活的心理和生理过程。生活满意是人们对生活客观质量的主观评价，是衡量幸福的主要指标。因此，人们的生活满意是构建和谐社会的重要组成元素，全面建成小康社会和中国梦的实现源于每一位社会成员的幸福和圆梦。然而，作为城市建设和服务主力军的广大农民工群体却因工作强度大、生活压力大、身心健康受损，难以融入城市社会生活而游走于城市的边缘，难以享受应有的生活满意和幸福。考虑到农民工生活满意的重要性和生活与工作的客观实际，在以往研究的基础上，我们把生活压力和工作时间视为影响农民工生活满意的预测变量。通过阐释两者如何影响农民工的健康感知和社会融入而构建了与生活满意的联系（杨春江等，2019）。

其次，在本章中，我们根据压力理论、需求层次理论和社会网络理论分别提出了生活压力影响生活满意的生理中介变量——健康，以及工作时间影响生活满意的心理中介变量——社会融入。一方面，作为迫于生计的农民工，由于缺乏技术和知识，获取高收入的能力普遍较低，长期生活于社会的底层。因此，他们长期生存于高生存压力和应激反应之下，往往造成健康受损，身体状况不佳，进而引起对整体生活质量的消极评价。另一方面，农民工从事的体力和服务业劳动普遍具有工作时间长、劳动负荷大的特点，过久地处于工作状态会减少他们的社会交往和参加社会活动的时间和精力，使之难以融入城市文化和社会生活，社会需要难以满足，降低了其对生活的满意。鉴于上述两条路径对农民工生活质量评价的影响，我们从农民工个体和工作两方面着手，整合生存和社交这两类最基本需要，同时对农民工群体来说又是最重要的两阶段需要，论述压力和工作时间影响生活满意的生理与心理机制。

最后，本章提出并检验了收入对生活压力与生活满意之间间接效应的调节作用。研究结果表明，收入显著调节了健康与生活满意之间的关系：对于高收入者而言，健康对于生活满意的影响较弱。作为一项影响个体社会角色地位和需要的客观变量，收入影响着人们需要的阶段发展和紧迫程度。那些收入高的农民工在生存需要基本满足后会去追求更高层次的社会需要等，因此相对降低了健康这一基本生存需要对生活质量的影响。

值得关注的是，我们从表5-3中可以看到，在生活压力—健康—生活满意之间的间接效应中，收入仅在第二阶段（健康—生活满意）起到调节作用。高/低收入水平的农民工群体在第一阶段（生活压力—健康）的关系中不存在明显差异。这表明，无论收入多少，农民工都要面对各种生活压力，这些压力的消极影响不会因收入而改变。即各种社会经济地位者都会面对压力，经济因素不是这种影响大小的关键。相反，解读压力时的心理状态和面对压力源的心理素质和调节能力可能起到关键作用。

5.4.2 启示

由于城市建设中农民工的不可替代作用，如何提升生活在城市中的农民工心理的满足感在实践中越来越受到政府、社会和用人单位的重视。本研究支持了提升健康保健意识和加强劳动保护的重要性，可以通过培养农民工健康的心理素质、在劳资冲突中及时地给予心理干预、帮助他们疏导和理性解读生活压力、培养健康意识和良好的生活习惯、规范劳动时间与加强劳动监督、维护和保障农民工合法劳动权益、杜绝违法拖延农民工劳动时长等现象的发生等方式，促进农民工生活幸福感的提升并进一步加快社会的和谐发展步伐。

劳资关系构成了农民工最主要的社会关系，其不仅表现为与用人单位之间的关系，还包括与同事、上下级之间的工作和人际关系。农民工离开长期生存的农村土地，踏入城市这一陌生的环境中，生活面临较多的不确定性，构成了生活压力的主要来源。较高劳动负荷、较长工作时间、缺乏社会交流等更是加剧了压力的影响。这些社会、工作和自身因素使农民工不仅生活于城市的边缘，心理需要也往往难以得到满足，需求的满意程度同样影响着个体对压力的感知（宣杰和董晓，2012）。作为用人单位，企业最应该缓解压力，加强对农民工的心理关怀。在压力源方面，企业可以通过营造舒适的工作环境与和谐的人际氛围，降低劳动负荷和缩短工作时间，提高薪酬待遇和福利水平，尽量减少农民工的生活和工作压力；在心理方面，应给予他们足够的关注和关怀，通过心理咨询等形式主动了解其心理问题，及时进行心理干预；在社交方面，应丰富员工的业余文化生活，加强上下级、员工间的交流，增进彼此的理解，促进农民工快速融入城市生活。

人力资本的积累是实现城市经济发展的必要条件（孟卫东等，2014），为了帮助城市留住农民工，实现基层人力资本积累，政府有关部门应加强劳动保障制度，贯彻落实《国家新型城镇化综合试点方案》，健全城市的信息传播机制，促进农民工对各类社会服务信息进行全面科学的了解，改善农民工对城市接纳性的感受，从而体会到城市生活的幸福感。在制度方面，制定有效可行的管理方案，切实保障农民工的合法权益，弱化户口的作用，尽量给予农民工市民待遇；在监管方面，加强对用人单位的监督，定期指派劳动行政管理人员深入基层了解农民工实际工作情况，进行现场整改；在社会方面，通过街道办事处和居委会等基层部门组织文化交流活动，鼓励农民工参与社区活动，积极融入社区生活；在健康方面，完善社区体检制度，允许农民工在所住社区参加体检，同时重视身体和心理健康。

5.4.3 研究的局限和未来研究方向

在本章中，我们检验了生活压力和工作时间通过不同的心理机制变量影响生活满意度的作用过程。首先，通过研究我们预期其他地区的农民工群体也有本研究在河北省地区调研所得到的相互作用机制和模式，但是基于数据的限制，仍旧不能武断地得出结论。后续研究中可以选取更广泛的地区和更多数量的农民工样本进行调查研究，以进一步检验本章所得到的研究结论。其次，本章采用的是横断的研究设计，数据信息都来自调查样本中的农民工个体，可能会在某种程度上受到共同方法偏差的影响。虽然我们研究中的检验结果显示共同方法偏差问题影响并不是很大，但是为了得到变量间更准确的相互关系，应该采取多重数据来源的调查取样方法来改进研究设计，以期更有效地控制和削弱共同方法偏差在研究中的影响。最后，由于受到研究广度的限制，本章仅研究了健康和社会融入两个变量对于生活压力和工作时间对生活满意的中介作用，未来的研究中可以进一步地探索在我国特殊的国情社会下其他的中介变量作用机制，比如生活环境和工作领域相互作用的关系，积累更多关于提高农民工群体生活满意度的理论和实证基础。

6

公平与安全对农民工社会融入的影响研究
——基于生活满意和经济收入的作用

改革开放以来,城乡关系从之前的相互隔离、排斥和对立的封闭状态,逐渐演变为当今的相互流动、兼容与合作的开放状态。但这种关系并不对等,更多地表现为城乡要素向城市的单向流动,最典型的便是劳动力向城市聚集。城市生活富裕,资源充足,经济收入相对较高,加之工业与服务业对劳动力的巨大需求,促使越来越多的农村剩余劳动力向城市转移,形成了浩浩荡荡的"民工潮"。农村劳动力进城务工,既能够提高剩余劳动力的就业率,增加经济收入,也能够弥补城市劳动力缺口,推动城镇化建设,促进城市经济的增长。然而,受限于我国的二元社会体制,农民工普遍存在劳动环境较差、工作时间较长、收入偏低和劳动强度大等问题。他们虽生活在城市社会中,但往往游离于城市边缘,难以充分享受城市福利并且真正地融入城市生活。他们与城市的矛盾、摩擦和隔阂成为有碍社会和谐稳定的重要因素,不利于社会主义和谐社会建设。近年来,农民工的社会融入问题也越发受到国家的重视,为此民政部专门出台了《关于促进农民工融入城市社区的意见》。由此可见,研究农民工这一庞大群体的社会融入问题对维持社会稳定与构建和谐社会具有重要意义。

鉴于农民工社会融入的重要性,近年来围绕该主题的研究迅速增加,学者从不同的视角对社会融入的影响因素进行辨析和解读。如朱力(2002)、胡杰成(2007)、钱文忠和张忠明(2006)从社会层面探讨了户籍制度对农民工社会融入的影响。梅亦和龙立荣(2013)分析了学历、普通话水平、身体健康状况等个体层面因素对农民工社会融入的影响。杨春江等(2014)从工作要素视角分析了工作时间和收入对社会融入的影响。社会融入不仅涉及物质生活条件的改善,更涉及社会和精神层面的接纳与认同。因此,学界号召从社会心理视角探究农民工的社会融入问题。其中,社会公平感和安全感的作用尤其受到重视。社会公平感是个体对社会公平程度的整体感知和判断,即人们以"社会应有的状况"为基准来评价社会是否符合这一标准,从而做出公平与否的主观判断。安全感是个体对危险或风险的预期和可控性感知,通常可区分为确定感和可控制感。个体心理对社会行为有重要的指导作用。在城市化进程中,农民工对周围环境的认知势必引发其社会行为和动机,其中便包括他们参与社会活动、进行人际交往的动机与行为。刘电芝等(2008)研究发现,城市农民工低层次的安全需要基本得到满足,萌生了更高程度的"融入效能感"和"发展意愿"。王甫勤(2013)也指出社会公平感是影响农民工城市融合的重要因素。

综上所述,以往关于农民工社会融入的研究主要从社会、人口统计特征和工作要素等因素进行分析,相对忽视了农民工心理因素对社会融入的影响。即使少数文献探讨了心理因素的作用,也是浅尝辄止,缺乏对内在机制和边界条件的深入分析。为此,本章基于社会比较、需求层次和社会阶层理论,建构生活满意和经济收入在安全感与公平感影响社会融入过程中的中介和调节作用模型,在河北省秦皇岛、唐山、保定和石家庄四个城市收集了310位农民工的调查数据,运用信度分析、效度分析和结构方程模型方法,分析农民工安全感和公平感对社会融入的影响,以及生活满意在两条路径中的中介作用,并考虑经济收入在其间的调节效应。研究结论可以为政府相关部门制定更有效的管理政策提供理论支撑和实施指导。

6.1 研究模型及研究假设

6.1.1 社会公平感与社会融入

社会融入是指不同个体、群体或文化之间相互配合与适应的过程。国外主要关注发展中国家移民到发达国家的城市融入状况,我国则主要关注农村外出务工人员的城市融入问题。公平理论强调,人们的公平感知会影响其对工作和社会的主观评价,进而影响其自身行为。在城市生活的农民工不可避免地会与城市居民发展出雇佣、买卖、亲朋等各种社会关系。

基于这些关系的互动会形成公平感知,进而影响上述关系的发展趋势和强弱程度,同时影响农民工的群体意识和归属感。公平感知高的农民工对城市环境有着更高的认同和满意度,看待市民和社会的态度也更为积极和正向,同时也会以更加平等和开放的心态参与城市生活,融入现实社会。

作为个体对自身生活质量的总体评价,生活满意是内在标准与现实感知对比后获得的主观感受,具体可以通过自身的经济收入、工作环境、生活条件等途径来评价。国内关于公平感的研究大多存在于组织层面。史耀疆和崔瑜(2006)研究显示,机会公平对生活满意具有显著的作用。刘静(2013)的研究显示,上班族的社会公平感与主观幸福感显著正相关。依据社会比较理论的观点,农民工群体会自然地将自己的付出及回报和与其有接触的城市居民进行对比。受城乡二元身份的限制,他们很可能将比较结果归因于社会体系,形成对社会整体的公平感知,产生对社会生活的评价,并影响接下来的社会互动。倘若比较之后,他们认为付出与回报是相对公平的,便会对现有生活产生积极的评价,对未来也会有更好的预期,以更乐观的心态投身于社会生活中,从而产生更高的社会融入感。研究表明,积极的主观认知可以帮助个体缓解精神压力,调节情绪,增强适应社会的能力。反之,则在消极的生活评价中,逃避社会生活,减少人际交往。张洪霞(2013)研究发现,拥有较高心理资本的农民工具有更强的城市融入动机。

6.1.2 社会安全感与社会融入

依据社会认同理论的观点,人们会对交往过程中所接触的社会群体进行分类,从而产生群体归属感和认同感,对群体内形成偏好,对群体外呈现偏见。人们普遍具有规避风险的倾向。在感知安全的情况下,人们会以开放的心态尝试接受新鲜事物,与外界群体进行交流;在感知风险和不安全的情况下,人们则会选择在群体内部进行社会交往,规避与其他群体交往的不确定性。农民工群体从农村迁徙到城市,生活存在较多的不确定性。不安全感会让他们将社交圈局限在农民工群体内部,只有在体验到安全后才会积极地与城市居民互动。

需求层次理论认为,社会需要的满足是人们追求幸福的重要组成,须以保障安全为前提。可见,社会安全感是人们生活满意的基础,进而影响着人们的社会互动。生活满意者会以更加乐观的心境预期未来的生活，以更加包容的态度处理困难和矛盾，以更加积极的行动开展工作和社会交往。闵婕（2012）发现，农民工的安全感与生活满意正相关。冯冬冬等（2008）发现，工作不安全感对企业员工的生活满意有显著的消极影响。为获得更多的经济收入和发展，农民工离开熟悉的农村环境，踏入陌生的城市社会。在这期间，居住空间的转移比较容易，而社会身份的认同和转变却是较为困难的。大多数的农民工在经济收入、社会角色和生存环境等多方面仍处于弱势地位，其心理安全感较低，更依赖社会体系的保障。安全的社会环境会减少农民工的不确定性，降低生活压力，促进其对生活的积极评价，增加社会交流和提升社会认同。相反，在缺乏安全感和较高不确定性的情况下，他们会感受到生活压力，降低生活满意水平，进而减少和规避与外界社会的互动，阻碍其融入城市社会。正如李丹和李玉凤（2012）发现，生活满意是农民工市民化的内在驱动力。

6.1.3　经济收入的调节作用

经济收入很大程度上决定着个体的社会阶层，上述作用关系可能受到经济收入的权变影响。梁波和王海英（2010）指出，农民工所拥有的社会资本数量和社会关系网络质量与规模对其融入城市社会起到关键作用。社会阶层理论认为，由于在社会资源上的差异，各阶层会形成相对稳定的社会认知倾向。对于阶层较低者而言，由于占有和可支配的社会资源较少，他们相对会更多地考虑物质成本的问题，因此更需要社会公共资源的支持。而阶层较高者拥有较多社会资源，更容易从社会网络中获得支持，对社会公共资源的依赖性相对较低，从而弱化了社会情境因素对个体认知和评价的影响。换言之，社会地位低者有一种情境主义的社会认知倾向，社会地位较高者有一种唯我主义的社会认知倾向。就农民工群体而言，高收入者可以通过购买的方式获得与城市居民相当的物质生活（如住房、汽车等）和商业服务（如医疗、社会保险等）。较高的经济收入能够降低他们对社会保障和公共服务系统的依赖性，使他们可以通过自己的力量提高生活质量。因此，社会公平对其影响较弱。低收入者一方面依赖于公共体系来保障生活，另一方面则因户籍制度和城乡差异的限制，难以获得与城市居民相当的社会福利。公共资源需求的迫切，加之需求的难以满足，使他们对社会公平性更为敏感，生活评价也更容易受到公平感的影响。

需求层次理论强调人的需求由生理需求向安全、社会、尊重等需求逐级发展，效价也随之变化。低收入农民工对生理和安全需求较高，安全感对他们生活的影响较大；而高收入农民工则更多地关注社会和尊重等需求，社会交往和认同对他们生活的影响较大。此外，作为较低层次需要，安全感的满足更依赖于外部条件。缺乏技术和资源的低收入农民工，生活更依赖社会体系的帮助；具有较好经济基础和社会资源的高收入农民工，则更依赖自身的力量改变生活。也就是说，不同收入的农民工对社会安全的敏感性存在不同。低收入者更为敏感，他们对生活的评价更易受到安全感的影响。

综上所述，社会安全感和公平感会影响农民工的生活满意，并进而影响社会融入。因此，本章运用结构方程模型，以安全感和公平感为前因变量，以生活满意为中介变量，以经济收入为调节变量，构建了农民工社会融入的研究模型（见图6-1）。

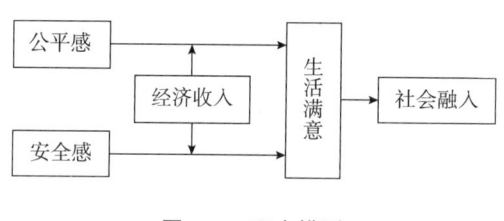

图6-1　研究模型

6.2　研究设计

6.2.1　问卷与量表

调查问卷包括两个部分：第一部分是样本的人口统计变量，包括性别、年龄、婚姻状况、受教育程度、工作状况和健康状况等指标；第二部分是社会公平感、安全感、生活满意和社会融入的测度项，运用的方法是李克特5级量表。

本章借鉴以往研究中成熟量表的题项，所有变量均由多题项测量。其中，社会公平感的测度项参考了胡荣和陈斯诗（2010）的研究；安全感的测度项参考了李培林和李炜（2010）的研究；生活满意参考了 Diener 等（1985）的研究；社会融入主要参考了胡荣和陈斯诗（2010）的研究。最终形成了包括 16 个测度项的量表，运用 SPSS17.0 统计软件进行公平感、安全感、生活满意和社会融入变量的描述性分析（见表 6-1）。

表 6-1 测度项、均值及标准差

潜变量名称	观测变量描述	测度项	均值	标准差	Cronbach's α 系数
公平感（SF）	社会很不公平	SF1	3.85	1.464	0.701
	受到老板剥削	SF2	2.47	1.515	
	收入与支出不成正比	SF3	3.34	1.511	
安全感（SS）	担心身体受到伤害	SS1	3.21	1.417	0.787
	担心遇到交通事故	SS2	3.23	1.394	
	担心遇到医疗事故	SS3	2.99	1.506	
	担心吃到不卫生的东西	SS4	2.93	1.553	
	担心意外伤害	SS5	3.00	1.573	
生活满意（LS）	生活满意度高	LS1	4.85	1.715	0.872
	生活条件好	LS2	4.56	1.806	
	现实生活接近理想生活	LS3	3.75	1.746	
	已经得到最想要的东西	LS4	4.04	2.092	
	重新来过不再改变	LS5	3.33	2.131	
社会融入（SI）	经常和当地人交往	SI1	4.09	1.406	0.796
	当地人很友善	SI2	4.03	1.304	
	希望在本地长期定居	SI3	3.76	1.671	

6.2.2 样本数据收集和样本特征

本章中的农民工样本是指狭义的农民工，即生活在城镇，具有农业户籍身份，从事第二、第三产业劳动，以工资为主要收入来源的从业者。如此限定样本范围，主要是考虑到雇主、个体经营者和自我雇用者在劳动形式、经济地位等方面与狭义农民工存在显著差异。另外，狭义农民工的民生状况更值得社会关注。

调研区域选择河北省，主要考虑到这里是我国劳动力输出和输入大省，农民工群体集中且较为庞大。具体调研城市包括秦皇岛、唐山、保定和石家庄，调研时间在 2016 年 6~8 月，选择农民工集中的餐饮业、建筑业和服务业，以问卷的形式进行实地调查，调查对象涵盖不同性别、年龄、婚姻状况和受教育程度的农民工。此次调查共发放问卷 358 份，剔除掉不合格问卷后，最终得到有效问卷 310 份，有效率为 86.59%。样本的基本特征见表 6-2。

表 6-2 调查样本的基本特征统计

类别	特征	样本数量（人）	占比（%）
性别	男	201	64.8
	女	109	35.2
年龄（岁）	≤20	19	6.1
	21~25	74	23.9
	26~30	60	19.4
	31~35	30	9.7
	36~40	39	12.6
	>40	88	28.4
婚姻状况	未婚	71	22.9
	已婚无子女	58	18.7
	已婚有子女	181	58.4
受教育程度	小学	61	19.7
	初中	178	57.4
	中专/技校	29	9.4
	高中	25	8.1
	大专	17	5.5

6.3 结果与分析

6.3.1 变量的共同方法偏差检验

本章采用两种方法检验数据的共同方法偏差。首先，应用 Harman 单因子检验,即将社会公平感、安全感、生活满意和社会融入四个潜变量合并为一个潜变量,检验其拟合程度(模型 M_a)。其次,采用不可测量潜在方法因子检验,即允许各个题项同时归属理论因子和共同方法偏差因子(模型 M_b)。模型 M_a 的拟合指数较差,不可接受;模型 M_b 与理论模型 M_0 均达到可接受的水平,且 M_b 各指数未明显优于 M_0(见表6-3)。由此可以认为问卷中各个变量间不存在严重的共同方法偏差问题。

表6-3 共同方法偏差检验

拟合指标	M_a拟合值	M_b拟合值	M_0拟合值
χ^2/df	7.095	1.492	1.715
CFI	0.756	0.985	0.972
TLI	0.656	0.972	0.960
RMSEA	0.140	0.040	0.048

6.3.2 量表的信效度检验分析

应用SPSS17.0计算整体问卷和各分量表的一致性信度,其中整体调查问卷的Cronbach's α值为0.827,公平感量表的Cronbach's α值为0.701,安全感量表的Cronbach's α值为0.787,生活满意量表的Cronbach's α值为0.872,社会融入量表的Cronbach's α值为0.796(见表6-1),均大于0.7,说明问卷的内部稳定性较高,具有较好的可信度。

为了检验本章中所有变量的结构效度,使用Mplus7.0统计软件对指标数据进行验证性因子分析。按照Hair等(1998)的要求,χ^2/df值应在1~3,越小越好,RMSEA应小于0.08,CFI和TLI指标应该大于0.8,越接近1越好。软件运行结果为:$\chi^2/df = 1.715$,RMSEA $= 0.048$,CFI $= 0.972$,TLI $= 0.960$。所有指数都达到了较好的拟合水平。

为进一步检验潜变量间的区别效度,我们在理论模型的基础上,构建了12个替代模型($M_1 \sim M_{12}$),分别计算了各个模型数据的拟合指数。由表6-4数据可知,理论模型 M_0 的拟合水平明显优于其他替代模型,且达到较优的拟合水平,说明各潜变量测量具有较好的区分效度。

城镇化进程中农民工和农村老人的健康与生活满意研究

表 6-4 竞争模型适配度比较

测量模型	因子结构	χ^2/df	RMSEA	CFI	TLI
M_0 拟合值	SJ, SF, LS, SI	1.715	0.048	0.972	0.960
M_1 拟合值	SJ+SF+LS+SI	10.514	0.175	0.481	0.412
M_2 拟合值	SJ+LS, SF+SI	8.992	0.161	0.568	0.506
M_3 拟合值	SJ+SI, SF+LS	9.419	0.165	0.544	0.479
M_4 拟合值	SJ+SI+SF, LS	9.109	0.162	0.561	0.499
M_5 拟合值	SI+SF+LS, SJ	9.190	0.163	0.557	0.494
M_6 拟合值	SI+SJ+LS, SF	8.948	0.160	0.570	0.508
M_7 拟合值	SJ+LS+SF	8.165	0.152	0.612	0.557
M_8 拟合值	SJ+SI, SF, LS	7.868	0.149	0.635	0.575
M_9 拟合值	LS+SI, SF, SJ	7.647	0.146	0.646	0.689
M_{10} 拟合值	SF+SI, LS, SJ	7.694	0.147	0.644	0.586
M_{11} 拟合值	SF+LS, SI, SJ	6.866	0.138	0.688	0.637
M_{12} 拟合值	SJ+LS, SI, SF	6.595	0.134	0.702	0.654

注：SJ 为公平感，SF 为安全感，LS 为生活满意，SI 为社会融入。

6.3.3 各变量的相关分析

研究应用 SPSS17.0 统计软件对样本数据进行描述性统计和相关分析（见表 6-5）。结果显示，社会公平感与生活满意正相关（r=0.197，p<0.01）；社会安全感与生活满意正相关（r=0.494，p<0.01），与社会融入正相关（r=0.171，p<0.01）；生活满意与社会融入正相关（r=0.160，p<0.01）。相关分析初步支持了本章模型中的变量关系。此外，各潜变量间的相关系数呈中低相关（0.030~0.494），表明本章的多重共线性问题并不明显。我们计算了各潜变量的平均抽取方差（AVE）值（表 6-5 中对角线数据），均大于 0.5，表明判别效度较佳。

表 6-5 各主要变量的均值、标准差和变量间的相关系数

变量	年龄	性别	收入	公平感	安全感	生活满意	社会融入
年龄							
性别	−0.101						
收入	−0.084	−0.376**					

续表

变量	年龄	性别	收入	公平感	安全感	生活满意	社会融入
公平感	0.093	-0.119*	-0.047	(0.627)			
安全感	-0.080	0.030	0.001	0.063	(0.540)		
生活满意	0.060	0.171**	-0.375**	0.197**	0.494**	(0.670)	
社会融入	0.065	-0.045	-0.067	0.030	0.171**	0.160**	(0.718)
均值（M）	34.10	1.35	1.00	3.22	3.07	4.11	3.96
标准差（SD）	10.96	0.478	0.50	1.18	1.10	1.55	1.24

注：①*表示p<0.05，**表示p<0.01；②n=310；③对角线括号内数据为平均抽取方差AVE值。

6.3.4 生活满意的中介作用分析

应用Mplus7.0软件对调节—中介假设模型进行检验。结果显示各项拟合指数良好（$X^2/df=2.314$，RMSEA=0.065，CFI=0.949，GFI=0.931），说明理论模型可以接受。

在中介效应检验方面，本研究按照方杰等的建议，借助Mplus7.0统计软件，使用Bootstrap方法来检验生活满意的中介效应的显著性（本方法不要求数据符合正态分布，如果路径系数95%的置信区间没有包括0，表明中介效应显著）。由表6-6的Bootstrap法检验结果可见，公平感通过生活满意来影响社会融入的间接效应为0.136（p=0.009），95%的置信区间为[0.049，0.223]。安全感通过生活满意对社会融入的间接效应为0.167（p=0.001），95%的置信区间为[0.079，0.254]。以上两个间接效应的置信区间均不包含0，说明两条路径中的中介效应都是显著的。由图6-2数据可知，在控制中介变量生活满意的影响之后，公平感对社会融入的直接效应仍然显著（r=0.093，p<0.05），表明生活满意在社会公平感对社会融入的影响中起部分中介作用；安全感对社会融入的直接效应不再显著（r=0.020，p>0.05），表明生活满意在安全感对社会融入的作用过程中起完全中介作用。

表6-6 对中介效应显著性检验的Bootstrap分析

路径	中介效应	LL95%CL	UL95%CL
公平感→生活满意→社会融入	0.136	0.049	0.223
安全感→生活满意→社会融入	0.167	0.079	0.254

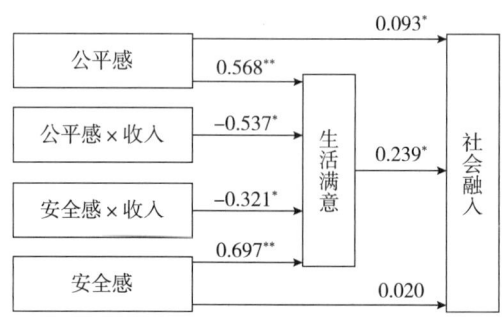

图6-2 结构方程模型结果验证

注：①报告的是标准化系数；② * 表示 $p<0.05$，** 表示 $p<0.01$。

6.3.5 经济收入的调节作用分析

为检验调节效应，我们构建了自变量（公平感和安全感）、调节项（收入）、交互项（公平感×收入、安全感×收入）通过中介项（生活满意）对因变量（社会融入）施以影响的路径模型，分析结果如图6-2所示。

图6-2的各路径上标注了标准化后的路径系数和显著水平。其中，公平感对生活满意的标准化路径系数为0.568（$p<0.01$），说明公平感对生活满意具有显著的正向影响。而公平感与收入的交互项对生活满意的标准化路径系数是-0.537（$p<0.05$），说明收入负向调节了公平感对生活满意的影响，即个体的收入水平越高，公平感与生活满意的正向关系就越弱。样本数据支持了经济收入在公平感对生活满意影响中的负向调节作用。按照收入的均值加减1倍的标准差区分了高、低收入组，两组中公平感对生活满意度影响效果如图6-3（左）所示。安全感对生活满意的标准化路径系数是0.697（$p<0.01$），说明安全感对生活满意具有显著的正向影响。安全感与收入的交互项对生活满意产生负向影响，其标准化路径系数是-0.321（$p<0.05$），说明收入水平越高，安全感与生活满意的正向关系就越弱，调节效果如图6-3（右）所示。

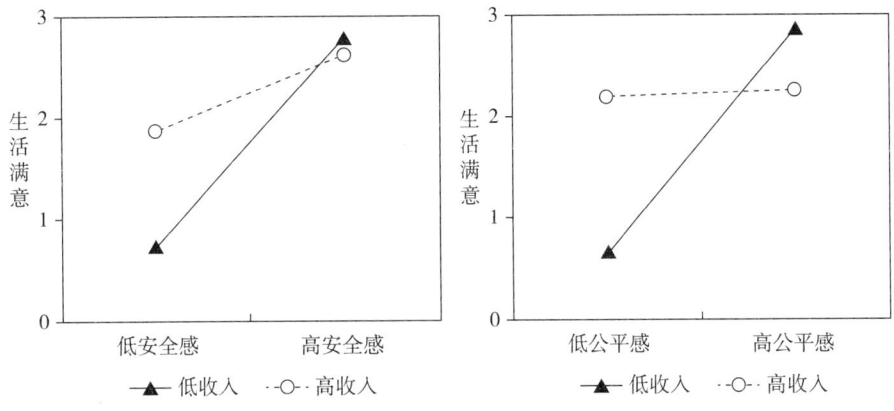

图 6-3 收入调节作用

6.4 本章结论与启示

6.4.1 本章结论

研究表明，社会公平感和安全感均会影响农民工的社会融入程度。其中，在公平感影响农民工社会融入的过程中，生活满意起到部分中介作用。一方面，随着公平感的提高，农民工个体对自身生活感到满意，从而以更乐观的心态积极地投身于社会生活中，产生更高的社会融入感；另一方面，公平也体现在社会参与机会的公允上，直接影响着他们的社会融入。在安全感影响农民工的社会融入过程中，生活满意起到完全中介作用。安全的社会环境会减少农民工的不确定性，降低其生活压力，促进他们对生活的积极评价，增加社会交流和提升社会认同。经济收入负向调节公平感和安全感对生活满意的作用，即低收入农民工对公平和安全更为敏感，其生活满意更易受到两者的影响。

6.4.2 启示

改革开放以来，农民工背井离乡，进城务工，辛勤劳动，对社会发展做出了不可磨灭的贡献。他们不仅是我国经济建设的主力军，更是社会转型时期的标志，推动了改革开放与现代化建设的进程。现阶段如果我们只关注经济发展而忽视经济发展过程中的社会问题，忽略整个社会中公民的真实感受，必然造成发展的片面性，无益于社会的和谐稳定。"和谐社会"归根结底体现为公民对现实社会公平现状的心理认可。此外，中央一号文件从2003年开始将关注点回归农业。党和政府连续十几年聚焦"三农"问题，在政治会议上多次探讨农村、农业、农民的发展，并制定一系列的相关政策来服务"三农"，保障基层群众的利益。基于以上思考，本章立足国家的宏观方针政策，从改善农民工的社会认知和缩小收入差距两个层面出发，提出以下建议与对策：

第一，加强对进城务工农民的专业技能培训，积极引导农民工再学习。农民工从小生活在生产力落后、经济较为贫困的农村地区，自身文化素养和技能水平相对城市工人较低。经济适应是农民工立足城市的基础。通过继续教育，农民工可以学习到与职业密切相关的技能知识，增强意识，开阔眼界，不再局限于那些高强度、低收入的苦力工作，转而投向技术层面的工作岗位，缩小与城市居民的收入差距。伴随着科技进步与经济发展，未来的职业发展必将与更为专业的技能紧密联系。为了紧跟时代脚步，提高生活满意度，解决现实问题，农民工接受继续教育是大势所趋。

第二，改善农民工在城市中的生活和工作环境。个体内心状态与其周围环境紧密相关。就农民工而言，生存和工作环境将直接和客观地影响其在城市生活的主观感受（包括社会公平感、安全感、生活满意等）。作为政府有关部门，应不断完善和大力扶持农民工廉租房制度，为农民工解决居住和社区安全问题，保证从根本上消除他们融入城市的后顾之忧。作为企业，也有责任和义务为农民工提供足够的薪酬补偿和安全稳定的工作环境，保证他们既能够安心生产，又能够享受城市生活。

第三，充分重视农民工的心理健康。从熟悉的家乡环境迁移到陌生的城市生活，农民工面对未知的环境会产生较大的不适应感，从而引发一系列的心理困扰。受自身教育水平较低的限制，农民工缺乏正确处理心理问题的专业知识，不能良好解决自身困惑，甚至会引发负面群体性事件。社会相关部门和机构有义务开辟缓解农民工生活压力、疏通其心理困扰的渠道，定期为他们进行心理问题的援助和辅导，既要从源头减少负面事件的发生，又要帮助农民工正确解读社会事件，顺利完成社会融入（杨春江、田鹏妹和陈亚硕，2017）。

7

城市融入、社会安全感与生活满意
——基于农民工群体的实证研究

7.1 引言

　　自 20 世纪 80 年代以来，为弥补城市化和工业化进程中的劳动力缺口，大量农村劳动力进城就业。国家统计局数据显示，2016 年我国农民工总量超过 2.77 亿人，构成了产业工人的主体。农民工群体在城市务工和推进区域经济发展的同时，也经历着参与城市活动和融入城市生活的过程。现实生活中，农民工群体的城市化过程存在诸多困难，使他们中的大多数或者成为城市的匆匆过客，或者成为被边缘化的城市群体。他们能否顺利地融入城市，适应城镇生活，实现市民化，不仅关系到我国的城镇化进程，而且关系到整个社会的和谐稳定。因此，围绕农民工群体的城市融入展开的相关研究，日益受到政府和学术界的广泛关注。

　　回顾文献，我们发现许多学者试图从人力资本、社会资本和城市性等宏观层面阐释农民工融入问题。当然，上述研究有助于我们了解农民工生存问题的社会、经济和制度性原因，掌握该群体的整体态势和帮助政府制定宏观政策。然而，从农民工个体心理层面进行的探索还很匮乏，致使我们对农民工个体在城市化过程中工作特征、城市融入程度和个体心理状态等具体现实问题的效应和相互关系缺乏细致的把握。在明晰上述关系的过程中我们不禁要问，究竟哪些因素在影响农民工的城市融入和心理认知？它们之间的关系怎样？其中的作用机制又如何？这些都是农民工城市化研究中不可回避的重要问题，也是本章研究的关注点。本章从农民工的个体层面出发，其一，探讨收入和工作时间对于城市融入的影响作用；其二，发掘农民工城市融入对他们生活满意的影响；其三，深入分析城市融入对生活满意的影响机制，具体而言，本章关注社会安全感在两者关系中的调节作用。

7.2 理论框架与研究假设

7.2.1 城市融入及影响因素

城市融入是指外来人员从生产、生活、社会心理和价值观等多方面融入城市的社会生活，不仅习惯于这种生活状态而且满足于自己新的城市身份。早在20世纪20年代，芝加哥大学社会学派指出个体通过分享经验和过去，互相沟通和增进情感，最终实现融合，并进一步将融合的过程分为经济竞争、政治冲突、社会调节和文化融合四个部分。此后区隔融合理论又进一步提出移入地的政策和人们的态度对新移民的文化融合起到十分重要的作用。相关研究显示，移民群体的城市融入过程会出现多种模式：融入主流社会，即人力资本高的移民易融入到主流社会；融入城市底层文化，即人力资本低的移民融入主流社会受到限制，被迫融入贫困文化；选择性融合，即在保留核心传统文化的基础上，部分地融入本地文化。区隔融合理论强调移民与环境的互动之间存在多条融合路径，也产生多种融合水平（杨春江、李雯和逯野，2014）。综合上述理论，我们认为农民工群体的城市融入也存在多样性和阶梯式发展的特征。

从个体层面看，不同的农民工个体可能选择不同的融入模式和路径，这取决于个体人力资本的具体情况和自我、家庭和亲朋在融入过程中的交互作用。当具有较高文化和技术的农民工积极寻求融入本地时，更容易被本地人所接纳，从而易于融入城市的主流社会。与之相反，人力资本较低的个体易受到排斥，往往徘徊在城市的边缘，逐渐融入到城市的底层社会。另有一部分受到较好教育的个体，会在保留故有文化的基础上选择性地融入城市社会。

从整体层面看，农民工群体的融入要经历从经济融入到文化融入的多个阶段发展。但具体到个人，所处阶段取决于个体特征和态度。结合我国的具体情况，我们认为，进城务工人员的城市融入过程要经历三个阶段：最初是从农村到城市的地域、生产和生活空间的转换；接着是从务农到务工的职业身份和从农村居民到城市居民的身份转换；最后是主观意识层面的价值观和社会认同的转换。

对于农民工个体来说，上述城市融入的经历实际就是再社会化的过程。若要很好地融入到城市生活中，必须具备以下几个条件：其一，在城市中有稳定的工作；其二，收入和社会地位与当地人相似，参与当地人的社会交往活动；其三，形成与当地人共同的价值观。城市融入的三个阶段（经济层面、社会层面和心理层面）是递进的关系，只有实现了经济和社会层面的融合，才能实现心理层面的融合。需要指出的是，经济层面的适应是立足城市生活的基础，社会层面的交往是融入城市社会生活的深入。

鉴于我国现阶段农民工群体工作和生活状况的实际，我们认为城市融入的关注点要集中在经济融入和社会融入的阶段。理由有二：其一，政治层面的融入很大程度上取决于政府的相关政策，这些并非农民工个体所能改变的；其二，价值观的融入涉及最高层次需求的满足，而这不符合农民工主体需求层次较低的现实。因此，从中国农民工现实状况出发，我们认为农民工城市融入（尤其是经济和社会层面）受到收入因素和工作时间因素的重要影响。经济融入的前提就是获得与本地居民类似的收入，这便于双方在对等的经济基础上进行交往。社会融入的前提是有充足的时间参与当地的社交活动，这便于他们获得更多的与本地居民交往的机会。因此，提高城市融入的以下两个要素必不可少，其一是收入与当地人对等，其二是有时间参与社会活动。因此，基于以上论述我们提出如下假设：

H1：工作收入与农民工群体的城市融入呈正向关系，即工作收入越高，他们越容易融入城市。

H2：工作时间与农民工群体的城市融入呈负向关系，即工作时间越长，他们越不容易融入城市。

7.2.2 城市融入与生活满意

生活满意也称为主观幸福感，是个人对生活质量的总体评价。以往研究显示，情感体验、自尊、人际交往和社会关系等众多因素都会对其产生影响。Helliwell 和 Putnam（1995）的研究显示，美国社会中家庭、亲朋和邻里关系对主观幸福感影响显著。Sarracino（2009）以欧洲居民为样本，证明了社会资本与主观幸福感的关联。Meehan 等（1993）和 Lu（1999）研究发现社会支持与个体的积极情感存在显著正相关；Chou（1999）研究表明个体对家庭成员和朋友关系的满意度可以预测主观幸福感及其所有维度。Chang（2009）在中国台湾的调查发现，非营利性组织、志愿者组织、社会和社区参与、信任等社会资本对主观幸福感有显著的影响。我国许多其他学者也在此问题上进行了研究，例如，邢占军等（2007）发现城市居民的社会关系对主观幸福感有预测作用；程世平等（2001）发现社会环境、政府政策、休闲娱乐和人际关系等影响个体的生活幸福感体验；王培刚（2008）研究显示丰富的文化休闲娱乐活动、广泛的交友爱好和前卫的物质消费体验能够影响生活满意水平。

鉴于本章的研究目的，我们主要关注城市融入对生活满意的影响。从社会认知理论来看，个体所处的环境和周围的社交群体会对他们的认知产生重要影响。主观幸福感作为个体对生活状态的感知，必定受到认知环境的作用。对于交往广泛的个体来说，他们会在一个更宽广的环境下评价生活现状，更易产生积极评价。另外，根据马斯洛需求层次理论，较高城市融入能够满足个体的社交需要，生活满意水平也应该更高。从社会支持理论来看，城市融入程度高意味着在城市中构建了更广泛的社会网络和更多的社会关系，会获得更多的社会支持。根据 Cohen 的主效应模型，社会支持能够维持个体良好的心态和情绪，进而提高生活满意的水平。根据缓冲器模型，社会支持会调节应激条件对身心健康的影响。简言之，城市融入程度高的个体不仅能获得更多的社会支持对良好心境的直接影响，而且还会缓冲不良事件的负向影响。由此，我们提出假设：

H3：农民工的城市融入程度对其生活满意产生正向影响。

7.2.3 社会安全感的调节作用

社会安全感被认为是个体对社会安全与否的整体认知，不仅对个体认知和行为可能产生直接影响，而且会调节个体认知、心理和行为之间的相互关系。例如，在儿童心理学领域，Ainsworth 等（1978）研究发现，儿童的探索兴趣受到环境威胁和陌生的影响。在安全的环境下，儿童知道当他们遇到困难时，安全的提供者会给予他们帮助。久而久之，这种安全感会支持儿童的持续探索行为。与之相反，不安全环境会阻碍儿童探索新知，并使其产生对新事物的畏惧感，滋生消极情感。Mikulincer 等（2005）也发现安全感能在亲社会的态度和行为之间起到干预作用。不安全感能够破坏感恩与亲社会行为之间的联系。在组织研究领域，Kathryn等（2009）发现工作安全感能够促进个体—组织建立长期的关系。在长期的关系下，个体组织的社会交换更加稳定，因此，感知到的组织支持对知识分享的影响更加强烈，会产生更高水平的知识分享。在社会学领域，Gillath等（2005）研究显示，在社会交往过程中个体帮助他人的愿望和行为会受到社会安全感的抑制或增强。Shaver等（2002）指出，个体社会安全感的意识能够提高他们对他人施以帮助的愿望。

我们认为，高社会安全感的个体更倾向于在居住地建立正式的社会关系，与政府部门和团体组织保持较多的联系。在低安全感的情况下，个体更倾向于建立非正式的社会关系，保持与本地居民、同乡和工友等的紧密联系。因此，在不安全的社会环境下，他们会降低对政府职能的信任，转而依靠非正式群体的力量保证自身的利益不受侵害。从农民工群体的整体特征来看，他们多数生活在城市的底层，更多地接受来自社会的援助。较低的社会安全性会抑制和阻碍本地居民的人际互动、社会奉献、关心穷困、施恩和帮助他人等行为。因此，农民工个体的安全需要、社交需要、尊重需要等更多地依赖于自己构建的社会关系网络。在这样的情况下，城市融入程度越高的个体，需要就会越好地得以满足。反之，在高安全感下，农民工需要的满足会更依赖政府的作用，降低了社交网络的影响作用。因此，基于以上论述，我们提出如下假设：

H4：农民工个体的社会安全感会负向调节城市融入与生活满意之间的关系。

综上，我们提出假设模型，如图7-1所示。

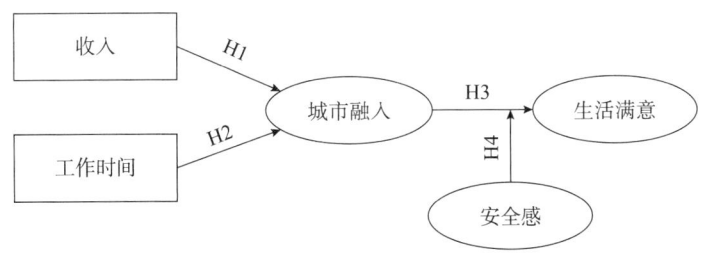

图7-1 研究假设模型

7.3 研究设计

7.3.1 数据收集

本章的调研是在 2011 年 6~8 月进行的，调查范围选择了河北省秦皇岛、唐山、保定和石家庄四个城市，调查对象为在上述城市打工的农民工群体。为了使调查更有针对性和保证问卷质量，在调查前我们通过文献阅读掌握了农民工群体主要集中的行业分布，在实际调查中，采取调查人员上门调查的方式，主动进入建筑工地、工厂、小区、餐饮机构等处，以一对一的方式进行问卷填写。对协助完成问卷的农民工我们以送赠品的方式表示感谢，并借以提高填答质量和提高被试的配合意识。

本次调查共发放问卷 413 份，实际收回问卷 358 份，在剔除无效问卷后，最终得到有效问卷 310 份，整体回收率达到 75.06%。样本的人口学情况见表 7-1。

表 7-1 样本的统计描述

特征		频数（人）	百分比（%）
性别	男	201	64.8
	女	109	35.2
年龄	小于 20 岁	19	6.1
	21~25 岁	74	23.9
	26~30 岁	60	19.4
	31~35 岁	30	9.7
	36~40 岁	39	12.6
	40 岁以上	88	28.4
婚姻	未婚	71	22.9
	已婚无子女	58	18.7
	已婚有子女	181	58.4

续表

特征		频数（人）	百分比（%）
受教育程度	小学	61	19.7
	初中	178	57.4
	中专/技校	29	9.4
	高中	25	8.1
	大专	17	5.5
年资	小于半年	37	11.9
	半年至1年	68	21.9
	1~3年	98	31.6
	3~5年	47	15.2
	大于5年	60	19.4

7.3.2 测量问卷

问卷内容主要分为两部分：第一部分是调查农民工的个人基本信息和家庭状况，包括性别、年龄、受教育水平、职位、年资和婚姻及家庭负担状况等；第二部分是城市融入、社会安全感和生活满意量表。

(1) 城市融入。本章采用的城市融入题项主要借鉴胡荣和陈斯诗（2010）与夏怡然（2010）文献中的题项，共包括三个项目，采用李克特5点计分，由农民工自评，1代表"不同意"，5代表"同意"。举例条目如"我经常与当地人交往"和"我觉得当地人很友善"。

(2) 社会安全感。我们采用李培林和李炜（2010）开发的社会安全感量表，该量表共六个题项，采用李克特5点计分，由农民工自评，1代表"不同意"，5代表"同意"。举例条目如"我担心财务会被盗抢或丢失""我担心人身受到伤害"。因此，该量表的得分越高，表示感知到的社会安全感越低。

(3) 生活满意。我们采用Diener等（1985）开发的共包括五个题项的整体生活满意度量表。量表采用李克特7点计分，由农民工自评，1代表"非常不同意"，7代表"非常同意"。举例条目如"我对生活感到满意""在大多数情况下我的现实生活很接近我的理想生活"。

7.4 数据分析

7.4.1 共同方法偏差检验

为了检验共同方法偏差对研究结论的影响,本章采用两种方法:方法一,进行 Harman 单因子检验,该方法认为当共同方法偏差问题严重时会析出一个单独因子或大部分变异被一个公共因子代表。为此,我们首先应用 SPSS 软件进行探索性因子分析,未经旋转前第一个因子解释了各个变量所有测量项目 25.53% 的变异,不占大多数。接着,我们应用 AMOS18 软件对城市融入、生活满意和社会安全感进行单因素验证性因子分析,结果显示 Harman 单因子模型拟合指数均未达到可接受的水平(如表 7-2 中模型 M_a 所示)。方法二,我们还采用不可测量潜在方法因子检验。即允许各项目负荷在其理论维度的同时,也允许它们负荷在一个潜在的公共方法因子上(模型 M_b)。如果该模型明显优于理论模型(模型 M_c),则认为各变量间存在严重的共同方法偏差。表 7-2 结果显示, M_b 的拟合指数并不明显优于 M_c。因此,通过上述两种方法检验可知,本章中各个变量间不存在严重的共同方法偏差的问题。

表 7-2 共同方法偏差检验

模型	χ^2/df	GFI	AGFI	CFI	NFI	RMSEA
M_a	16.13	0.583	0.432	0.398	0.387	0.221
M_b	3.316	0.923	0.879	0.930	0.904	0.057
M_c	3.854	0.911	0.874	0.903	0.885	0.067

7.4.2 问卷的信度和效度

在模型检验之前,我们首先检验量表的信度和效度。Robinson 等认为量表的 Cronbach's α 值大于 0.7 时即可以接受。本章涉及的三个量表的 Cronbach's α 值分别为:城市融入 α=0.745,社会安全感 α=0.823,生活满意 α=0.876。表明三个潜变量都满足信度要求,说明本章中的量表具有较好的内部一致性。

为了检验本章中所有变量的结构效度,我们使用 AMOS17.0 统计软件对指标数据进行验证性因子分析,分析结果具体见表 7-3。按照 Hair 等(1998)的要求,χ^2/df 值应在 1~3,越小越好,RMSEA 应小于 0.08,CFI、AGFI、IFI、NFI 等指标应该大于 0.8,越接近 1 越好。从表 7-3 中拟合指数可见,三因子模型的大部分拟合指数达到了较好的水平。χ^2 值虽然超过 3,但该值受样本数量的影响较大,随样本量的增加有增大的趋势。鉴于本章样本量较大,所以该值超过 3 也是可以接受的。另外,所有项目在相应的潜变量上的因子载荷均在 0.561 以上,完全符合因子载荷不小于 0.5 的要求,说明该模型具有较好的收敛效度。

表 7-3 验证性因子分析结果

变量	项目	标准因子载荷	T 值	拟合指标
社会安全感	SS1	0.681	—	$\chi^2 = 3.854$ df = 71 CFI = 0.911 AGFI = 0.874 RMSEA = 0.067 IFI = 0.912 GFI = 0.903 NFI = 0.885
	SS2	0.715	8.834	
	SS3	0.806	9.211	
	SS4	0.678	8.203	
	SS5	0.706	8.679	
	SS6	0.690	8.355	
城市融入	UI1	0.929	—	
	UI2	0.648	10.076	
	UI3	0.711	10.689	
生活满意	LS1	0.788	—	
	LS2	0.845	15.500	
	LS3	0.792	14.467	
	LS4	0.706	12.668	
	LS5	0.689	12.316	

根据表 7-4 所示对角线上括号中计算的平均抽取变异数(AVE)平方根的数值可知,其值均大于 0.5,且大于对应的行和列中相关系数的最大值,符合 Hair 等(1998)的建议标准,说明各个变量间也具有很好的区分效度。

表 7-4 各主要变量的均值、标准差和变量间的相关系数

	1	2	3	4	5	6	7
1. 年龄							
2. 性别	-0.10						
3. 收入	-0.06	-0.40					
4. 工作时间	-0.06	-0.02	0.13*				
5. 城市融入	0.07	-0.03	-0.09	-0.41**	(0.510)		
6. 安全感	0.06	0.04	-0.09	0.07	-0.16**	(0.596)	
7. 生活满意	0.06	0.17**	-0.25**	-0.15	0.18**	0.04	(0.587)
平均值（M）	34.1	1.35	1720.73	62	3.97	3.06	4.11
标准差（SD）	10.96	0.48	847.55	13.20	1.11	1.08	1.55

注：① ** 表示 p<0.01，* 表示 p<0.05（双尾检验）；② n=310；③ 对角线括号内数据为平均抽取方差 AVE 值。

7.4.3 假设检验

7.4.3.1 基于相关分析的假设检验

在对各个假设模型进行结构方程模型检验之前，首先对各个变量进行了相关分析，结果如表 7-4 所示。从表 7-4 可见，收入与城市融入的相关系数未达到显著性水平；工作时间与城市融入的相关系数达到了显著性水平（r=-0.41，p<0.01）；城市融入与社会安全感（本量表得分越高代表安全感越低）呈显著负相关（r=-0.16，p<0.01）；城市融入与生活满意呈显著的正相关（r=0.18，p<0.01）；社会安全感与生活满意相关性不显著。这样研究假设 H1 未得到验证，而假设 H2 和 H3 得到了初步检验。

7.4.3.2 基于结构方程建模的假设检验

相关分析只能说明变量间是否存在关系，由于变量之间或变量维度之间还存在相互影响和作用，相关分析不能指明变量间的影响方向和效应的强弱，因此，我们在相关分析的基础上，又采取了结构方程模型的技术对研究假设和路径模型进行检验。根据吴艳等（2009）的调节作用检验方法，即构建自变量（城市融入）、调节变量（社会安全感）和两者交互项（城市融入×安全感）对因变量（生活满意）的结构方程模型，我们构建收入和工作时间对城市融入的作用，以及城市融入、城市融入与社会安全

感的交互项对生活满意作用的调节作用模型 M。实际调查数据与模型 M 的拟合程度较好（χ^2 = 413.88，df = 141，χ^2/df = 2.935，CFI = 0.907，AGFI = 0.873，RMSEA = 0.062，IFI = 0.909，GFI = 0.910，NFI = 0.859）。从图 7-2 可以看出，模型 M 中工作时间与城市融入的标准化路径系数为-0.43（p<0.01），表明工作时间对社会融入具有显著的负向影响，假设 H2 通过检验；收入与城市融入的标准化路径系数仅为 0.02（虚线），不显著，假设 H1 未通过检验；城市融入到生活满意的标准化路径系数为 0.17（p<0.01），表明城市融入对生活满意有显著的正向影响，假设 H3 通过检验。另外，城市融入与安全感的交互项对生活满意产生正向影响，其标准化路径系数为 0.27（p<0.01），表明农民工个体的安全感知越低，城市融入对生活满意的正向关系就越强（社会安全感量表测量得分越高表示被试安全感知越低），支持了假设 H4。各个假设是否得到支持和标准化路径系数如表 7-5 所示。图 7-3 表明了两者交互作用的影响模式，根据 Cohen 等（2003）推荐的方法，我们分别以高于和低于均值的 1 倍标准差为基准描述了高安全感和低安全感的农民工个体在不同城市融入下生活满意的差别。如图 7-3 所示，低社会安全感的个体，其城市融入对生活满意的影响更加显著。

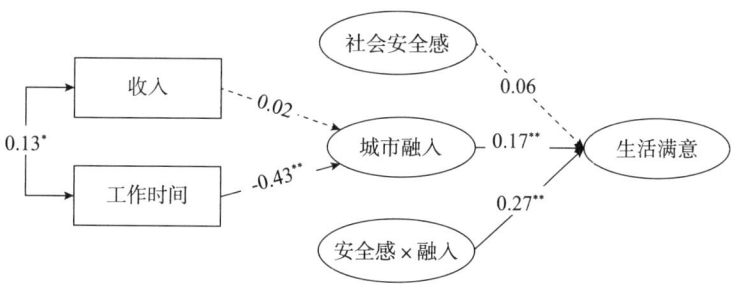

图 7-2　路径系数

表 7-5　假设检验结果

路径	关系	标准化系数	T 值	结果
H1：收入→城市融入	+	0.02	-0.304	不支持
H2：工作时间→城市融入	-	-0.43	-7.591	支持
H3：城市融入→生活满意	+	0.17	2.719	支持
H4：城市融入×安全感→生活满意	+	0.27	3.435	支持

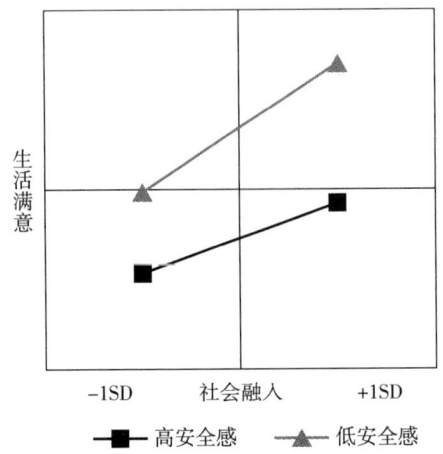

图 7-3　社会安全感对城市融入与生活满意之间关系的调节作用

7.5　讨论

7.5.1　理论意义

城市融入是移民研究的重要内容。农村劳动力流入城市，成为由乡村到城市的移民，在此过程中要面对全新的文化和社会环境，在来自社会、习俗、文化等各种变化的冲击下，必定产生不适。现实中的不适有的显于行为，但更多的隐于内心。这些隐性的不适应虽不剧烈，却潜移默化地影响着个体的身心。农民工个体对自我城市融入的认知，不仅会影响到个体幸福感的体验，而且会波及他们对整个生活和人生的看法。回顾文献，农民工的城市融入研究主要集中在其影响因素方面。这其中又分为社会和个体两个层次。由于种种原因，对城市融入的效应和影响机制的研究相对缺乏。作为深化认识城市融入问题的一种尝试，本章选取了两个最典型的农民工工作特征变量——收入和工作时间，检验它们对个体城市融入的影响，并进而探讨了城市融入对主观生活幸福感的影响及安全感在其间的调节机制。

首先，本章检验了农民工工作收入和时间对城市融入的影响。与最初的假设有所不同的是，收入对融入的影响并不显著；而工作时间对融入的显著负向影响得到了数据的支持。结果证实了工作时间是一个对农民工城市融入有着显著预测力的变量，事实上它影响了农民工的自我认知与生活评价，至少在本章显示会提升个体的城市融入水平，并进而提升自我的主观幸福感。移民理论认为，移民必须适应目的地国家的生存和生活体系，能够遵守其社会规范，并适应成为新社会成员的身份，认同自己的社会角色。融入表现为由结构性融入到核心融入的发展过程，即先由经济、就业和消费等低层次融入逐步发展到社会、角色、观念、文化和价值认同等高层次融入。其中，经济融入是确立城市身份的前提条件，在此基础上才有后续社会融入和文化融入的发展。本章结果显示，收入对融入的影响不显著，工作时间因素对融入的影响显著。这也反映了我国背景下"城市—农村"居民心理差异的本源并非是经济因素，更多地源于制度层面和社会层面的因素。其原因主要是：一方面，城市居民收入差距较大，农民工群体收入与城市中、低收入者差距不大，而且随着劳动力成本和价值的不断提高，加之用工短缺的现状，农民工收入有继续提高的趋势；另一方面，近年来农副产品价格增幅较大和国家惠民政策的实施，使农村居民的收入有了较大提高，城乡间的收入差距缩小。这些变化说明，现今社会中经济因素已不再是区分"农村人"与"城里人"的重要界限。工作时间与城市融入的显著影响恰恰反映了在当今时代背景下，社会融入才是城市融入的首要部分。人们要与本地居民建立联系，接受本地人的生活和休闲方式，构建社会网络关系，必须有充足的业余时间进行相互交往和沟通。

其次，本章证实了城市融入是中国社会背景中一个有着显著预测效力的变量，事实上它影响了农民工个体的心理状态，至少在本章显示会有效地提升个体的主观幸福感。结合我国社会文化背景，我们认为这一结果的出现在一定程度上反映了中国人社会网络关系的重要作用。众所周知，中国是一个十分重视社会关系的社会，圈内人和圈外人我们可能采取完全不同的态度，对前者表现亲近，对后者表现生疏。可以预期，一方面，当农民工受到城市居民排斥，感受到无法被本地居民所接受时，往往转而向自组织（如同乡、工友等）寻求帮助和支持。而这些圈内人的支持会增加他们的信心和缓解心理压力，进而提高幸福感。另一方面，当农民工未受到本地居民的排斥，他们会感受到被本地居民所接纳，良好的归属感和被包容感会增加他们与本地居民的交往，积极构建新的社会网络关系，产生良性互动，进而提高幸福感。广泛而密切的社会交往能够增加个体的主观幸福感。作为"城市移民"的农民工更加依赖社会关系网络的互动来实现目标，满足需求。关系网络提供的社会支持不仅可以提供物质和信息上的帮助，增加人们的喜悦感、归属感，还能提高个体的自尊与自信，进而提高主观幸福感。除此之外，社会网络还能对他们的城市生活和工作起着减压和保护的作用。作为社会资本的一部分，网络关系能够缓解个体的心理压力，消除或减轻个体心理障碍，增进个体的心理健康。因此，高城市融入能够提高个体的主观幸福感。

最后，本章结果显示，农民工个体的社会不安全感（低社会安全感）会显著地增强城市融入与主观幸福感之间的正向关系。这表明，社会安全感低的农民工个体具有更强的融入敏感性。从深层次分析，农民工社会安全感之所以有这种效应，很可能是受到了农民工群体特殊的社会地位影响。以往研究表明，农民工群体的社会关系网络可以分为功能性社会网络（Functional Social Network）和社会建构社会网络（Socially Constructed Social Network）两种。前者主要指个体与机构间的联系，联系强弱取决于国家机构和团体的设立框架。后者主要指个体与个体之间的联系，主要取决于个体的社会建构能力。在功能性社会网络中，农民工个体可调动的社会资源主要由机构和团体的性质和功能决定。由于外地户籍和弱势地位，他们实际可利用的功能性网络较少。而且这种社会资源主要靠法律、法规、规则和制度等维系，且缺乏互动。因此，在社会安全感较低的情况下，农民工不信任功能性社会网络的服务，在处理问题时更倾向于依赖社会构建社会网络，而非功能性社会网络。相反，在安全感较高的情况下，个体对政府机构或团体更加信任，更倾向于通过功能性社会网络解决个人事件。总之，城市融入越高说明社会网络构建得越广泛和紧密，农民工获得的社会支持就越多，个体需求就越能得到满足，满意水平越高，这种关系在低安全感下表现得更为明显。低安全感环境下农民工所反映出的融入敏感性正是个体社会网络关系支持功能的一种具体反映。

7.5.2 实践意义

虽然以往研究指出个体城市融入程度会因收入差异而不同，但事实上（至少在本章的研究中），由于个体需求的多样性和层次性，经济因素并非影响农民工个体城市融入的首因。取而代之，工作时间与城市融入呈现显著的负相关。这说明，经济融入虽然重要，但社会融入才是需求的根本。时间因素较经济因素更能影响个体与城市居民的交往，更能促进其对本地环境、居民产生积极情感，使其滋生长期居住的意愿。提高农民工群体的经济地位和收入水平固然重要，有远见的城市管理者和政府部门更应关注他们工作之余的时间和生活，保证他们有机会和时间体验城市生活和享受城市文明。短暂的休息时间和无休止的加班会阻碍农民工进行必要的社会交往，由此造成的个体孤独、排斥社会、城市隔离、精神生活匮乏、幸福感不强等问题，应该引起企业管理层和政府相关部门的重视。现今在多地出现"用工荒"的情况下，如果企业和地方政府不能通畅进城务工人员的融入渠道，使他们无法在城市中找到自己的生存空间和归宿感，他们更可能选择到其他城市或返乡，进而造成当地更严重的劳动力短缺。反之，如果相关部门能够一方面通过各种手段规范企业行为，保障农民工的休息和交往时间，增进与本地居民交往，构建自己的社会网络，另一方面通过组织各种活动，丰富他们的业余文化生活，使其充分享受城市文明，提高其城市归属感，或许会成为吸引和留住农民工，保障人力供给更有效的方法。

城市融入是许多国家和地区评价居民生活质量的重要指标，较高的城市融入成为人类社会发展追求的目标之一。受到二元经济的影响，我国农村居民长期被排斥在城市生活之外，即使是进城务工人员，也大多游离在城市边缘，构成了社会不和谐的因素。人们有着融入社会、实现自我角色的需要，因此，帮助农民工习惯社会环境，给予他们平等的生活机会，帮助他们构建社会关系，鼓励他们参与社会活动，从微观层面可以促进个体的主观幸福感，增强个体对现状的满意，产生积极情感，从宏观层面可以引导广大进城务工人员认同城市文化，积极回报社会，构建和谐社会氛围。

在构筑城市安全氛围的过程中，政府部门和团体应当重视对农民工这一弱势群体的关注和照顾。一方面，政府可以积极地实施农民工援助计划，加强对他们的政策扶持、心理咨询、技术培训和法律援助等，帮助他们进行心理调适，保持良好的心态，从而更好地适应城市环境；另一方面，建立开放型社区，发挥其服务功能，提供更多的社会服务，帮助社区内的农民工群体积极构建网络，积累社会资本，增加社会支持。总之，政府应采取积极措施，在提高城市安全保障的同时，增强功能性和社会构建型社会网络的作用，帮助农民工提升主观幸福感和生活满意。

7.5.3 研究的优势、局限和未来研究方向

相对于以往研究，本章开拓性地以农民工群体为研究对象探讨了最重

要的两个工作特征变量（收入和工作时间）对城市融入的影响，并进一步分析了城市融入对个体生活满意的影响，以及其间社会安全感的调节机制，使我们能够更深入了解工作条件和福利等因素对农民工个体心理的影响及作用机制。这恰恰是以往研究所缺失的。但也应该看到，受到人力和物力条件的限制，本章的研究尚存许多局限：首先，本章的调查范围主要集中在河北省秦皇岛、唐山、保定和石家庄等地，由于受研究经费的限制，在取样上无法做到随机抽样，样本规模也受到限制，这在一定程度上抑制了研究的外部效度（External Validity）。虽然我们预期其他地区、行业的农民工群体也表现出本章得到的影响关系和模式，但基于数据，我们仍不能武断地下结论。后续研究可以选择更广泛的行业和地区进行调查，以进一步检验本章的结论。其次，本章采用横断的研究设计，数据信息均来自被调查农民工个体，因此可能受到共同方法偏差的影响。虽然本章检验表明共同方法偏差的问题并不严重，但是为了更准确地得到变量间的关系，应该从研究设计入手采用多重来源的数据收集方法，以更好地控制和减弱共同方法偏差的影响。最后，受研究广度的限制，我们仅仅选择了收入、工作时间、城市融入、社会安全感和生活满意为研究变量，探讨了它们之间的关系和作用机制，后续研究可以进一步探索在我国现行社会情境下，其他前因变量（如心理变量）对个体其他结果变量（如公民行为、社会化等）的影响及作用机制，以积累更多的理论和实证基础。

7.6 本章结论

就农民工群体而言，收入对生活满意的影响并不显著，而工作时间对其影响作用是负向的，即会导致生活满意水平的下降。这种负效应之所以发生，可以从个体城市融入方面找到解释：过长的工作时间阻碍了农民工与城市居民和社会团体之间的互动和交流，使他们没有足够的时间来构建社会网络关系，导致他们很难融入城市之中，继而降低了其主观幸福感和生活满意度。同时，城市融入对生活满意的影响强度因社会安全感知的高低而异，社会安全感越低，城市融入对农民工生活满意的影响作用越大。

8

越安全,农民工就会越幸福吗?
——生活压力与社会公平感的中介与调节作用

8.1 引言

罗伯特·欧文(Robert Owen)在《略谈古今社会状况所造成的一些谬见和弊害》中说过:"人类一切努力的目的在于获得幸福。"在十一届全国人大三次会议上温家宝总理也一再强调"要让人民生活得更加幸福",为此中央电视台还专程做过"幸福是什么?"的专辑,可见幸福是政府和普通市民所共同关心的核心问题。因此,在我国快速城市化进程中,如何让广大进城务工人员与市民一起享受城市化的成果,体验到社会进步带来的幸福和生活满意便成为全面建成小康社会亟待实现的社会目标。城市化进程中的大量农村劳动力剩余,加之城乡居民福利差距不断扩大,使越来越多的农村居民进城务工,形成了规模庞大的"农民工"群体。国家统计局2016年最新数据显示,全国农民工总量达到2.77亿人,比上年增长1.3%。他们背井离乡,进城谋生,构成城市工业和服务业一线工人的主体,在推动城市化和社会经济建设的同时,也悄然改变着城市人口和社会构成。然而,在工业化和城市化中,农民工所获得的"红利"却与他们的劳动付出和社会贡献严重不符,农民工工资歧视、社会保障程度低、子女教育受限等现象依然十分突出,农民工在政治、就业、收益分配和社会经济地位等方面处于弱势地位。这种弱势地位增加了农民工生活的不确定性和对社会保障系统的依赖,由此社会公平可能深刻地影响着他们的生活质量。

幸福是人类追求的根本目标,"你若安好,便是晴天",积极心理学认为幸福源于内心的平静和安全，它们是人们获得满足的前提和保障。学者们发现，对农民工而言，安全感对幸福的影响尤为突出。彭代彦和匡远凤（2014）发现，增强出行安全感能显著提高农民工的生活满意度；闵婕（2012）也认为，农民工的安全感越高，就越对生活感到满意，越能够以合理的方式应对社会事件。虽然学者们已开始关注安全感与农民工生活满意之间的关系，但是目前仍缺乏对两者之间的深层作用机制和边界条件的探究。

安全感是个体从恐惧和焦虑中脱离出来的信心、安全和自由的感觉，特别是安全需求的满足感。作为个体主观幸福感的持久和稳定的前提条件，它是生活质量的基本保障。正如已有文献发现，学界虽基本认可了安全感对生活满意的正向影响，但是缺乏对其间所发生的心理作用机理和情境的研究。为了更深刻地理解安全感与生活满意的关系和更精细地掌握两者关系的边界条件，本章针对农民工群体：①检验和分析安全感对其生活满意的影响；②从生活压力的视角，解读安全感对生活满意施以影响的心理作用机制；③选择另一重要的社会知觉——公平感为调节因素，详细分析其对"压力—生活满意"关系的权变影响。

8.2 文献回顾与研究假设

8.2.1 生活压力在"安全感与生活满意"间的中介作用

生活满意也称为主观幸福感，是个体基于自身设定的标准从总体性认知的角度对生活质量进行的主观评价。作为积极心理评价的重要组成部分，其常被作为描述主观幸福感的重要变量。现有文献普遍认为，影响个体生活满意的因素主要涉及主观、客观两类。前者包括价值观、自我概念等；后者包括生活和工作环境、身体健康状况、个人和家庭收入、生活事件与社会交往等。社会安全感是指社会公众对所处环境能否满足自身安全需要的认知评价和心理体验，是个体对社会现状的主观评价。缺乏安全感的人往往认为被拒绝，不被接受，受冷落，感到威胁、危险和焦虑，而安全感高的人则更多地体验到被人喜欢、被接受，归属感更强。如曾伟楠、马泽威和王娜（2016）发现，大学生的安全感会正向影响生活满意。考虑农民工群体的特殊身份和生存实际，我们推测安全感会影响他们对被认可、归属、威胁、焦虑和危险等的感知，并影响他们的生活质量。因此，考虑引入生活压力的中介作用来解读"安全感—生活满意"的关系。

主观幸福感是社会比较的结果。社会比较理论（Social Comparison Theory）认为，个体有一种评估自己的内驱力，当缺乏客观和内在的标准时，人们会将他人作为比较的标尺，通过与他人对比来权衡自己的态度、能力和反应的程度与适宜性。生活满意作为个体对生活质量的主观评价，在相当大的程度上是社会比较的结果。个体通过横向或纵向地比较其生活条件和工作状态，寻找自己和他人在生活和工作各方面的差异，由此形成满意、没有不满意或不满意等结果。参考马斯洛需求层次理论，人们的需求由生理向安全再向社会交往等逐级上升。目前，我国已基本实现温饱，生存已不再是亟待满足的首要需要。取而代之，安全需要的重要性凸显，尤其对处于城市社会底层和游离在城市文明边缘的农民工而言，可能更是如此。难以享有城市居民的基本福利和社会保障、工作条件差、劳动负荷大等问题使安全对于农民工尤为重要。因此，我们认为社会安全感会成为影响农民工生活质量评价的重要因素，从而我们提出如下假设：

H1：农民工的安全感会对生活满意产生正向影响。

生活压力是个体受生活事件和状态的影响，在生理和心理上产生的应激反应。造成生活压力的事件，有的会很激烈，具有突发性的特征，事件消失后压力也会迅速缓解；有的较和缓，伴随着生活环境和状态长期影响着人们的心理。两类压力事件都会造成人的应激反应，使人们在压力之下感到生理和心理上的疲倦与焦躁。此外，高生活压力下的应激状态会降低个体应对压力环境的理性思考和判断，可能使其产生不当行为和决策，导致其生活状态进一步恶化。缺乏社会安全感是生活中的重要压力源，易使人产生恐慌和焦虑，判断和思维能力下降。这样一来，不仅可能使实际生活状态下降，也会使评价生活质量的心境处于消极状态，产生负面评价。这种关系会在农民工群体中表现得更加显著：①农民工往往在工作条件差、负荷大和劳动保护不足的条件下工作，缺乏必要的养老、医疗和失业等劳动保障和社会保障，造成他们普遍缺乏社会安全感。较低的社会安全感会增加他们的生活压力，从而对生活产生较为消极的评价。②长期的城市生活使他们自然地将城市居民作为比较对象，由于与城市居民在工作属性、居住环境、社会地位和福利保障等方面的比较落差，产生悲观的心

理,从而增加其心理压力,消极地评价生活,降低生活满意度。基于如上论述,我们提出以下假设:

H2:农民工的生活压力会在安全感和幸福感(生活满意)之间起到中介作用。

8.2.2 社会公平的调节作用

社会公平感是个体在社会"应然"与"实然"的对比中形成的,是在评价社会公平问题时产生的主观知觉和心理体验。它作为一种社会心理建构,存在于个体的意识中。人们对生活压力的感知和反应受所处环境的影响。认知心理学认为个体在感知或处理事件时,会对感兴趣的信息做集中的选择性注意和处理,认知和评价所关注的信息。根据凯利(Kelley,1987)提出的因果归因理论,个体对内因和外因的判断建立在一致性(Consensus)、一惯性(Consistency)和独特性(Distinctiveness)三类特点上。低公平感的农民工在解读生活压力时更倾向于将生活压力归因于社会环境等外在因素,从而减弱了个体紧张状态对生活质量评价的影响;高公平感者则会将生活压力归因为个人能力等内在因素,从而强化了个体紧张状态对生活评价的作用。因此,基于以上推论,我们认为:在个体的主观视角里,社会公平感会影响个人认知关注点,从而对生活压力与社会满意之间的交互关系产生影响。

具体而言,当社会公平感低时,即个体认为处于高度不公平的社会环境中,会选择性地注意其生活中的不公平事件,将它们归于外部社会系统产生的不良结果,从而弱化自我内在状态对生活质量的影响。相反,当个体认为自己处在高度公平的环境中,会较少担心社会系统产生的不良影响,评价生活质量时更基于自我内在状态。这时,与外在环境因素相比,心理紧张状态对生活评价影响的权重会更大。为此,我们提出如下假设:

H3:社会公平感会正向调节农民工生活压力与生活满意的关系。具体表现为:社会公平感越高,生活压力与生活满意的关系就越强;反之,压力与生活满意的关系就越弱。

综合以上假设,我们提出图8-1所示的概念模型。

8 越安全，农民工就会越幸福吗？——生活压力与社会公平感的中介与调节作用

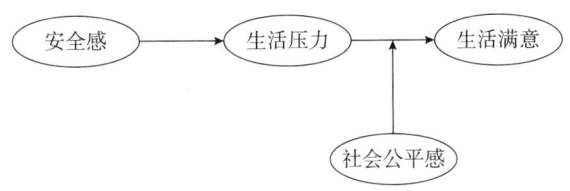

图 8-1　研究假设模型

8.3　研究设计

8.3.1　数据收集

调查在河北省秦皇岛、唐山、保定和石家庄四个城市进行，选择农民工群体比较集中的建筑业、制造业、物业管理、餐饮娱乐等行业调研，采取人员上门走访、现场填答的方式完成问卷。同时，为提高问卷填写的质量，对完成调查的被试赠予小礼品。本次调查共发放问卷 360 份，有效问卷 310 份，整体回收率达到 86.11%。样本中，男性占 64.84%；年龄小于 20 岁者占 6.13%，21~30 岁者占 43.23%，31~40 岁者占 22.58%，40 岁以上者占 28.06%；未婚者占 22.9%，有子女者占 58.39%；在学历方面，技校（中专）以下学历的占 86.46%，高中学历的占 8.06%，大专学历的占 5.48%；工作年资不足 1 年者占 33.87%，1~3 年者占 31.61%，3~5 年者占 15.16%，5 年以上者占 19.36%。

8.3.2　测量

问卷由两部分组成：一是人口统计信息，包括性别、年龄、婚姻和家庭负担等；二是安全感、生活压力、社会公平感和生活满意量表。

（1）安全感。借鉴李培林等（2010）的安全感自评量表，共六个题项，采用李克特 5 点计分，1 代表"同意"，5 代表"不同意"。题项如"我担心财物会被盗抢或丢失""担心人身受到伤害"，量表的 Cronbach's α 值为 0.872。

（2）生活压力。借鉴李培林等（2010）的生活压力自评量表，共六个

题项,采用李克特5点计分,1代表"同意",5代表"不同意"。题项如"医疗支出大,难以承受""赡养老人负担过重",量表的Cronbach's α值为0.871。

(3) 社会公平感。借鉴胡荣等 (2010) 社会公平感自评量表,共三个题项,采用李克特5点计分,1代表"同意",5代表"不同意"。题项如"我觉得这个社会很不公平""我觉得我的收入没有体现出我的劳动价值",量表的Cronbach's α值为0.796。

(4) 生活满意。采用迪纳等(Diener et al.)在1985年开发的生活满意度自评量表,共五个题项。量表采用李克特5点计分,1代表"同意",5代表"不同意"。题项例如"我对生活感到满意""在大多数情况下,我的现实生活很接近我的理想生活",量表的Cronbach's α值为0.701。

8.3.3 共同方法偏差检验

为了检验是否存在严重的共同方法偏差影响研究结论,本章采用哈曼(Harman)单因子法进行检验,该方法认为当共同方法偏差问题严重时全部或大部分变异被一个公共因子解释。为此,我们将安全感、生活压力、公平感与生活满意四个潜变量设定为一个公共因子(模型 M_a)。如表8-1所示,验证性因子分析的结果显示,理论模型(模型 M_0)明显优于模型 M_a,且单因子模型拟合指数也未达到可接受的水平(如表8-1中模型 Ma 所示)。故本章中各个变量间不存在严重的共同方法偏差的问题。

表 8-1 共同方法偏差检验

模型	χ^2/df	CFI	TLI	RMSEA
M_a	7.171	0.710	0.622	0.141
M_0	2.800	0.939	0.920	0.076

8.4 数据分析

8.4.1 量表的信度与效度分析

本章用Cronbach's α系数来检验各因素或变量的信度,由"测量"部分的数据可见,各潜变量的 α 值均大于管理学要求的 0.7 标准,说明各潜变量的测量具有较好的一致性信度。

为了检验本章中潜变量的结构效度,使用 Mplus7.0 统计软件对指标数据进行验证性因子分析。按照 Hair 等（1998）提出的要求,χ^2/df 值应在 1~3,越小越好,RMSEA 应小于 0.08,CFI 和 TLI 指标应该大于 0.9,越接近 1 越好。验证性因子分析结果显示 χ^2/df 为 2.8,RMSEA 为 0.076,CFI 和 TLI 分别为 0.939 和 0.92,即四因子模型的所有拟合指数达到了较好的水平。另外,所有项目在相应的潜变量上的因子载荷均在 0.56 以上,完全符合因子载荷不小于 0.5 的要求,说明该模型具有较好的聚合效度。

应用 SPSS17.0 进行相关分析,结果见表 8-2。各潜变量之间存在中等相关,表明变量之间存在较好的判别效度。另外,我们计算各潜变量的平均抽取方差（AVE）,如表中对角线中括号内数值所示,均大于 0.5,表示量表的各指标变量可以有效地反映其潜变量,判别效度较佳。

从表 8-2 可见,安全感（本量表得分越高代表安全感越高）与生活压力（本量表得分越高代表生活压力越大）呈显著负相关（r=-0.438,p<0.01）;生活压力与生活满意（本量表得分越高代表生活满意度越高）呈显著负相关（r=-0.128,p<0.05）;安全感与生活满意呈显著正相关（r=0.360,p<0.01）。初步说明假设的合理性。

表 8-2 各变量的描述性统计与相关分析结果

项目	性别	年龄	婚否	安全感	生活压力	社会公平感	生活满意
性别							
年龄	-0.101						
婚否	0.043	0.571**					
安全感	-0.058	-0.045	-0.067	(0.670)			
生活压力	0.031	0.036	-0.136*	-0.438**	(0.610)		
社会公平感	0.182**	0.034	0.014	0.364**	0.544**	(0.627)	
生活满意	0.171**	0.060	0.214**	0.360**	-0.128*	0.178**	(0.553)
平均值（M）	1.35	34.10	2.35	3.01	3.07	2.81	4.11
标准差（SD）	0.478	10.958	0.830	1.104	1.260	1.207	1.551

注:① * 表示 p<0.05,** 表示 p<0.01;②n=310;③对角线括号内数据为平均抽取方差 AVE 值。

8.4.2 结构效度检验

为了进一步检验潜变量之间的结构效度,我们构建了七种替代模型($M_1 \sim M_7$),并应用验证性因子分析技术评估了各模型的拟合水平。如表8-3所示,观测数据与假设模型(M_0)之间的拟合度很好($\chi^2 = 498.313$,df = 178,$\chi^2/df = 2.800$,RMSEA = 0.076,CFI = 0.939,TLI = 0.920),而替代模型与实际观测数据之间拟合度较差,卡方检验和模型拟合指数都显示假设模型与替代模型之间差异显著。

表8-3 测量模型拟合度

模型	χ^2	df	χ^2/df	RMSEA	CFI	TLI
M_0	498.313	178	2.800	0.076	0.939	0.920
M_1	1030.207	141	7.306	0.143	0.682	0.614
M_2	608.861	141	4.318	0.103	0.832	0.797
M_3	946.499	141	6.712	0.135	0.711	0.650
M_4	929.224	141	6.590	0.134	0.718	0.658
M_5	772.922	141	5.482	0.120	0.774	0.726
M_6	500.916	140	3.578	0.091	0.871	0.842
M_7	899.601	140	6.426	0.132	0.728	0.668

注:①模型M_1,将安全感、生活压力、社会公平感和生活满意四个因子合为一个因子;②模型M_2,生活压力、社会公平感和生活满意并入一个因子,安全感;③模型M_3,安全感、社会公平感和生活满意并入一个因子,生活压力;④模型M_4,安全感和生活压力并入一个因子,社会公平感和生活满意并入一个因子;⑤模型M_5,生活压力和生活满意并入一个因子,安全感,社会公平感;⑥模型M_6,社会公平感和生活满意并入一个因子,安全感,生活压力;⑦模型M_7,安全感和生活压力并入一个因子,社会公平感,生活满意。

8.4.3 假设检验

运用Mplus7.0软件的路径分析模型对假设进行检验。根据吴艳等(2009)的调节作用检验方法,构建生活压力与社会公平感的交互项对生活满意(因变量)作用的结构方程模型M。实际调查数据与模型M的拟合度较好($\chi^2 = 509.200$,df = 172,$\chi^2/df = 2.960$,RMSEA = 0.080,CFI = 0.935,TLI = 0.913)。如图8-2所示,模型M中安全感与生活满意的标准化路径系数为 0.109（p<0.05），表明安全感对生活满意具有显著的正向影响，假设 H1 通过了验证。生活压力与社会公平感的交互项对生活满意产生正向影响，其标准化路径系数为 0.729（p<0.01），表明农民工的社会公平感知越高，生活压力对生活满意度的负向关系就越强，支持了假设 H3。图 8-3 展示了两者交互作用的效果，按 Cohen 等（2003）推荐的方法，本章分别以 $\overline{X}\pm1$ 为基准区分高社会公平感和低公平感的农民工个体在不同生活压力下生活满意度的差别。如图 8-3 所示，高社会公平感的个体，其生活压力对生活满意度的影响更加显著。

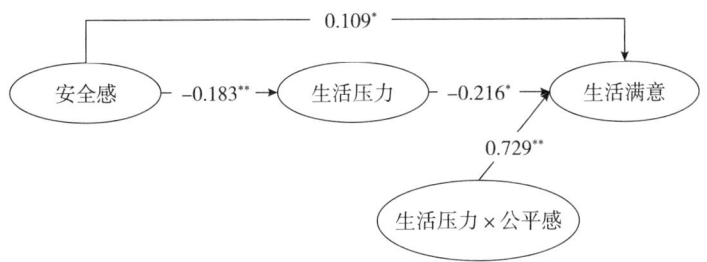

图 8-2 路径系数

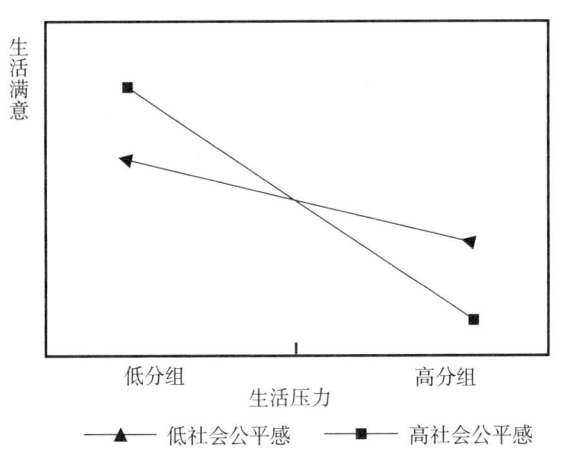

图 8-3 公平感对生活压力与生活满意之间关系的调节作用

如图8-2所示,安全感与生活压力的标准化路径系数为-0.183（p<0.01）,表明安全感对生活压力具有显著的负向影响;生活压力与生活满意的标准化路径系数为-0.216（p<0.05）,表明生活压力对生活满意具有显著的负向影响。即按照Mplus的系数判断标准验证了安全感与生活压力存在负相关关系,生活压力与生活满意存在负相关关系。但为进一步检验生活压力变量在社会安全感和生活满意之间的中介作用,按照方杰等（2012）的建议,借助Mplus7.0软件,使用Bootstrap方法检验中介路径的显著性（本方法不要求数据符合正态分布,如果路径系数95%的置信区间没有包括0,表明中介效应显著）,本章将Bootstrap再抽样设定为1000次来运行中介效应检验。结果如表8-4所示,标准化后的置信区间为[-0.970,-0.475],间接效应的置信区间不包含0,说明安全感通过生活压力到生活满意的间接效应显著异于0,即生活压力的中介效应是显著的。

表8-4 对中介效应显著性检验的Bootstrap分析

路径	中介效应	LL95%CL	UL95%CL
安全感→生活压力→生活满意	0.040	-0.970	-0.475

此外,由图8-2可知,安全感与生活满意的标准化路径系数为0.109（p<0.05）,即安全感与生活满意之间具有显著的正向关系,结合上述Bootstrap检验的结果,验证了生活压力在社会安全感和生活满意之间具有中介作用,且为部分中介作用,生活压力的部分中介效应为0.266。假设H2得到了支持。

8.5 讨论与本章结论

8.5.1 研究结果讨论

（1）理论意义。我们在本章中检验了安全感与生活满意之间的相互关系,主要研究结果包括:①安全感对生活满意产生正向影响;②生活压力在安全感对生活满意的影响中起到部分中介作用;③社会公平感调节了生活压力与生活满意之间的关系。我们分别从个人心理和群体环境感知角度对影响农民工生活满意度的因素和相互作用机制进行了深入探索和研究。

具体来讲，本章的理论贡献体现在两个方面：

第一，本章成功地将安全感与生活满意联系到一起，并验证了安全感会通过生活压力对生活满意产生作用。生活满意作为心理幸福感的重要组成部分，是个人对其生活质量的综合评估。农民工群体受限于高负荷、低收入等的工作和生存环境，生活满意水平不仅较低，而且容易受到基本需求的影响。以往研究或是仅限于探究影响农民工生活满意的各种中微观因素，或者从宏观角度去探究农民工人力资本、生计资本的作用效果。本章在以往研究的基础上，聚焦于农民工个体的基本需求，以马斯洛需求层次理论和社会比较理论为依据，深入研究安全感对生活满意的作用机理，发现其间生活压力的中介传导机制。游走于城市边缘与农村的农民工对社会制度环境和保障系统更为依赖，治安、交通、生活和生产各方面的隐患或不确定性更可能使他们产生心理压力，进而影响他们对生活品质的评价。高安全感能够满足个体的基本需求，减少应激反应和压力体验，而使个体以健康积极的态度去评价生活。相反，生活中的不安全感会增加应激反应和放大外界刺激的效果，使农民工以消极的心态去应对社会的不确定性，从而降低生活幸福感（杨春江等，2019）。

第二，本章检验了农民工的社会公平感会显著调节生活压力与生活满意之间的负向关系。即相对于公平感较低者而言，公平感高的农民工生活压力对其生活满意的负向影响更明显。已有研究中鲜有将社会公平感作为调节变量对待的，多以自变量或因变量的形式出现在研究模型中。基于以往文献，我们以归因理论为依据，深入分析了社会公平感调节生活压力与生活满意之间负向关系的机理。对社会系统持负面评价的农民工，更可能将压力源归因于个体不可控的社会系统。相比较而言，认为社会公平者更可能将心理压力归因于个体可控的自我因素。鉴于中国文化中的高权力距离感和社会系统的不可控性，就压力对个体幸福感的影响来看，在感知到高社会公平者中会较强，在感知到低社会公平者中会较弱。这一推论和发现，深化了我们对农民工"安全感—生活满意"关系的理解，也使我们对其间社会系统（具体为安全感）发挥的调节作用更加明晰。

（2）实践意义。农民工这一庞大的弱势群体为我国城市化和工业化建设做出不可替代的贡献，理应享受到与贡献相匹配的待遇。然而，现实却是他们难以享受平等和足够的城市福利与社会保障，由此可能造成对生活的不满。本章认为，政府应该在制度和社会层面上建立规范的交通安全体系、医疗保障体系和生活服务体系,同时对农民工的生产工作环境进行更强有力的监督,提升他们的社会安全认同。另外,各级政府和用人单位,除薪酬、福利等外在激励因素外,也应该关注农民工的心理健康,完善心理干预与辅导机制,设置心理咨询室等机构,帮助他们恢复心理平衡,消解心理压力。最后,公平的社会体系能够提升人们的内在控制点(Locus of Internal Control),认识到自己掌控生活的力量,使人们相信依靠自己的努力能够克服困难和改善生活。社会发展应关注效率与公平的和谐,努力调控贫富差距,构建社会的生存公平、产权公平和发展公平。在公平的社会环境下,人们会更明白,应凭借自己的努力和心理调节体验幸福,实现每个人心中的"中国梦"。

8.5.2 局限和未来方向

本章深入探讨和分析了社会安全对农民工幸福感的影响和心理作用机制,并检验了公平感的权变效应,在理论上弥补了以往研究在农民工生活满意形成机理方面的缺失。本章虽有上述贡献,也存在局限之处:①在应用问卷施测过程中个体可能存在评价忧虑、个人感情宣泄等,而使结果存在一定程度的偏差。②受经费制约,限制了调查范围、样本规模和抽样方式,在一定程度上抑制了结果的外部效度(External Validity)。虽然我们预期其他地区或行业的农民工也会表现出理论模型中的关系和机理,但受数据所限仍不能断言。后续研究可以选择更广泛的行业和地区样本,以进一步检验本章的结论。

8.5.3 本章结论

基于农民工样本,我们发现安全感会正向影响生活满意,其中生活压力起到部分中介作用。即安全感既会直接影响生活满意也会通过生活压力产生影响。在压力影响生活满意的过程中,公平感起到调节作用,具体表现为:安全感低时,压力对生活满意的影响较弱;安全感高时,压力对生活满意的影响较强。

9

我国农民工住房保障的供给机制研究
——基于整体性治理的视角

改革开放以来，农民工这一群体已成为促进我国经济发展的重要力量。2014年全国农民工监测调查报告显示，我国外出打工的农民工数量已经达到1.66亿人。但是农民工并没有因此享受到经济发展带来的各种福利，反而被排斥在城市社会之外。随着我国城市化进程的不断加速，如何帮助这些农民工在城市定居并顺利融入到城市中是我国亟须破解的重要难题。住房产权成为了农民工是否愿意定居在城市的基本条件之一，而他们在城市融合中面临的最大难题就是住房问题。因此，解决农民工的居住问题是他们在城市定居并融入城市生活的前提，也将直接关系到我国经济的可持续发展和社会管理的创新。

李斌（2002）是国内较早关注我国农民工住房问题的学者，他认为以城市户口为分界线的房改政策忽略了农民工的住房权利。而且这一改革思路一直延续至今，城乡二元化制度对农民工在住房领域产生了严重的社会排斥。从老一代农民工到新生代农民工，他们的住房状况都不容乐观。已有的研究认为改善农民工的住房状况是政府的职责，需要建立健全的住房制度，扩大农民工的住房保障体系，规范住房市场以满足农民工的住房需求，推进农民工居住区的建设，以此来改善农民工的住房情况。总体而言，现有的研究缺乏对农民工住房保障供给过程的整体性理论解析。本章试图引入整体性治理理论的分析范式，建立一个"整体性治理"的分析框架，对农民工住房保障这一问题进行了探讨，分析当前农民工住房保障的进展及所面临的困境，并提出相应的解决对策。

9.1 我国农民工住房保障供给机制的分析框架

传统官僚制的专业分工、功能分割的行政理念，可以高效率地解决工业社会的单一问题。随着市场化的高度发展，加之信息化和全球化的挑战，现代社会已经演变为复杂性社会，政府往往会面临着跨界、跨区域和跨层级的问题，需要不同部门之间的协同与合作，传统的官僚制往往难以发挥作用，形成了"碎片化"的政府管理弊端。为了解决这一问题，英国学者佩里·希克斯（Perri Six）提出了整体性治理理论，认为"整体性治理是为我们的社会提供更低成本、更好的社会效果及有效的服务"。时至今日，关于整体性治理的定义并没有一个共同的看法，学术界更多的是将其看作一个"伞"概念。他们的共同点是强调制度化、经常化和有效的"跨界"合作以增进公共价值。学者们经过提炼，将整体性治理理论细化为四个基本目标：在政策部门的不同利益主体之间加强合作，传递优秀理念；通过消除不同项目方案的重叠和冲突而充分利用资源；通过消除不同政策之间的矛盾和张力，直接有效地增加公共政策的效能；以公民需要为导向，提供一套无缝隙的服务。即生成一套从主体、政策、资源到功能的行之有效的整体性机制。

农民工住房保障的供给机制同样需要实现以上四个维度的基本目标：农民工住房保障的相关主体通力协作，形成一个有机整体；制定完善的住房保障政策，有效地解决农民工的住房问题；统筹安排和利用住房保障的相关资源，保证住房保障工作的顺利实施；以无缝隙的服务来实现农民工住房保障的预设功能，满足农民工的住房需要。但是农民工的住房保障面临着跨界、跨区域和跨层级的问题，并非某部门或者某行政区域就能单独解决。本章引入整体性治理理论这一理论工具，认为农民工的住房保障供给的核心是整合问题，即实现农民工住房保障的供给主体整合、供给政策整合、供给资源整合和供给功能整合。为了更好地实现农民工住房保障的整体性治理，我们构建了一个农民工住房保障供给机制的整体性治理的四维分析框架（见图9-1）。

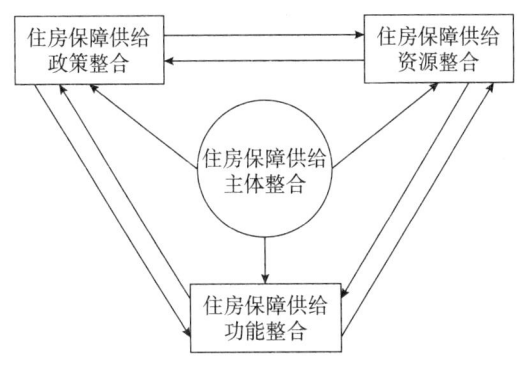

图 9-1　我国农民工保障性住房供给机制的四维分析框架

9.2　我国农民工住房保障供给实践中的探索

随着我国城镇住房保障的不断完善，以及农民工住房问题逐渐得到中央政府的重视，农民工的住房保障也得到了一定范围和程度上的解决。但是农民工的住房保障还处于刚刚起步阶段，政府仍在探索如何完善农民工的住房保障机制。

9.2.1　农民工住房保障主体的参与

从 2005 年开始，中央政府及各部委开始重视并逐步解决农民工这一群体的住房问题，并有针对性地出台了相关的政策来解决他们的住房保障问题（见表 9-1）。

表 9-1　中央政府及各部委出台的农民工住房保障政策

发布时间	政府主体	文件名称	主要措施
2005 年 3 月	建设部	2005 年工作要点	将解决进城务工农民工住房问题列入该年工作重点
2006 年 3 月	国务院	关于解决农民工问题的若干意见	要求将农民工居住问题纳入城市规划，有条件的地区可为农民工缴纳住房公积金

续表

发布时间	政府主体	文件名称	主要措施
2007年8月	国务院	关于解决城市低收入家庭住房困难的若干意见	多渠道改善农民工居住条件
2007年12月	建设部等五部委	关于改善农民工居住条件的指导意见	将农民工住房问题纳入城市规划
2009年5月	国土资源部	关于切实落实保障性安居工程用地的通知	确保保障性住房的建设用地供应
2009年12月	中共中央、国务院	关于加大统筹城乡发展力度进一步夯实农业农村发展基础的若干意见	多渠道多形式改善农民工居住条件，鼓励将农民工逐步纳入城镇住房保障体系
2010年6月	住建部等六部委	关于做好住房保障规划编制工作的通知	加快建设公共租赁住房等，着力解决进城务工人员等中等偏下收入者的住房问题
2010年6月	住建部等七部委	关于加快发展公共租赁住房的指导意见	鼓励有条件的地区将符合一定条件的农民工纳入公共租赁住房的供应范围
2011年9月	国务院办公厅	关于保障性安居工程建设和管理的指导意见	加大保障性住房的建设和管理，让农民工等人群的居住条件能够得到明显改善
2013年12月	住建部、财政部、发改委	关于公共租赁住房和廉租住房并轨运行的通知	公共租赁住房和廉租住房并轨运行，明确提出将农民工也纳入公租房体系
2014年3月	中共中央、国务院	国家新型城镇化规划（2014-2020年）	有序推进农业转移人口的市民化，把进城落户农民完全纳入城镇住房保障体系

从表9-1可以看出，参与到农民工住房保障的主体有十多个部门，其中包括国务院、发展和改革委员会、住房和城乡建设部、国土资源部、财政部等。这些部门从各自职能出发，单独或联合出台了相应的农民工住房保障政策，体现了一定程度上的多元主体间的参与和合作。

9.2.2 农民工住房保障的政策指引

为了落实农民工的住房保障职能，中央政府及各部委都制定了相关的政策，通过这些政策规定各部门的职责范围，并指导地方政府对农民工住房保障的工作。表9-1显示，建设部率先在《2005年工作要点》中提出要将农民工的住房问题列入该年工作重点后，2006年国务院在《关于解决农民工问题的若干意见》中进一步明确提出要求地方政府解决农民工的住房问题。随后，其他职能部门也开始制定详细的配套政策。如国土资源部在2009年5月发布的《关于切实落实保障性安居工程用地的通知》中专门规定要确保保障性住房的建设用地供应。住建部联合其他六部委在2010年6月发布的《关于加快发展公共租赁住房的指导意见》中鼓励有条件的地区将符合一定条件的农民工纳入住房保障的供应范围。随着其他的职能部门逐渐参与并出台了相关政策，这些政策也构成农民工住房保障的大体框架。

9.2.3 农民工住房保障资源的日趋增加

随着中央政府对保障性住房的重视，城镇住房保障逐渐形成了一套比较完善的供给体系，也需要相应的配套资源将这些政策落到实处，如住房规划、土地供给、财政支出、税收减免、贷款支持、保障性住房的建设和分配、相应的配套设施等。随着住房保障逐渐覆盖到农民工这一群体，住房保障政策也在逐步出台和完善，农民工住房保障的资源日趋增加，也不断丰富着农民工住房保障的供给。

9.2.4 农民工住房保障功能的逐渐形成

将农民工纳入住房保障体系的效益大于成本，并且会取得"事半功倍"的效果。为解决农民工住房保障问题，地方政府在中央出台的住房保障制度基础上进行积极探索。各地方政府因地制宜，根据本地的现实情况运用不同的政策工具，形成了形态不一的农民工住房保障模式，大致可分为专门供给、间接供给以及城乡并轨三种类型，具体模式见表9-2。不同的地区侧重点不尽相同，无论是专门供给、间接供给还是城乡并轨模式，都体现了对农民工住房保障功能的设计与安排。

城镇化进程中农民工和农村老人的健康与生活满意研究

表9-2 农民工住房保障的供给类型和模式

供给类型	典型模式	代表地区	具体做法
专门供给	农民工廉租公寓模式	重庆市、武汉市	改造城市烂尾或空置房产作为农民工廉价公寓
	农民工公寓	长沙市	利用城乡接合部农村集体土地建设农民工公寓
	公寓式集体宿舍	上海市嘉定区	利用工业园区内的土地建造公寓式集体宿舍
	建筑工地宿舍	杭州市、合肥市	建筑企业通过建设工棚满足从事建筑行业的农民工住房需求
间接供给	住房补贴模式	成都市、莱芜市	为农民工买房或者租房提供住房补贴
	住房公积金模式	北京市、湖州市	建立农民工的住房公积金制度
城乡并轨	准市民化模式	成都市、嘉兴市、天津市	通过农村土地置换为首次在城市购房的农民工提供保障性住房的优惠政策
	纳入保障性住房体系模式	广东省、重庆市等	将符合一定条件的农民工纳入城镇住房保障体系中

9.3 我国农民工住房保障供给实践中的困境

我国农民工的住房保障从无到有,时至今日已经有了长足的进展。农民工住房保障以职能部门为主(见图9-2),不同职能部门根据自己的管理和服务范围,出台相关的住房保障政策,这就使农民工住房保障供给功能呈现出"碎片化"的特征。加之城市本地户籍人口的住房保障问题尚未得到很好的解决,这些地方性政策更多地停留在对农民工住房保障问题的探索层面,解决农民工住房问题的实际作用有限。

9.3.1 农民工住房保障供给的主体间缺乏合作

佩里·希克斯(2002)认为,政府各职能部门面对共同社会问题时各自为政,缺乏沟通协调,致使政府的社会治理效果呈现出"碎片化"特征,无法实现社会的良性运转。农民工的住房保障由于参与主体过多而合作不足,这恰恰是当前农民工住房保障供给面临的首要困境。

9 我国农民工住房保障的供给机制研究——基于整体性治理的视角

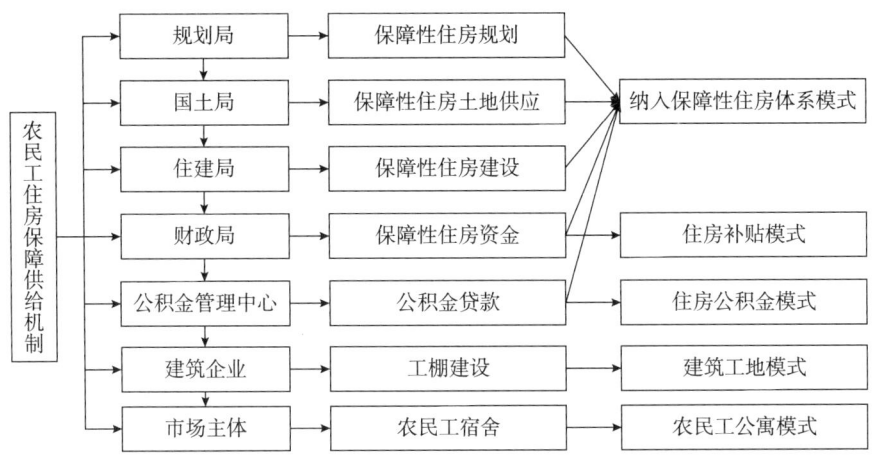

图 9-2 农民工住房保障供给机制的碎片化

（1）农民工住房保障主体间的合作机制缺失。农民工住房保障主体间的合作包括中央与地方政府的合作以及职能部门间的合作。一方面，中央和地方政府在农民工住房保障中存在着"中央请客，地方买单"的非合作关系。国务院办公厅发布的《关于保障性安居工程建设和管理的指导意见》中提出农民工的住房保障由"省级政府负总责，市县政府实施……中央进行资金补助，地方各级政府加大财政性资金投入力度"。可见，筹集资金的责任主要在地方，地方政府又没有动力落实这个责任，自然会采取非合作的办法。另一方面，政府主体内部间的职能分割导致农民工住房保障没能统一在某个部门，而是分散在土管、建设、财政、规划、公积金管理中心等部门。这些部门尽管都承担了农民工住房保障的部分职能，但更多的是从自己的职能出发，相互之间配合很少。从已出台的住房保障政策来看，多元主体间的互动不多，并未考虑到如何与其他部门配合。

（2）农民工住房保障主体缺乏责任机制。农民工住房保障看似有多元主体的参与，但对于这些部门以何种形式参与、何时参与、参与到何种程度，都无太多规定。住建部等五部委发布的《关于改善农民工居住条件的指导意见》中提出"改善农民工居住条件由用工单位负责"；国务院办公厅在《关于保障性安居工程建设和管理的指导意见》中提出"政府主导，引导社会参与"。农民工的住房保障责任到底由谁来承担并无定论，住房保障主体们自然也就无太大的动力来解决这一问题。

（3）没有充分吸收其他类型的主体。在农民工的住房保障纳入政府的议程之前，资本主导的宿舍劳动体制和社会主导的自我消化模式是农民工在城市中最主要的两种居住形态。现在政府逐步将农民工纳入住房保障体系后，并没有考虑如何整合和规范这两种类型的住房供给，以便更好地保障农民工的住房权利。

9.3.2 农民工住房保障供给政策未成体系

整体性治理需要排除相互破坏与腐蚀的政策情境，致力于合作主义的政策导向。目前出台的农民工的住房保障政策存在着政出多门的现象，这些改善农民工居住条件的做法更多是一些临时性、短期性和应急性的政策，缺乏统一性和整体规划。

（1）农民工住房保障政策供给不足。中央政府针对保障性住房的供给政策大多是以"通知""指导意见"或者"暂行办法"等政策文件的形式颁发的，而且经常出现前后不一致、缺乏连续性等状况，这种状况严重地制约着政策效力的发挥。同时，职能部门也仅仅是在一些政策文件或指导意见中做出模糊性的规定，并未制定较多的具体措施来解决农民工的住房问题。如住建部联合其他六部委发布的《关于加快发展公共租赁住房的指导意见》中规定将农民工纳入公租房的覆盖范围，但是仍然设定了限制条件，并且地方政府在具体实施时也未必能够落实。一些权宜之计又与相关法律相矛盾，特别是利用农村集体土地建设农民工公寓的做法合理但不合法，因为现行法律并不允许在宅基地上建设经营性住房。

（2）单一的政策效果有限。由于不同主体间的配合不足，更多的是根据自己的职能范围制定单一的政策，要么针对某些特定的群体，要么政策的可操作性不强，效果十分有限。如重庆市和上海市的农民工廉租公寓实际上属于准廉租房性质，由于只是专门为农民工建造，主要利用烂尾楼或定位于工业园内，并没有被统一纳入城镇保障性住房管理体系，只能覆盖相当少的农民工群体。再如公积金政策逐渐覆盖到农民工，但是农民工公积金制度约束性不强，加之农民工的流动性较强，他们微薄的工资很难支持他们在城市中买房。虽然住建部、中国人民银行和财政部联合发布的《关于发展住房公积金个人住房贷款业务的通知》中规定"鼓励公积金异地贷款"，但是目前在技术上暂时还无法实施，这项政策对解决农民工居住问题的实际作用有限。

(3) 有限的政策未能执行落地。农民工的住房保障是一项民生工程，需要中央和地方政府的共同努力。但是中央与地方政府之间缺乏"相容激励"，问责制约束下的地方政府为了应对中央下达保障性住房任务的"死命令"，会通过替代性执行、选择性执行、象征性执行、附加性执行等方式应对这种考核。

9.3.3 农民工住房保障的供给资源有待整合

整体性治理理论要求更好地联合使用稀缺资源，以保证资源的有效使用。解决农民工的住房问题需要整合各类相关资源才能实现政策功能。

(1) 农民工住房保障资源亟须拓展。在城市的住房保障供给中，土地和财政支出是两项最重要的资源，但是当前我国地方政府将土地和财政收入两者紧密地捆绑在一起，即社会各界所诟病的"土地财政"。根据国土资源部公布的全国住房用地和保障性住房用地供应计划来看（具体见表9-3），从2009年开始保障性住房用地的供应面积逐渐上涨，2011年达到高峰期，而在此之后又开始逐年下降。从两者的比例来看，保障性住房用地面积占比始终不大，最多时也不到总用地供应量的四成。当然，以上数据只是计划供应，未必能够有效执行。囿于数据的可获得性，笔者仅查到国土资源部发布的《2010年全国住房用地供应计划执行情况公告》，公告中显示当年"全国住房供地计划实际完成67.9%，保障性住房用地完成计划的65.2%"。2010年是保障性住房用地面积占住房用地计划供应量比例最少的一年，这也在一定程度上反映出其他年份的计划供应量同样难以实现。由于地方政府的财政利益驱动，保障性住房用地供应越多，对地方政府的财政收入影响就越大。地方政府往往为了地方利益，更多地将土地用于商业用途以获取高额的土地出让金，对保障性住房用地的供应自然无太大的动力，财政投入也会大打折扣。

表9-3 2009~2014年全国住房用地和保障性住房用地的关系

年份	住房用地计划供应量（万公顷）	保障性住房用地面积（万公顷）	占比（%）
2009	13.57	1.98	14.6
2010	18.47	2.45	13.3
2011	21.80	7.74	35.5

续表

年份	住房用地计划供应量 （万公顷）	保障性住房用地面积 （万公顷）	占比 （%）
2012	17.26	5.01	29.1
2013	15.08	4.15	27.5
2014	10.34	3.7	35.8

资料来源：根据国土资源部发布的2010~2015年《全国住房用地供应计划》整理得到。

（2）农民工租房市场空间不断压缩。保障性住房供给是一项长期工程，但"远水解不了近渴"，农民工的居住问题需要在短期内得到解决。当前农民工只能依靠租房市场中的低租金、条件差的住房解决住房问题，随着城市改造、棚户区改造等项目的大量建设，这些房源急剧地减少。农民工的居住区域只能被迫往更偏远的地方搬迁，居住空间进一步被压缩。即便农民工在城区租住条件较好的住房，进入租房市场时被歧视现象仍然严重，1/5的人遭遇过歧视。

9.3.4 农民工住房保障的供给功能需进一步完善

整体性治理需要为公众提供更好的、无缝隙的公共产品和公共服务，从而实现功能整合。尽管从中央到地方都有了相应的职能主体、资源供给和政策安排，保障性住房原则上也向符合条件的农民工开放，但是实际所形成的保障功能有限。从已有的研究来看，新生代农民工相对于第一代农民工的居住状况有一定的差异，但没有太大改善，仍不容乐观。

（1）农民工的住房保障门槛高、覆盖面小。当前住房保障分配以区域分配为主，而且设定收入水平、居住年限等标准，大部分农民工被排斥在保障体系之外，使农民工等外来人口的住房保障只是一种点缀。例如，郑州市2010年《郑州市经济适用住房管理办法》规定当地申请保障性住房的家庭必须有当地的城市户口且不短于相应的时间，户籍这一条规定就将农民工排斥在外。另外，尽管部分城市规定农民工可以申请公租房，但事实上农民工被较高的租金水平拒之门外。受限于城镇住房保障体系自身远未完善，其打通制度性障碍的政策指向性意义更大于实质效果。因此，从2009~2014年农民工的实际居住情况来看（见表9-4），能够纳入城镇住房保障体系的农民工只是个例，他们的住房问题更多的是依靠单位或自己解决。

表 9-4 2009~2014 年农民工的居住情况

单位:%

住宿类型 \ 年份	2009	2010	2011	2012	2013	2014	2015
单位宿舍	33.9	33.8	32.4	32.3	28.6	28.3	28.7
工地工棚和生产经营场所	17.9	18.2	16.1	16.5	17.6	17.2	15.9
租赁住房	34.6	34.0	33.6	33.2	36.7	36.9	37
乡外从业回家居住	9.3	9.6	13.2	13.8	13.0	13.3	14
务工地自购房	0.8	0.9	0.7	0.6	0.9	1	1.3
其他	3.5	3.5	4.0	3.6	3.1	3.3	3.1

资料来源:2010~2016 年中国农民工监测调查报告(国家统计局发布)。

(2)忽视农民工的基本住房需求和差异化需求。在公租房覆盖面逐渐扩大到农民工的同时,这些少量的保障性住房并没有考虑农民工的基本住房需求。当前保障性住房以集中成片建设为主,大多选址偏远且配套不够完善,缺乏公共服务。居住与就业的空间异化和布局失衡,加剧了职住分离的矛盾。这些住房远谈不上是对农民工的住房保障,更多的是为了应对中央的硬性考核,以致陷入了"保障性住房入住率低,农民工找不到合适住房"的怪圈。从全国第一家农民工安居小区"长沙市江南公寓"建成九年以来入住率不足一成就可窥见一斑。

另外,不同个体由于社会位置不同而产生不同的消费需求,数量庞大的农民工群体往往也会有着不同的住房保障需求,特别是"永久性迁移型"和"非永久性迁移型"这两类农民工的住房需求就有明显的差异化。并且农民工的住房保障需求也会按照马斯洛所划分的"需求层次"上升。姜庆志(2012)通过对武汉市洪山区农民工的实证研究发现,农民工的住房保障存在内在需求的明显差异,其影响因素包括年龄、户籍所在地离武汉的距离、性别、学历、职业、收入、在城市的生活时间、婚姻状况等。但是目前农民工的住房保障还处于起步阶段,他们的差异化住房需求尚未纳入政府议程。

9.4 走向整体性治理：农民工住房保障供给机制的构建

整体性治理主张管理从分散走向集中，从部分走向整体，从破碎走向整合。农民工住房保障的供给机制也需要从"实然"的"碎片化"困境整合成"应然"的"整体性治理"状态，从主体、政策、资源到功能形成一套整体性治理的良好模式（见图9-3）。

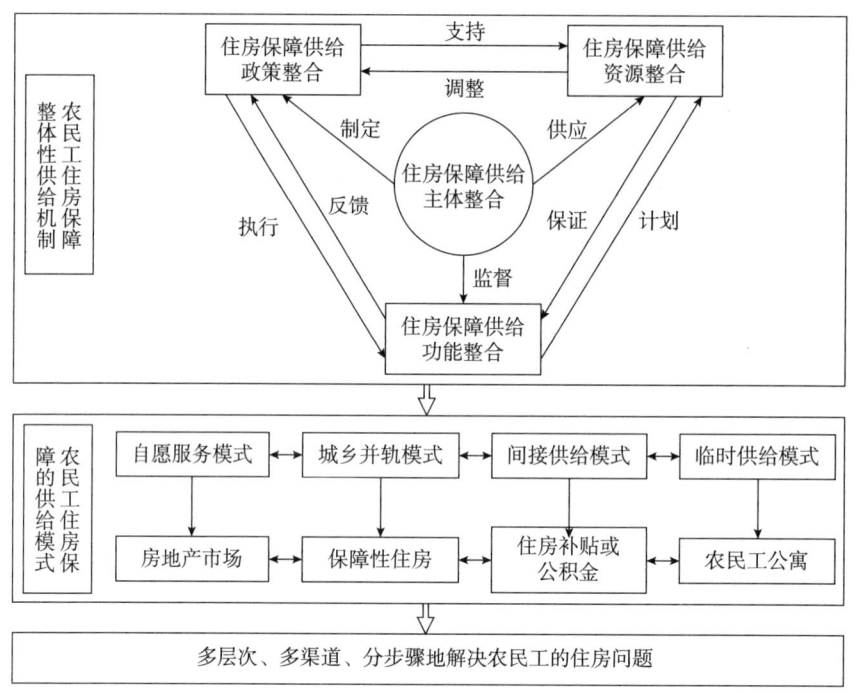

图9-3 农民工住房保障的整体性供给机制及模式

农民工住房保障的整体性供给机制总体表现为：通过建立跨部门合作的机制和平台来整合住房保障主体，成为农民工住房保障供给的中心。在此基础上制定出系统性和有效性的住房保障政策，确保住房保障资源的供应发挥资源效果最大化，建立多层次、多渠道的住房保障体系并监督住房保障功能的实现。同时，农民工住房保障供给的政策、资源和功能三者围绕着主体形成良性的互动与反馈，最终演变为整体性的供给机制。

9.4.1 主体整合：实现主体间的合作

整体性治理需要整合农民工住房保障的主体以实现主体间的合作。首先应该设立住房保障办公室的综合协调机构，将各主体中的一定级别的管理者纳入进来。在日常管理中应定期对相关农民工住房保障问题进行探讨，共同提出解决问题的政策，从而将相关政策纳入政策议程中，形成整体性的治理思路。在政府确定自身的职责后，理顺政府和市场的关系，围绕农民工住房保障的整体目标，搭建跨部门合作与协同的平台，保证相关资源的供应，完善市场和企业共同参与的合力参与机制和多方互动机制。

9.4.2 政策整合：确保住房保障政策的系统性与有效性

政策整合需要在农民工住房保障主体的主导下，进行全局性的农民工住房保障政策设计和重构。应尽快制定一部从国家层面统领住房保障的政策纲领——"住宅法"。在打破城乡二元结构的体制基础上，并轨对接各类住房政策法规，重塑我国住房保障方面的相关政策，规定各职能部门的职责范围，使其形成一套系统化的住房保障政策，并加大配套政策的制定。按照中央政策的指引，地方政府根据本地经济和社会实际情况，在保证农民工住房基本权利的基础上，因地制宜地实行差别化的住房政策，引导农民工形成阶梯式的住房消费格局。

9.4.3 资源整合：发挥资源的效用最大化

农民工住房保障最重要的资源就是资金和土地。当前地方政府过度依赖于房地产业的发展以拉动地方经济和增加财政资金，破解这个难题需要改革财政转移支付政策，从而确定各级地方政府的职责。当前的财政转移支付政策是按照户籍人口落实，而非与常住人口挂钩。只有将财政体制架构立足于常住人口，才可以从财政体制上解决地方政府动力和能力不足的问题。同时可考虑PPP模式，引入社会资本提供保障性住房，缓解地方政府的财政压力。保障农民工的城镇建设用地也可以实施以宅基地换取住房保障的政策。根据农民工的宅基地发放"宅地券"，以"宅地券"为媒介，鼓励农民工根据自己的情况选择以农村宅基地换取住房保障和社会福利。

9.4.4 功能整合：建立多层次、多渠道的住房保障体系

农民工的住房保障功能整合，需要根据不同地区的经济发展情况、行业特征，以及农民工的工作特点和生活规律，建立多层次、多渠道、动态的住房保障体系来满足符合保障条件的农民工群体的住房需求（娄文龙、杨春江和唐学庆，2016）。

（1）提供给农民工多种形式的住房保障。随着城镇住房保障体系的不断完善，应该减少各种限制条件，对农民工适时适度地放开公租房、经济适用房的申请标准。同时，专门供给模式和间接供给模式下不同形式的保障性住房也应该是农民工住房保障的必要补充，可以根据本地具体情况来安排不同模式的住房保障。吸收和引导社会和资本进入到这一领域中，缓解政府的财政压力，进一步规范住房质量、居住环境和配套设施，提供合格的农民工暂居型住所，解决他们的短期居住问题。

（2）降低住房市场的获取门槛。随着逐步废除二元户籍制度，应进一步完善农民工的住房公积金制度，建立专业性的住房金融机构，对农民工购房采取税费优惠的政策，支持有定居意愿的农民工购房。同时还要进一步完善住房租赁市场，推动房主改造住房，保证出租屋的基本居住条件，降低农民工获取租房信息的成本，稳定租赁市场的租金水平，维护农民工租房的合法权益。

9.5 本章结论

适当的住房是农民工能否顺利融入城市的第一步，从长远来看关系到社会稳定和经济发展。特别是我国城镇人口逐渐步入老龄化阶段，如何吸引新生代农民工到城市定居以破解当地劳动力不足的难题有着更为重要的意义。本章通过整体性治理理论，尝试性地提出了解决农民工住房保障的办法，试图为破解农民工住房保障这个难题提供一条可资借鉴的思路。总体而言，我们需要强化农民工住房保障的主体，完善农民工住房保障的政策，保证农民工住房保障的资源，形成多层次、多渠道的住房保障体系，实现农民工住房保障的整体性供给机制。

10

生活何以幸福？
——基于中国城乡居民劳动力动态调查的多路径解读

10.1 引言

孔子强调"富与贵，是人所欲也"，"修己以敬"，"有朋自远方来，不亦说乎？"，"德不孤，必有邻"，以及"由道而富，由义而富"和"民无信不立"。可见，早在2000多年前，儒家思想就认为生活幸福感（Life Well-being）的获得和评价不是抽象意义上的纯粹"德性之福"，而是一个自我学习、追求价值、与朋友交往以及合理逐利和建立社会规则的过程。古希腊的传统伦理学也不乏对幸福感及其成因的探寻。苏格拉底的著名命题"美德即知识"，认为幸福是追求知识与美德的终极目的。越来越多的现代实证主义研究认为，幸福感是建立在"品质生活"之上的"令人愉悦"的主观感受。本章也采用类似的观点，认为生活幸福感是个体对其总体生活状态的主观认知与评价。无论是"安贫乐道"还是"禄在其中"，幸福更体现为精神上的满足。

过去几十年的数据显示，伴随中国经济的持续增长，中国人的生活幸福感经历了马鞍形的起伏。这又一次印证了"伊斯特林悖论"（Easterlin Paradox，也叫幸福悖论），即人们的生活幸福感水平未必与经济发展保持一致（Easterlin, 1974）。幸福悖论说明，人们的生活幸福感除了物质条件外，一定还受其他心理和社会因素的影响。中国人的生活幸福感在多种成因的此消彼长或共同促进的联合作用下，才呈现出曲线式的发展图谱。关于生活幸福感的影响因素和形成过程，研究者们从社会学、心理学、政治学、经济学等多学科视角进行了积极探索。已有文献分析了跨文化情境、国家经济发展水平（GDP、民主程度、政府腐败程度等）（Radcliff and Shufeldt, 2016）、人口统计学变量（性别、年龄、婚姻状态、受教育程度、健康状况等）、收入水平（赵斌和刘米娜，2013）、特定群体（邓林园、马博辉和武永新，2015）、城市化进程（黄永明和何凌云，2013）、公共服务（傅利平和贾才毛加，2017）等客观因素的影响，而生活幸福感作为人们对生活的主观整体评价与体验，充分说明了我们不能仅从客观因素去考虑生活幸福感，更应该从主观视角上去探讨生活幸福感的成因。并且，较之客观指标（如教育、收入、职业等），越来越多的学者赞同从主观认知入手（岳经纶和张虎平，2018；潘静洲、赵煌、周文霞和龚铭，2016），能够更好地基于主体的主观体验和人们的多种需要来解读幸福感的成因和机理。

在主观方面，现有文献多聚焦于人格特质（Liliana and Nicoleta, 2014）、认知与情感因素（Balzarotti, Biassoni, Villani, Prunas and Velotti, 2016）等的影响。上述研究成果不可否认地深化了我们对幸福成因的认识，但也存在局限性，主要体现在从单一因素、单一路径、单一特殊群体（如老年群体）、特定区域去解读幸福成因，往往强调某一类因素的影响效果，这对于研究生活幸福感这一复杂的多重心理机制往往不够，生活幸福感的形成可能受到多重路径的影响，所以有必要从多重路径去解读生活幸福感的形成过程。正如国内学者所倡导的，探讨内外部等多因素与幸福感之间的复杂因果关系，是未来幸福感的研究重点，同时要建构多因素多路径影响幸福感的整合模型（张羽和邢占军，2007）。鉴于此，本章积极响应这一号召，整合多因素视角来一并探讨生活幸福感的形成机制。现实工作和生活中的人们，作为个体同时嵌套于群体和社会之中，他们在追求自我价值、参与群体互动和感知社会角色的过程中体验着幸福，所以作为一种主观感知的生活幸福感可能源于人们对个体、群体和社会的多层次因素的评价体验。自我决定理论强调满足人的自主、胜任和关系这三类基本需求（Deci and Ryan, 2002），自主需求满足个体自我选择和自我价值实现的需要，关系需求满足参与群体互动的需求，胜任需求满足对社会外在环境因素的胜任感，可见基于自我决定理论来分别阐述这三类需求对个体、群体和社会的感知评价是较为贴切的。因此，我们以自我决定理论为基础，整合人们对个体、群体和社会的三类感知形成了一个多路径框架，具有以下两点理论创新：第一，我们运用了自我决定理论来解释人们生活幸福感的成因，丰富了从社会分层理论、社会心理学等理论（陈和午、李斌和刘志阳，2018）来解读幸福感成因的理论基础；第二，根据自我决定理论的三类需求，我们建立了三条形成路径，跳出了传统上从单一路径去解释幸福感形成机制的局限，以期能够更完整、更全面地解读生活幸福感的心理成因。

对个人而言，工作是生活的重要组成部分，"工作场"中的属性、角色、成果、归属、交往和报偿等一并影响着其对工作状态和自我价值的感知与评价以及自主需求的满足程度。工作价值观（Work Values）是员工所追求的与工作有关的目标的表述，是个体的内在需要及其从事活动时所追求的工作特质或属性（Super，1980）。个人追求的工作目标和价值等自主需求，可能不仅会对工作态度和绩效产生影响，还会扩展到对整个生活的认知与评价。基于这种考虑，我们将工作价值观作为个体层面的关键影响因素纳入研究模型。人际互动是社会生活的基本模式，由此形成的社会网络能够确立和维持人们的社会身份，满足人们关系需求的实现，帮助社会成员获得情绪支持、物质援助和服务、信息与新的社会接触，这种社会支持满足成员间爱与被爱的需要，通过心理宽慰和物质资源，从主客观上帮助人们更好地应对压力，降低压力事件的负面影响，削减负面情绪，缓解紧张和压力，提供解决问题所需的信息与建议等，从而提升对生活质量的整体感知。因此，我们将社会支持（Social Support）作为群体层面的关键影响因素纳入研究模型。古今中外，社会公平都是人类追求的崇高理想，转型期的中国社会，虽然社会经济在新发展理念下全面深化改革，经济发展进入新常态，但中国社会与民众的政治信任水平较低（张书维，2017），在政民互信程度较低的背景下社会成员对社会公平更为敏感。其中，生活质量、消费水平、收入福利等经济要素分配的公允性更受关注。对资源分配结果的公平性感知，构成了个体的分配公平（Distribution Equity）。源于社会对照，人们通过与他人（如同事、朋友等）、行业内基准收入或自己过去收入的对比，形成社会地位的主观判断（李骏和吴晓刚，2012）。在"不患寡而患不均"的传统思维下，由于社会分配不公的感知结果无法满足个人胜任需求的实现，会产生无力感、无法胜任感等消极情绪，也会对人的态度和行为产生深刻影响，影响着总体生活评价（Verme，2011），因而深入探究民众分配公平与生活幸福感的关系及机制是合理且必要的。基于此，将分配公平作为社会层面的重要影响因素纳入研究模型中。综上，工作价值观、社会支持和分配公平一并作为前因变量纳入模型，深入探究影响生活幸福感的直接效应。

依据自我决定理论的观点,人是积极主动的个体,并受外部环境的影响,具有自我实现、自我成长、发展自我的倾向(林桦,2008)。人们的认知过程是一个内、外部因素共同作用的结果,积极地追求品质生活和心理满足是个体受内部动机和外部环境刺激而实现的自我成长的过程。该理论包含三个子理论,即因果定向理论、有机整合理论和认知评价理论:①因果定向理论描述了个体的差异程度,强调个体的自我整合倾向在同一环境中受制于不同的内部动机而表现出差异化的态度和行为(Deci and Ryan, 2000)。每个人对于工作的价值观念会有所不同,这种对工作价值意义的差异程度会使个体表现出差异化的态度和行为,工作满意(Job Satisfaction)作为个体对整体工作的满意程度,是自主需求是否得到满足的一种表现,可能会因个人工作价值观念的不同而不同,不仅如此,生活幸福感包括对工作、家庭等多方面的心理感知,工作的满意认可程度对生活幸福感的影响具有不可或缺的影响。因此,基于因果定向理论和自主需求,引入工作满意这一态度变量来进一步深化工作价值观影响生活幸福感的内在心理态度变化。②有机整合理论着重阐述了促进外在动机内化的因素,强调个体在群体中的归属感可以帮助人们将群体价值观内化为自我价值观,并提升自我定位和认知(Deci and Ryan, 2000)。借助该理论,当来自家庭成员、朋友、组织、社区等的社会力量给予我们很大的支持与帮助时,外部动机会强化个体在社会自我和群体归属上的认知,这种在群体中的归属感有助于提升自我定位和认知,满足人们与他人建立相互尊重和联系的关系需求,形成对社会地位的主观判断,有助于提升主观社会地位(Subjective Social Status),进而极大可能提高个体感知到的生活状态的满意程度,影响生活幸福感的获得。因此,基于有机整合理论和关系需求引入主观社会地位这一中介变量来内化社会支持对生活幸福感的影响机制。③认知评价理论分析了社会环境因素对个体内在动机的影响,强调差异性的环境信息能够引发不同的应对策略以及对环境的感知,进而影响到人们的心理感受(Deci and Ryan, 2000)。根据认知评价理论,分配不公这一社会因素可能会对个体心理造成极大的创伤,个人的努力与能力付出与获得的不公平的结果感知所产生的无力感使胜任需求无法得到满足,可能产生消极情感(Negative Emotion),进而不利于生活幸福感的获得。因此,基于认知评价理论和胜任需求引入消极情感这一中介变量来揭示分配公平对生活幸福感影响的内在机制。综上，本章统一在自我决定理论的框架内，以分别代表内在动机的个体差异、群体归属和社会因素的工作价值观、社会支持和分配公平作为前因变量，以工作满意度、主观社会地位和消极情感作为中介变量，以期探讨人们的自主需求、关系需求和胜任需求是否得到满足，深化和拓展对生活幸福感的成因与机理的理解，对生活具有现实指导意义（杨春江等，2019）。

10.2 理论基础与研究假设

10.2.1 自我决定理论与生活幸福感

自我决定理论探讨人们行为的自我决定或自我激励程度。如果满足了个体的自主、关系和胜任这三个基本需求，与未能满足这三个基本需求相比，个体会倾向于具有更高水平的幸福感（Deci and Ryan，2000）。自主需求指个体对于从事的活动拥有一种自主选择感，而非受他人控制的个人层面需要；关系需求是指个人与他人建立相互尊重、相互支持和相互依赖的感觉需要，体现了群体层面的需要；胜任需求是指人们对所从事的活动感觉有能力胜任的需要，当这种需求得到满足时，人们会对社会层面的因素体验到控制感、成就感和掌控感（Deci and Ryan，2002）。生活幸福感是指个体对其生活质量的总体情感性和认知性评价。因此，本章基于自我决定理论，从个体、群体和社会层面探讨人们的自主、关系和胜任需要是否得到满足，以期揭开影响生活幸福感的因素面纱。

10.2.2 工作价值观、工作满意与生活幸福感

工作价值观是个体希望从工作中寻求的最终价值，体现了个体想从工作中所获得的满足与期望，引导个体对与工作相关的行为与事件进行选择和评价，指向希望达到的状态与行为的一些重要性程度不同的观念与信仰（霍娜和李超平，2009），体现了个体对工作方面的自主需求。因果定向理论阐述了个体的差异程度，在不同内部动机的影响下会进行不同的自我整合倾向，主要包括三种自我整合倾向——自主定向、控制定向和非个人定向（Deci and Ryan，2000）。由于非个人定向强调不可控因素的影响，本章着重讨论前两种自我整合倾向。自主定向是个体基于自身兴趣和价值观，

对能够激发内在动机因素的定向;控制定向是个体的定向过程受工作期限、他人的控制、报酬等倾向的限制。研究显示,自主定向和控制定向的个体在工作中对同一外界环境的刺激会表现出明显差异的态度和行为,具有不同的自主需求(罗霞和陈维政,2010)。自主定向类个体的工作价值理念多源于对工作的热爱,以兴趣和自我认可的价值观为出发点,关注自身能力的发展,行为更具有积极性和主动性。他们在工作中更乐于与他人合作和进行沟通交流,展现出友好态度,分享知识与经验,更加热爱和专注于工作,有效地掌控工作,创造性地解决工作中遇到的问题,不愿推卸责任,并拥有更充分的精力去感受生活,完善自我,有益于生活幸福感的获得。控制定向类个体的工作价值理念多受制于组织环境或者他人(领导、同事等),在外部环境的压力驱使下,个体缺乏自主选择感,更易表现出消极认知和行为。他们在工作中以完成既定任务为导向,不愿承担责任,容易体验到工作的枯燥和压力,产生焦虑和工作倦怠,进而影响整体心情和生活状态。总之,不同工作价值观的员工具有不同的自主需求,会在自主和控制两类定向倾向下进行差异明显的自我整合,继而产生对工作迥然不同的态度和认知评价,并且影响到对生活状态的整体感知。

工作满意是指个体因工作成就感或促进其价值实现而产生的愉悦的情感状态,包括对工作整体及各方面的满意(Locke,1969)。研究显示,工作中若员工更多地关注工作技能的提高、工作成就感、价值和兴趣满足等工作本身所赋予的意义(这些都可归结为员工对工作的偏好或者是员工希望从工作中获取的需求结果,而非工作结果所带来的薪酬、职位晋升等外在报酬)则会增加他们的工作投入和自我决定感,进而取得更好的绩效表现(Deci and Ryan,1987),带来更加强烈而持久的工作满意感,可见工作价值理念会影响个人对工作的满意程度,体现个人不同的自主需求实现。满意的员工会更加关注工作,富有成效和创造性,不易出现沮丧、焦虑和工作倦怠等负面情感,更加感恩、乐观和充满希望,并有益于保持身心的健康状态(Fisher,2003),促进生活幸福感的获得。不仅如此,根据溢出理论,员工在工作中体验到的情绪、态度和行为还会延伸到生活中,从而影响到员工对整个生活状况的评价,进而对个人的生活幸福感产生涟漪影响。由此可见,个体的工作满意与其工作价值观密切相关,如果能从工作本身获取快乐,则其满意度就比较高,进而也能显著提升生活幸福感。综上所述,我们提出以下假设:

H1：个体的工作价值观会对其生活幸福感产生积极影响，工作满意会在这一影响路径中起到中介作用。

10.2.3 社会支持、主观社会地位与生活幸福感

社会支持是个体从社会关系网络（如家庭成员、朋友、组织、社区等）中所获得的各种帮助和支持，此种支持会对员工心理与生理的健康产生直接或间接的影响（Beehr and McGrath, 1992）。所谓"人生不如意事十之八九"，在我们日常生活中不断面临的阻碍与挫折中，社会支持通常扮演着形成和维持幸福感的"缓冲器"角色，社会支持一方面对个体身心健康具有普遍的增益作用，另一方面能够在应激或长期负性情境中发挥保护作用。相关实证研究显示，充足的社会支持能够引导个体正向面对以化解工作生活矛盾，增强个体信心以应对环境挑战（林初锐、李永鑫和胡瑜，2014），并且直接与个体的心理健康和生活感受相关，如主观幸福感、生活满意度（Cohen and Wills, 1985）。Cobb（1976）认为，社会支持有利于改善人们的社会功能和健康状态。相反，缺乏社会支持会直接导致诸如抑郁、痛苦等负面的心理状态，并破坏自我概念。由此可见，来自群体的社会支持满足了个人渴望与他人建立相互尊重、支持和依赖的关系需要，对于个人的生活幸福感具有举足轻重的作用，那么社会支持又是通过怎样的内在机理影响生活幸福感的呢？相关研究指出，中国经济的快速发展增加了国人的社会地位焦虑（Chen and Williams, 2018）。多国研究发现，无论国家经济发展程度如何，人们都倾向于将自身定位于社会的中间阶层之中（Evans and Kelley, 2004），以寻求得到更多成员的认同，增加群体归属感。荀子曰："人之生，不能无群。"（《荀子·富国》）主观社会地位是一个群体概念，是人们主观感知到的自我在社会层级中的排位（Jackman M. R. and Jackman R. W., 1973），是个体确定社会和群体角色的基础，各个成员在群体内的排名虽有不同，但他们同享着作为群体一员而获致的社会地位，因此引入主观社会地位这一中介机制来阐述社会支持对生活幸福感的影响机理。

有机整合理论认为，人们天生具有自我整合的经验倾向，能够将某些社会规则和价值整合为自我的一部分，即实现外部动机的内化，内化过程需要外在环境的刺激（Deci and Ryan, 2000）。集体主义、合作关系文化背景下的中国社会，强调群体归属和社会关系的重要性。日常社会交往中的关心行为、鼓励的话语、正面信息的分享与回应、陪伴等群体信息和社会

支持行为构成了个体社会身份"凸显"的情境,在群体参照效应(Group Reference Effect)的作用下,群体信息显著塑造着个体的自我描述,形成社会身份,提高了主观感知的社会地位,获得了社会自我的身份认同,满足了群体心理的归属和关系需求(李红霞和张海钟,2013)。个体受到许多来自社会各方面的支持与帮助后,自身感知到的社会地位会有所提升,体验到自尊和成就感,占有和分配各种资源特权,以及更易获得信任、赞同、重视、认同和领导权(Richard and Edward,2000)。社会支持所传递的依赖和关系需求(Feeney,2007)为同一社会阶层成员提供人际交往和表达情绪的舒适环境,便于彼此传递理解和认可,提供情感慰藉和物质与心理支持,为压力事件提供信息援助和寻求解决方案等(Meghan,Catherine and Carsten,2014),有利于建立社会关系,并掌握与之相应的知识、价值观和情感,影响人们的身心健康和幸福感。总之,社会支持会强化人们在社会自我和群体归属上的主观社会地位认知,促进个体关系需要的心理满足,进而提升对自我状态和生活品质的评价。因此,基于以上讨论,我们提出以下假设:

H2:社会支持会对生活幸福感产生积极影响,主观社会地位会在这一影响路径中起到中介作用。

10.2.4 分配公平、消极情感与生活幸福感

分配公平是个体对于资源分配结果的公平性感知,可进一步分为基于社会不平等的宏观分配公平感和基于个体收入分配的微观公平感(Wegener,1991)。由于微观的个人收入分配公平更关乎人们的切身利益,因此本章研究的分配公平主要是微观领域的收入分配公平。贺京同、那艺和郝身永(2014)基于效用理论考察了决策效用、体验效用与幸福的关系,结果证明分配公平显著正向影响幸福感。社会分配不公会使国民产生"相对剥夺感",不仅影响个人的努力程度,还影响其最终能达到的幸福水平(阳义南和章上峰,2016)。分配公平使个体感受到自身能力、努力程度与应该获得的结果相匹配的一致性程度较高,有助于个体胜任需求的满足,进而影响个体对生活状态的总体评价,但鲜有研究深入分析分配公平影响幸福感的心理机制(杨春江等,2019)。本章基于认知评价理论,引用消极情感来分析内在机理。

消极情感是人们体验到的不利于继续工作和生活的不快乐情绪,通常表现为忧愁、悲伤、愤怒、焦虑、痛苦等(Gross,1998)。人们会对遭遇

的不公平等消极事件产生情感反应，进而发生心理调适。依据解释情感适应机制的关注（Attend）、反应（React）、解读（Explain）、适应（Adaption）模型（AREA模型），关系切身利益的事件会引起人们的关注，唤起情感反应，进行解读，产生适应和评价（Wilson and Gilbert，2008）。研究显示，较之积极刺激，消极刺激更能够引起注意，唤起更强烈的情感反应，让人难以适应（彭晓哲和周晓林，2005）。认知评价理论将对个体内在动机产生影响的环境因素区分为信息性事件（增强个体的内在因果知觉）、控制性事件（增强个体外在因果知觉）和去动机事件（消除个体的内在因果知觉）（赵燕梅、张正堂、刘宁和丁明智，2016）。个体主观感知到的分配不公这一消极刺激会加剧个体的内外在因果知觉，导致其对事件的控制性降低，无法满足人们所需的胜任需求，加之中国社会的高权力距离和集体主义导向，以及儒家文化强调的尊卑有序和服从等价值体系，使国人长期生活在高控制性因素的社会环境中（刘靖东、钟伯光和姒刚彦，2013），在对社会和环境因素缺乏控制力和胜任感的环境下，人们通常会情绪低落，产生嫉妒、敌意、挫折、无力感和不胜任感等消极情感体验，不仅会产生外在归因，即将造成分配不公平的原因归结为社会和环境等控制性因素，还会引起人们的情感反应，使其对相关事件信息更加敏感、过度解读和反应强烈（Joormann，Hertel，Brozovich and Gotlib，2005），进而造成自我心理和生活状态的不良和消极评价。具体而言，如果个体认为社会分配有失公平，不能满足个人所需的最基本的胜任需求，会唤起他的消极情感，在内在动机和胜任感缺失的情况下，个体更倾向于对自我和社会环境产生消极评价，影响生活幸福感的获得。综上所述，我们提出以下假设：

H3：分配公平会对生活幸福感产生积极影响，消极情感会在这一影响路径中起到中介作用。

10.3 研究方法

10.3.1 研究样本

本章所使用的数据来源于中山大学社会科学调查中心开展的中国劳动力动态调查（CLDS，2014），该项调查在我国乡镇以村/居为范围的情况下，旨在对家庭、劳动力个体进行全国性动态追踪调查，进而系统地监测村/居社区的社会结构、家庭、劳动力个体三个不同层次之间的变化与相互影响。采取概率抽样方法，调查对象为15~64周岁的家庭劳动力成员，研究样本来自我国29个省份，抽样设计基本上保证了数据集能够代表城镇和农村区域。由于样本量充足，对于本章涉及的变量中的异常值和被试未填答问卷形成的缺失值，都将其作为系统缺失值删除，最终保留有效样本共计4630个，其中，男性2388人，占51.58%；年龄在15~25岁的有422人，占9.11%，25~30岁的占14.63%，30~35岁的占11.37%，35岁以上的占64.89%；户口性质是农业户口的有2245人，占48.49%；受教育程度为小学及以下的占18.14%，中学占46.83%，专科及技校占20.12%，本科及以上占14.91%；绝大部分是已婚人口，占82.91%。

10.3.2 变量测量

（1）生活幸福感。在中山大学社会科学调查中心开展的中国劳动力动态调查问卷中，对生活幸福感的测量选取三个指标："总的来说，您认为您的生活过得是否幸福？""总体来说，您对您的生活状况感到满意吗？""总体来说，您对您的家庭经济状况感到满意吗？"采用5点计分，从1（非常不幸福）到5（非常幸福），得分越高代表幸福感越强。本研究中，该变量测量的Cronbach's α为0.89，说明该测量具有较高的信度。

（2）工作价值观。该调查问卷中选取六个指标来测量目前工作对个体的意义和价值，如谋生、让自己心安、认识更多的人等，满足了被试多样化需求的程度。采用5点计分，从1（非常符合）到5（非常不符合），为了与幸福感的计分测量方式一致，我们对原问卷进行了反向计分处理，即从1（非常不符合）到5（非常符合），得分越高代表越符合自身的工作价值观念。本研究中，该变量测量的Cronbach's α为0.84，说明该测量具有较高的信度。

（3）社会支持。该调查问卷中以受访者的朋友数量来测试社会支持程度，数量越多表明社会支持程度越高，包括三个指标，如"在本地这些关系亲密的人中，您可以向她/他诉说心事的有几个？""在本地这些关系亲密的人中，您可以与她/他讨论重要问题的有几个？"

（4）分配公平。该调查问卷中以受访者目前的生活水平与工作上的努力比起来是否公平来测量分配公平。采用5点计分，从1（完全不公平）

到 5（完全公平），得分越高代表分配越公平。本研究中，该变量测量的 Cronbach's α 为 0.82，说明该测量具有较高的信度。

（5）工作满意。该调查问卷中以对目前/最后一份工作状况进行评价来测量工作满意，包括 11 个指标，如收入、工作安全性、工作环境、工作时间等。采用 5 点计分，从 1（非常满意）到 5（非常不满意），为了与幸福感的计分测量方式一致，我们对其进行了反向计分处理，即从 1（非常不满意）到 5（非常满意），得分越高代表工作满意度越高。本研究中，该变量测量的 Cronbach's α 为 0.9，说明该测量具有较高的信度。

（6）主观社会地位。该调查问卷中以受访者自评所处社会地位等级直接测量主观社会地位。采用 10 点计分表示社会地位分级，从 1（最底层）到 10（最高层），得分越高代表主观社会地位越高。本研究中，该变量测量的 Cronbach's α 为 0.87，说明该测量具有较高的信度。

（7）消极情感。该调查问卷中以受访者回忆过去四周里是否经常有题项所示的感受或想法来测量消极情感，包括四个指标，即"我感到过得不开心或是沮丧""我对自己失去过信心""我感到无法克服我所遇到的困难""我感觉到悲伤、消沉或抑郁"。采用 5 点计分，从 1（没有）到 5（总是），得分越高代表出现消极情感的可能性越大。本研究中，该变量测量的 Cronbach's α 为 0.88，说明该测量具有较高的信度。

（8）控制变量。以往研究显示，性别、年龄、受教育程度、婚姻状况、健康状况、户口性质等可能与幸福感以及其他变量存在相关性（王洪亮和屠亚富，2016）。因此，我们对其进行控制处理，并对受教育程度、户口婚姻状况等进行虚拟变量处理。

10.4 数据分析与结果

10.4.1 共同方法偏差分析

本章数据来自个体自我报告数据，结果可能受到共同方法偏差的影响，所以采用 Harman 单因子对共同方法偏差进行统计检验。结果显示，未经旋转的首因子解释了 27.04% 的变异，未占到总变异解释量（69.73%）的大部分，因此，不存在严重的同源偏差。

10.4.2 各变量验证性因素分析与竞争模型比较

本章采用验证性因子分析和竞争模型策略对收集的数据进行分析，以检验工作价值观、工作满意、社会支持、主观社会地位、分配公平、消极情感和生活幸福感七个变量间的区别效度，构建了四个替代模型（M_1~M_4）与假设模型（M_0）进行比较，结果（见表10-1）显示假设模型的拟合度最好（$\chi^2/df = 2.74$，CFI = 0.97，TLI = 0.97，RMSEA = 0.04，SRMR = 0.03），说明本章涉及的七个变量之间具有良好的区分效度。

表10-1 竞争模型验证性因素分析结果

模型	因子结构	χ^2/df	CFI	TLI	RMSEA	SRMR
M_0	理论模型	2.74	0.97	0.97	0.04	0.03
M_1	工作满意、主观社会地位、消极情感并入一个因子	5.35	0.78	0.75	0.11	0.09
M_2	工作价值观、社会支持、分配公平并入一个因子	6.25	0.72	0.68	0.12	0.11
M_3	工作价值观、社会支持、工作满意、主观社会地位并入一个因子	8.41	0.63	0.58	0.14	0.12
M_4	七个变量并入一个因子	9.13	0.61	0.55	0.14	0.12

10.4.3 相关分析

计算各变量的Pearson相关系数可知，工作价值观与工作满意显著正相关（$r=0.49$，$p<0.01$），与生活幸福感显著正相关（$r=0.29$，$p<0.01$），工作满意与生活幸福感显著正相关（$r=0.38$，$p<0.01$）；分配公平与消极情感显著负相关（$r=-0.19$，$p<0.01$），与生活幸福感显著正相关（$r=0.40$，$p<0.01$），消极情感与生活幸福感显著负相关（$r=-0.29$，$p<0.01$）；社会支持与主观社会地位显著正相关（$r=0.14$，$p<0.01$），与生活幸福感显著正相关（$r=0.15$，$p<0.01$），主观社会地位与生活幸福感显著正相关（$r=0.39$，$p<0.01$）。相关分析初步支持了本章假设的合理性，详细数据见表10-2。

10 生活何以幸福?——基于中国城乡居民劳动力动态调查的多路径解读

表 10-2 变量均值、标准差和相关系数

变量	1	2	3	4	5	6	7	8	9	10	11	12	13
1. 性别													
2. 年龄	-0.07***												
3. 受教育程度	-0.06***	0.08***											
4. 婚姻状况	0.02	0.43***	0.09***										
5. 健康水平	-0.02	-0.29***	-0.01	-0.13***									
6. 户口类型	0.02	0.17***	-0.10***	0.00	0.00								
7. 生活幸福感	0.03*	0.04***	-0.07***	0.07***	-0.26***	0.14***							
8. 工作价值观	0.00	-0.02	-0.03*	-0.01	-0.10***	0.11***	0.29***						
9. 工作满意	0.03*	0.00	-0.08***	0.00	-0.13***	0.14***	0.38***	0.49***					
10. 社会支持	-0.09***	0.02	-0.06***	0.02	-0.08***	0.05***	0.15***	0.08***	0.08***				
11. 主观社会地位	0.04**	0.00	-0.05***	0.04**	-0.21***	0.16***	0.39***	0.21***	0.28***	0.14***			
12. 分配公平	0.00	0.05***	-0.04***	0.03*	-0.14***	0.02	0.40***	0.20***	0.33***	0.08***	0.28***		
13. 消极情感	0.04**	-0.10***	-0.03**	-0.08***	0.13***	-0.05***	-0.29***	-0.15***	-0.25***	-0.02	-0.11***	-0.19***	
平均值 (M)	0.48	41.29	0.47	0.83	2.12	0.52	3.59	3.53	3.27	3.25	4.81	3.25	1.98
标准差 (SD)	0.50	12.60	0.50	0.38	0.88	0.50	0.80	0.68	0.64	2.50	1.52	0.87	0.80

注:* 表示 $p<0.05$,** 表示 $p<0.01$,*** 表示 $p<0.001$。

10.4.4 假设检验

为检验模型中的中介效应，我们构建了带有三个中介变量的整合模型，采用 Mplus 7.0 软件进行路径分析和中介效应检验。模型结构标准化后的各路径系数如图10-1所示。

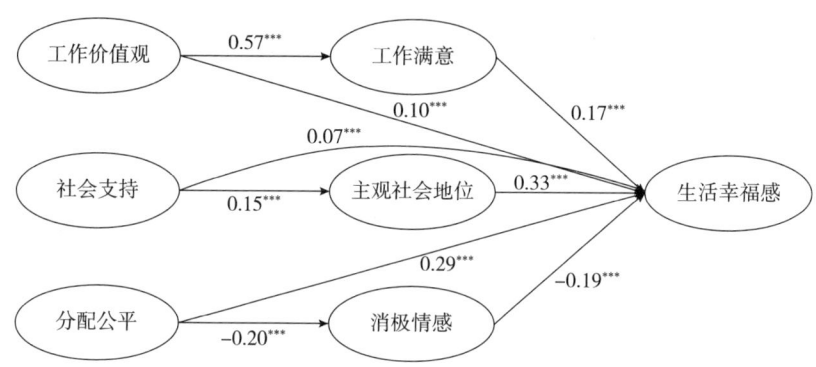

图10-1 模型标准化路径系数

工作价值观到工作满意（β=0.57，p<0.001）、工作满意到生活幸福感（β=0.17，p<0.001）和工作价值观到生活幸福感（β=0.10，p<0.001），社会支持到主观社会地位（β=0.15，p<0.001）、主观社会地位到生活幸福感（β=0.33，p<0.001）和社会支持到生活幸福感（β=0.07，p<0.001），以及分配公平到消极情感（β=-0.20，p<0.001）、消极情感到生活幸福感（β=-0.19，p<0.001）和分配公平到生活幸福感（β=0.29，p<0.001）的路径系数均是显著的。

为了检验中介效应，采用 Bootstrap 中介效应检验方法（设置1000次迭代），该方法提供中介效应的95%置信区间估计，如果区间估计含有0就表示中介效应不显著，如果区间估计不含有0则表示中介效应显著。通过结构方程模型及中介效应检验结果可知（见表10-3），各路径的 Bootstrap（95%CI）置信区间均不包含0，说明中介效应显著，即工作价值观通过工作满意进而影响生活幸福感，社会支持通过主观社会地位进而影响生活幸福感，分配公平通过消极情感进而影响生活幸福感，H1、H2、H3 均得到了验证。为了进一步验证中介作用，我们还采用了蒙特卡罗法与阶层回归分析法进行检验，运用蒙特卡罗法得出的各中介效应的置信区间为：工作价值观通过工作满意影响生活幸福感路径的95%置信区间为[0.081，0.154]，社会支持通过主观社会地位影响生活幸福感路径的95%置信区间为[0.008，0.013]，分配公平通过消极情感影响生活幸福感路径的95%置信区间为[0.022，0.031]，三条路径的95%置信区间均不包括0，并且阶层回归分析结果也显示中介作用是显著的，三次检验结果均证明了本章提出的三个假设成立。

表10-3 中介效应的显著性检验结果

假设	路径	估计值	标准误	Bootstrap (95% CI)
H1	直接效应 WV→LWB	0.100	0.026	[0.081, 0.167]
	间接效应 WV→JS→LWB	0.097	0.017	[0.088, 0.143]
	总效应	0.197	0.025	[0.200, 0.282]
H2	直接效应 SS→LWB	0.070	0.003	[0.009, 0.020]
	间接效应 SS→SSS→LWB	0.050	0.003	[0.008, 0.012]
	总效应	0.120	0.012	[0.019, 0.031]
H3	直接效应 DE→LWB	0.290	0.012	[0.162, 0.200]
	间接效应 DE→NE→LWB	0.038	0.001	[0.019, 0.029]
	总效应	0.328	0.003	[0.186, 0.226]

注：WV=工作价值观，JS=工作满意，SS=社会支持，SSS=主观社会地位，DE=分配公平，NE=消极情感，LWB=生活幸福感。

10.5 研究结论与讨论

生活幸福感是一种抽象而复杂的、发乎于内的、令人愉悦的认知与情感体验，除了受制于经济因素的影响之外，还依赖于个性、心理与社会环境因素等多重因素的联合作用。具体到中国情境下，仅从单一视角辨析幸福成因，难以准确把握中国人几十年来马鞍形曲线式的体验脉络。因此，本章回应了相关学者提出的构建影响幸福感的整合模型的倡议（张羽和邢占军，2007），兼顾个体、群体与社会视角，从心理层面揭示人们生活幸福感的成因及作用机制，以期破解幸福密码。

10.5.1 理论意义

10.5.1.1 工作价值观对生活幸福感的积极影响以及工作满意的中介作用

本章的实证结果支持工作价值观能够显著正向影响生活幸福感,并根据因果定向理论提出了工作满意在工作价值观对生活幸福感影响路径中起中介作用。除工作绩效(Siu,2008)、组织公民行为(Ryan,2002)等经典行为变量外,工作价值观对人们的生活幸福感也存在显著影响,丰富了相关领域的研究成果。此外,工作满意这一态度传导机制揭示了工作价值观影响生活幸福感的内在机理,以往研究多针对某一特殊群体分析工作满意的影响作用,如护士(Hegney and Plank,2006)、教师(李欧,2014)、农民工(李群、杨东涛和卢锐,2015)、知识型员工(Faian and Shufeng,2012)等,本章取样范围更广泛,更具代表性地验证了工作满意可以在多个行业领域和人群中影响着人们的主观生活质量。

弗洛伊德说,工作是把一个人与现实世界最紧密联系起来的纽带,工作价值观体现了个体想从工作中获得的满足和期望。员工们关注的重心已经并持续从生存意义转向工作能够带来的心理与社会效应(李显东,2012)。因果定向理论认为,人们总是具有自我整合倾向(Deci and Ryan,1985),受个人不同的自主需求影响,来自自我认可或服从于其他个体或组织的不同的工作价值观将显著影响员工工作的态度,积极的工作态度既可以使员工对工作产生正面的认识和理解,又可以唤起愉悦的情感体验,还会使他们对工作做出积极的反应和行为,而工作作为人类生活的重要组成部分,积极的认知、情感和行为意向不仅直接影响着人们对工作状态的评价,其产生的溢出效应也会带动对整体生活质量的积极评价,提高整体生活幸福感(杨春江、逯野和张敬伟,2012)。

10.5.1.2 社会支持对生活幸福感的积极影响以及主观社会地位的中介作用

研究结果也支持了社会支持对生活幸福感的正向影响,并且在有机整合理论的基础上假设并检验了个体的主观社会地位在上述影响中起到中介作用。社会支持是个体感受到的来自社会群体成员的关心、尊重和重视,其构成了个体在群体中感知社会地位身份的人际情境,正如有机整合理论认为人们自我整合实现动机内化的过程需要外部环境的刺激。因此,在社会支持这一外部环境刺激下，成员能够将群体规范和价值观内化，满足被认同和被爱的需要，更易于获得他人的信任、尊重与认同，尤其在我国注重和谐关系的文化背景下，社会支持强化了社会自我形象与群体归属意识，满足了个体关系的心理需要，从而提升自我状态和生活质量认知。

  本章创新性地引入主观社会地位这一心理认知概念，验证了社会支持通过个体在群体人际互动中确认和维持的成员社会身份，提升自我肯定和他人社会认同，进而影响人们的幸福体验。评判自我社会地位的方式具有主观性、复杂性的特点，因而可能相关研究较少。本章研究数据显示，社会支持这一群体互动变量显著影响人们感知到的社会地位水平（$\beta=0.15$，$p<0.001$），丰富了主观社会地位成因方面的研究。本章样本的主观社会地位数据显示，自我感知身处中间阶层的比例约为60%，其中城镇居民比例略高（64%），置于社会最底层（第1层）的比例不到5%，处于第1、第2、第3层的比例合计约为22%，具有明显的趋中趋势，与以往研究认为我国阶层自我定位的分布呈上下不对称的保龄球状，并且城市公众中层人口比例较低、社会低层比重明显偏高的自我阶层向下偏移的现象（陈云松和范晓光，2016）不尽相同。并且，本章基于2014年的劳动力动态调查数据，更具可信性和时效性地展示了在全面建成小康社会的当今中国，已实现温饱的中国人正在追求着更具品质的生活，在中华民族伟大复兴的时代里，每个中国人也在憧憬和实现着属于自己的中国梦，由此伴随着人们社会阶层主观认识和生活幸福感的提升，这也从本章数据和国人幸福的马鞍形增长中得到支持。研究显示，转型期的社会分层和流动致使人们更多地依赖于自身的感受来进行"纵向"阶层定位（陈云松和范晓光，2016），上述趋势也展示了人们的主观社会地位评价依据的多元化，不仅包括职业、收入、教育等个体要素（李培林，2005），还包括社会团体、社会支持等群体要素（于铁山，2015）。

10.5.1.3 分配公平对生活幸福感的积极影响以及消极情感的中介作用

  本章的实证结果支持了分配公平能够显著正向影响生活幸福感，根据认知评价理论提出并检验了消极情感在上述关系中的中介作用。追求公平正义的强烈愿望与对不平等的强烈怨恨是人类的一种基本情感，由于微观的分配公平更关乎人们的切身利益，因此对人们的态度和心理会产生更强烈的影响。以往研究较多考察收入类客观因素对幸福的影响，较少涉及分配公平等主观因素对幸福的影响（郝身永，2015），即使有研究涉及，也限于检验分配公平的直接效应（陆铭、蒋仕卿和佐藤宏，2014），鲜有研究深入分析分配公平产生效应的心理机制。根据AREA模型这一情感适应机制和过程，人们总是对关系切身利益的事件进行情感解读，相较于积极事件，对消极事件的情感适应过程缓慢且持久，更易在较长时间内激发个体的情感反应。基于此，本章将分配公平作为影响人们生活评价的关键社会因素，并且从消极情感视角加以解读，创新地探讨和检验了分配公平通过削弱消极情感体验，进而提升人们的幸福感知的中介作用模型。

根据认知评价理论，个体倾向于评价影响其内在动机的环境因素，进而改变心理感知和行为。分配不公会引起人们对社会的外部归因解读，产生不胜任感、无力感等消极情感，不能满足个人的胜任需求，进而影响自我心理体验和评价基调。"不患寡而患不均"，收入是影响人们生活质量的关键客观因素之一，但是越来越多的研究显示主观的分配公平感知更能影响人们的情感和感知，人们在上行比较中产生的差距感易引发人们的消极情感。在中国这样高控制性的社会环境下，人们更倾向于认为外部的控制点，即将相对低收入归因于社会环境而非个人，更易唤起负面的情感且难以消解，放弃自己生活的责任，消极对待失败和困难，对生活降低期望并产生消极评价。

10.5.2 实践意义

世界幸福指数报告中指出，工作的目的绝不仅是工资，就业的非物质利益方面，如社会地位、社会联系、价值实现、目标等也能够强烈地影响人们的幸福感，且工作价值观对人们幸福感的影响是不容忽视的。被试回答工作价值观是"为了让自己心安""认识更多的人""获得尊重""兴趣"和"发挥自己能力"分别占64%、55%、60%、50%、57%，这符合自我决定理论认为的内在需要满足比外在需要满足更影响幸福感的论断。在本调查数据中，就业者比失业者的幸福评价均值高0.6分（具有显著性且是10分制），可能的原因是人们普遍认为失业是对生活产生较大威胁的压力性事件，而且也会间接地影响到就业者担心自己未来失业与否的工作不安全感，且研究表明再就业者受先前失业经历的影响，其生活幸福感水平会降低。因此，就国家政策层面来说，保证就业率是根本，工作是获得收入的最主要途径之一，这是影响生活幸福感的前提与基础；降低失业率，使人们免受失业造成的不安全感是劳动保障部门的首要工作内容；而在工作场所，企业要做到能够了解员工的内心需要，有针对性地激励员工，增加工作的丰富性，提高福利，从而提升生活幸福感。

鉴于文化差异，我国对幸福感的本土化研究仍然比较匮乏，尤其是结合中国文化背景和中国转型期现状对幸福感特点的研究有待丰富（赵凤青和罗晓璐，2016）。西方文化中更强调积极的情绪体验，而东方文化更强调社会联结、人际和谐等。哈佛大学长达76年的研究表明良好的关系让我们更快乐、更健康，起决定作用的不是你拥有的朋友的数量，而是亲密关系的质量。因此，本章选择受访者可以与之诉说心事等的亲密朋友的数量来测量其获得的社会支持是具有实践意义的。中国的人际关系是相互依赖的，社会支持往往会影响到人们对其在群体中主观社会地位及影响力的感知。相关研究指出，社会支持与幸福感之间的相关性尽管略弱于人格与幸福感之间的相关性（Steel，Schmidt and Shultz，2008），但是社会支持比人格更易于改变，提升幸福感，改变社会支持比改变人格更具现实性和可操作性。转型期出现的一些过于重视经济、缺乏信任等不利于社会互动的因素，政府与社会应加强认识，引导人们围绕"中国梦"的伟大主题，树立正确的社会主义价值观，发挥我国传统文化中讲仁爱、重民本、守诚信、崇正义、尚和合等优秀文化成分的指引作用，以及现代社会互帮互助、助人为乐的精神，营造和谐的人际关系，使人们感受到越来越多的社会支持，以提升人们的幸福感受。

本章数据中，有近一半的样本（46%）认为收入分配是公平的，但也仍然存在近1/5的被调查者认为分配不公。国家统计局数据显示，我国2017年基尼系数为0.467，比2016年提高了0.002，社会财富占有的不公平已相当严重。虽然分配不公平会降低生活幸福感，但是根据世界幸福指数报告，中国的幸福感排名比上年前进了4位。这说明尽管客观的收入差距在增加，但并没有对人们的幸福感产生消极影响，收入分配的状况呈现出"双重印象"（魏钦恭、张彦和李汉林，2014），即客观上收入差距的不断拉大与主观上收入不公感的逐渐降低。根据收入差距的相对剥夺理论，分配不公平会给人们带来较强的消极情感体验。现阶段收入分配的能力主义原则逐渐被人们认可，即尽管客观的收入差距增加了，但收入分配的程序和原则被国人所接受，从而淡化了分配结果不公平的消极影响，反而触发了人们寻求多种合理渠道提高收入的愿望和预期。因此，在当今"大众创业、万众创新"的背景下，政府相关部门应该重点关注营造公平的市场竞争环境，鼓励构建基于技能和可替代性的人才流动和报偿体系，推进分配制度和原则的公平合理，从而削弱财富过于集中产生的负面影响。

10.5.3 研究局限与展望

本章将内外部因素整合进模型，研究了影响生活幸福感的因素及其作用机制，样本来源于全国性调查数据，因此具有普遍性和推广意义。但本章的研究仍然存在着局限：首先，本章以自我决定理论为框架构建了三个中介机制，选取的中介变量主要为主观性的心理感知变量，未来研究可以探寻其他中介因素，以丰富影响生活幸福感的深层心理机制；其次，本章只涉及了影响生活幸福感的中介变量，未触及影响人们生活幸福感的边界条件，比如在什么情境下分配公平会强化消极情感对生活幸福感的作用，什么情境下会削弱消极情感对生活幸福感的影响，都值得未来研究进一步深入挖掘探讨；再次，中山大学的劳动力动态调查报告是从2012年开始的一项纵向追踪数据调查，考虑到中国速度的日新月异的发展变化也将更全面而深刻地影响人们的生活及心理感受，本章选取的只是2014年劳动力新增部分，未来研究可以根据不同年份的调查数据进行纵向对比来分析影响人们生活幸福感的因素的变化；最后，因为采用的是二手数据，而不是用成熟量表做的一手数据调查，所以只能是在现有的数据基础上去选择最相关的代表变量，可能会存在一些指代与研究不太一致的问题，这也可能是本章的研究局限所在。

10.5.4 结论

通过数据分析，本章得到的结果主要包括：①工作价值观与生活幸福感显著正相关，工作满意在工作价值观与生活幸福感的关系路径中起到了中介作用；②社会支持与生活幸福感显著正相关，主观社会地位在社会支持与生活幸福感的关系路径中起到了中介作用；③分配公平与生活幸福感显著正相关，消极情感在分配公平与生活幸福感的关系路径中起到了中介作用。

我国新型农村合作医疗体系的农村居民参与意愿与行为研究

新型农村合作医疗（简称新农合）体系是我国实施的倡导农民以户为单位，按照自愿参与、负担部分费用的原则，具有互助合作特点的医疗保险制度。该医疗体系由政府提供较高的财政补贴，并由政府相关部门负责管理，具有较强的公益性。在新农合发展的初期，国家的工作重点放在提高农民参与水平和覆盖面上。需要指出的是，农民的参与程度源于他们的参与意愿，他们会以"用脚投票"的形式表达真实的参与意愿。那么，农民对新型农村医疗体系是否满意？哪些因素会影响他们的参与意愿和行为？这些因素是如何产生影响的？影响程度如何？这些都是现阶段，政府和相关研究部门亟待回答的问题。只有回答了上述问题，我们才能全面和准确地评价农村医疗卫生体系服务的效果，了解农民真正的医疗服务需求，为完善我国农村医疗服务体系提供有益的参考信息和决策依据。

农村合作医疗在西方国家一般属于健康保险的范畴。近年来，许多国外的实证研究显示，医疗机构与住所的距离、患者的年龄、患者的受教育程度、患者的性别等变量对个体参加医疗保险的意愿和行为具有显著的影响。来自国内的大量研究也表明，影响农民参与合作医疗的因素涉及多方面，包括人口统计学变量（如收入水平、家庭人口、受教育水平、性别等）、自我意识（如自我健康感知）、医疗机构因素（如与住所的距离、收费水平、服务水平等）等。本章将结合具体统计数据，深入研究某些典型因素的影响作用。

11.1 农村居民收入结构对医疗消费的影响

西方消费理论认为，收入是决定消费者行为的最主要影响因素。我国学者在中国情境下,应用西方消费理论研究中国农村的特殊消费。研究显示,我国农民的较低的收入层次抑制了他们的消费结构的提升,如果收入增长缓慢还将持久影响他们的消费,农村居民消费行为表现出显著的"棘轮效应"。

本章整理了1998~2008年《中国统计年鉴》中,"各地区农村居民家庭按来源分的人均纯收入""各地区农村居民家庭平均每人生活消费支出"的相关数据,横截面为31个省份。为了实现数理统计的可比性,本章将各收入项目和支出项目分别除以当年的农村居民消费价格指数。根据年鉴分类,有四类收入来源,即劳动者报酬、家庭经营收入、财产性收入、转移性收入。根据逐年的统计数据计算我国农民居民的平均收入,具体数据见表11-1。农村居民主要有八类消费支出,即食品、衣着、居住、家电设备、医疗保健、交通和通信、文教娱乐用品及服务和其他商品及服务。从表11-2中数据可见,我国农民的大部分消费集中在食品方面,占到人均消费支出的44.6%;农民的医疗保健支出和交通信息费用在这十年中都有所提高。

表11-1 1998~2008年我国农村居民各项平均收入

收入类型	均值(元)	标准差
人均收入	422.45	431.93
劳动者报酬	160.97	237.86
家庭经营收入	225.61	182.03
财产性收入	13.82	23.91
转移性收入	19.93	35.93

表11-2 1998~2008年我国农村居民各项平均支出

支出类型	均值(元)	标准差
人均支出	318.20	331.80
食品	142.01	128.68
衣着	19.42	21.07
居住	52.22	64.87
家电设备	14.76	16.75
医疗保健	20.34	25.49
交通和通信	27.59	38.26
文教娱乐	34.27	37.74

如表 11-3 所示，以收入结构为自变量、农民医疗保健支出为因变量，建立回归模型来判断收入结构对医疗保健支出的影响。从表 11-3 中可以看到，财产性收入和转移性收入对农村居民家庭的医疗保健支出的影响明显，而劳动者报酬和家庭经营收入等基本收入来源对其影响较小。也就是说，农民因打工和家庭生产经营的劳动所得的多少，基本不影响他们在医疗保健方面的消费，而在金融投资或房屋租赁中的所得和"意外所得"等非劳动报酬对医疗保健投入影响较大。

表 11-3　农民各项收入对医疗保健支出的回归效应

	医疗保健
劳动者报酬	0.01
家庭经营收入	0.006
财产性收入	0.33***
转移性收入	0.22***
C	−2.92***
F	1761.43

注：*** 表示 $p<0.001$。

11.2　农村居民对医疗服务体系满意度的影响因素

作为评价医疗服务质量的一个重要指标，医疗服务体系的满意度反映了农村居民的潜在医疗需求。一般认为，衡量满意度水平的指标包括医疗效果、医疗技术水平、医护人员态度、设施环境、就医辅助过程和医疗费用等。那么，上述因素对满意水平的影响效果如何？本章根据我国学者王延中和江翠萍（2010）的研究数据分析发现，农村居民的大部分人口统计学变量对医疗体系服务满意水平有显著影响，尤其是区域和职业方面影响尤为显著。对新型合作医疗体系中医疗机构的评价、对医护人员的评价和对药品的评价也显著影响着对整体医疗体系的满意水平。并且，上述三方面在人口统计变量和医疗体系满意度之间起到了部分中介作用。由此可见，农村居民的个体差异导致的医疗满意差异是通过对上述三方面的评价在起作用。详细的影响效应和程度如图 11-1 所示。

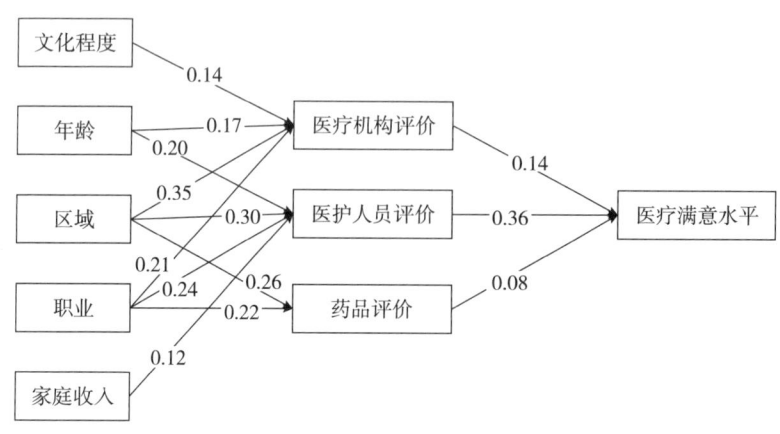

图 11-1 农村居民的人口特征变量对医疗满意的影响作用

由图 11-1 可见，即年龄较大的农村居民对医疗服务的满意度高于年龄较小的居民，这体现了现阶段的医疗服务更倾向于满足年龄较长的人的需求，而且年长者对医疗服务水平的要求较低，他们更易于满足。由于我国经济发展不均衡，造成各地区间的医疗设施完善情况、医疗服务水平、医疗技术水平等存在较大的差异。这种现状使处于较为落后的西部地区的农村居民的医疗满意最容易达到。从文化程度来看，受过良好教育的农村居民对医疗服务有着较高的要求和期望，因此，他们的满意水平较低。从职业角度看，从事农业管理的人员对医疗服务的要求较高，从事农业生产工作的人员对医疗服务的要求较低，因此，前者的医疗满意水平低，后者的医疗满意水平较高。在家庭收入方面，家庭收入较高的居民由于接触外部信息的机会更多，有更多的到发达地区和高水平医院就医的经历和能力，因此，他们对农村医疗机构的满意水平较低。在离家距离方面，居民更愿意到乡镇或更高级别的医疗机构就诊，而不愿意到村级卫生室就诊。这可能是他们对村级卫生机构不信任所致。

总的来说，层次越低的农村居民对农村合作医疗的满意水平越高，层次越高的居民的满意水平越低。这从一个侧面反映了我国现行的农村医疗合作体系还仅处于满足较低水平需要的层次，不能很好地满足农村居民的较高需求，医疗水平还有待进一步提升和完善。

11.3 增强农村居民合作医疗参与意愿和行为的建议

（1）提升农村居民对医疗服务的满意水平。为了提升农民对合作医疗的满意程度，各级行政管理机构和医疗机构可以从完善以下两方面入手：首先，着重从医疗单位、医护人员、药品种类和价位这几个方面入手，提升居民对医疗服务供给的满意度。其次，随着我国农村经济体制改革的不断深化，农村居民的收入、教育和职业等差距越发显著。原先一贯式的服务已经不能满足现在居民差异性的服务需要，有必要根据不同年龄、收入水平、文化程度和职业，提供有差别、多样性的医疗服务。

（2）严格准入制度，保障医疗服务质量。农村医疗合作机构不但要满足居民方便就医的需要，更重要的是要有科学诊治、合理用药的水平和能力。根据治疗不同疾病的医疗机构质量要求和不同人口密集度的医疗机构数量需求，在某一区域内，合理选择和搭配不同层次的医疗机构，兼顾国有、集体和私营，满足居民的多层次就医要求。准入的医疗机构要严格依照国家药品和医疗价格规定，降低居民医疗成本，简化居民医疗费用报销手续。

（3）保障医疗救助体系中政府的主导地位。政府是农村医疗合作体系的倡导者和规划者，同时政府也必须承担相应的社会保障的责任。作为一个保障体系，农村合作医疗要充分照顾到无力承担医疗费用的低收入居民的医疗保障，为其提供一个安全的就医网络。我国宪法规定："中华人民共和国公民，在年老、疾病或者丧失劳动能力的情况下，有从国家和社会获得物质帮助的权利。国家发展为公民享受这些权利所需要的社会保险、社会救济和医疗卫生事业。"因此，保证贫困人群的就医和医疗保健，是政府义不容辞的责任，其中当然包括对农村贫困居民的医疗救助活动。在确定政府主导地位的同时，还要鼓励商业保险机构积极参与。现阶段城镇基本医疗保险和新农合医疗之间有很大差异，减少差异势在必行。但是，商业保险的各类险种未能和新农合体系很好地对接，为农村居民提供的多层次的健康保障产品较少，未能弥补城乡间存在的差异。因此，政府应该积极引导商业保险机构，在农村市场多开发不同层次的保险产品，填补政府主导下的市场空缺。

鉴于我国农村合作医疗体系尚处于起步和初期建设阶段，有必要借鉴发达国家的一些有益的经验,这样不但能缩短我国完善医疗体系的时间,还能够降低整体的建设成本。比如,日本现阶段建立了较为完善的农村社会保障体系,尤其针对农村老年人的医疗保障尤为完善。早在1973年就制定了"老人医疗费支付制度",规定70岁以上老年人享受免费的医疗救助。在1985年又制定了《国民养老金法》,规定了凡工作人员及配偶必须加入国民养老保险,这样就构成了全国的基础养老保险体系。后来又对《老人保险法》等进行了多次修订。21世纪为了应对老龄化问题,又制定了《高龄人员健康福祉推进的10年战略》,还专门针对乡村制定了相应的福利保障计划。总之,日本到20世纪末基本建立了完全覆盖农村地区,包括广大农村居民在内的公共卫生医疗体系。从日本的医疗体系建设上我们不难发现以下几点很值得我国借鉴的方面:其一,医疗保障体系属公共卫生保健的范畴,是社会公共产品,应以政府为主导。而且农民作为弱势群体,不可能单靠自己的力量解决医疗保障问题,这就迫使政府必须承担相应的责任,发挥和强化公共管理职能。另外,农村医疗体系建设离不开法律规章的保障,在这方面我国各级政府应该加强相关法律建设的速度和完善程度。其二,重点解决老年人的医疗保障问题。我国现阶段老龄化程度不断提高,老年人口数量也在不断增加。且相对而言,老年人的收入水平较低,医疗花销比较大。为此,我国可以借鉴日本的先进经验,将老年人口的医疗保健从一般的健康保障体系中独立出来,制定单独的保障体系和保险制度来解决老年人口的医疗卫生问题,减少老年人的医疗负担。其三,拓宽医疗保险的报销范围,除医疗费用外,患者住院的伙食费、疗养费、生育养育费等都应该纳入保险负担的范畴。只有如此,才能解决农村居民甚至普通居民"不敢看病"和"因病致贫"的担忧,在此方面日本也提供了很好的先例(杨春江,2011)。

12

社会经济地位视角下的农村老年人健康状况分析
——基于河北13个村的调查数据

据全国老龄委预测，我国社会老龄化程度将在2030年达到峰值，届时农村人口老龄率将达到29.14%。我国现行的二元社会格局使城乡发展不均衡，农村青壮年劳动力流向城市，村域经济基础薄弱，产业结构单一，农村社会保障体系不健全，居民文化程度普遍偏低。上述现实造成农村社会的老龄化问题较城市更为严重，且经济收入低、卫生保健条件差的农村老人健康问题日益突出。全国卫生与健康大会（2016）提出把人民健康放在优先发展的战略地位，重视重点人群健康，为老年人提供连续的健康管理服务和医疗服务的要求，老年人尤其是农村老年人的健康问题越发受到社会关注和政府重视。由于生理机能退化、长期农作造成的劳动损伤、子女的家庭代际情感支持相对缺失等原因，农村老人的慢性疾病的发病率较高，成为造成农村老年人生活质量下降、贫困、致残甚至死亡的主要原因。随着全社会健康意识的提升和全面建成小康社会的要求的提出，老人能够老有所养、老有所依、安度晚年关系到每个农村家庭的幸福和农村社会的和谐稳定。有鉴于此，本章旨在从经济独立性视角辨识影响农村老年人慢性病发病的原因，借此提出应对策略。

12.1 调研与取样

课题组于2015年7~9月在河北秦皇岛、唐山、承德和石家庄的13个村进行实地走访和调查，以问卷的形式收集数据。期间共发放问卷608份，剔除无效问卷后剩余有效问卷585份，回收有效率为96.2%。调查过程中，针对无法独立填答的老人，调查者采用一对一的形式协助填答。

调查样本中，老人的平均年龄为69.51岁；男性比例略高，占样本量的52.3%，女性占47.7%；与配偶一起生活的被试占70.9%，配偶已故者占29.1%；无子女者占2.7%，1~3个子女者占54.2%，子女数量为4~6个的被试者占30.7%，样本中7个及以上子女的个体占2.4%；另外，月花销主要用于医疗费用的占71.8%。

12.2 数据分析

12.2.1 农村老年人的慢性病影响因素分析

我们根据以往研究将慢性病分为高血压、糖尿病、心脑血管疾病、关节炎或风湿性关节炎、腰椎间盘突出等13类，被试可以多选填答。各类疾病发病情况的描述性统计如图12-1所示，另外我们计算了发病数量的分布情况，如表12-1所示。从图12-1可以看出，发病率最高的三类慢性病分别是高血压、关节炎或风湿性关节炎和心脑血管疾病（三类疾病的总发病率为93.5%），它们的发病率分别为42.7%、29.6%、21.2%。从表12-1中数据可见，农村老人的慢性病发病率较高，无慢性病者仅占13.7%。

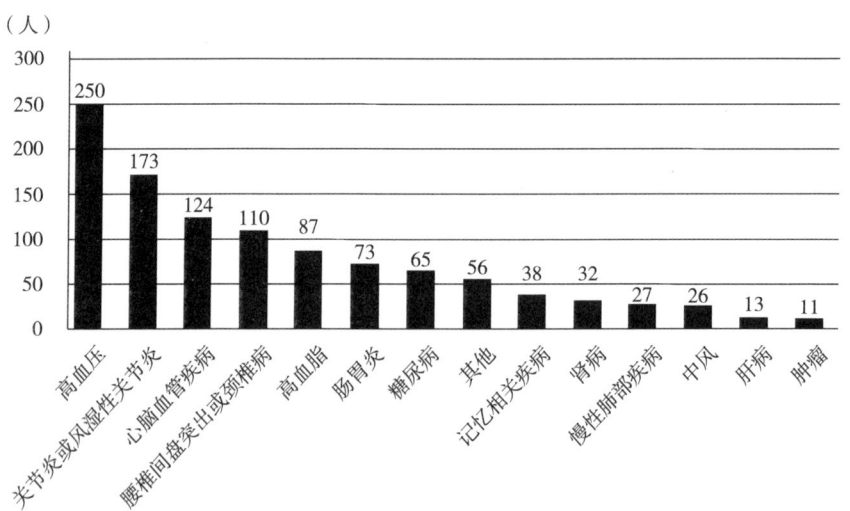

图12-1 13种常见老年慢性病患病情况

表 12-1 农村老年人健康状况统计——患慢性病种类

患慢性病种类	0	1	2	3	4	5	6	7
患病人数（人）	80	192	143	110	36	16	6	1
频率（%）	13.7	32.8	24.4	18.8	6.2	2.7	1.0	0.2

为检验性别、年龄、婚姻状况等因素对老年慢性病患病情况的影响，我们对所收集到数据的人口学统计变量进行方差分析（见表12-2）：①对性别的 t 检验结果显示，男女的患病种类并无显著性差异（$t=-0.215$，$p=0.830>0.10$），说明性别对农村老年人是否患有慢性病影响不大。②从疾病的年龄分布上来看，老年慢性病的发病率并不随年龄的增长而增长，76~85岁的平均患病种类略多于其他年龄段，但差异仍不明显。一方面，随着年龄的增长，农村老年人的身体机能衰退，身体素质下降，容易受到老年慢性病的困扰；另一方面，对于年龄较长的老年人，一部分生活习惯比较良好，另一部分对自身患病并不知情，导致调查结果显示其患病率不高，因此，方差分析的结果显示农村老年人的慢性病患病种类与年龄分布并无显著性差异（$F=1.884$，$p=0.112>0.10$）。③婚姻情况检验结果也未显示出明显差异（$t=-0.622$，$p=0.534>0.10$）。综上所述，我们发现，客观存在的性别、年龄、婚姻状况等因素对老年人的身体健康状况影响并不显著，那么，是什么因素在影响着农村老年人的健康状况呢？通过文献查阅发现，以往多个研究指出，经济状况对慢性病患病率有显著的影响作用，收入较高时，慢性病的患病率会相应变低，因为收入提高会提升医疗服务水平从而改善农村居民的健康状况。聚焦于农村老年人，该群体对高效农业生产方式的机械化操作学习能力差，且以农业作为主要收入来源，经济收入水平较低，因此健康状况较差。同时，也有研究认为，收入对健康的影响并不太明显，而职业和教育程度对健康的影响更为显著，因此，在分析农村老年人的健康状况影响因素时，收入、职业和教育程度应纳入综合考虑，据此，我们将对社会经济地位对农村老年群体健康的影响进行分析。

表12-2 农村老年人三种主要慢性病患病情况统计

项目		慢性病平均患病种类	检验值
性别	男	1.84	t=-0.215
	女	1.87	
年龄	46~55岁	1.83	F=1.884
	56~65岁	1.65	
	66~75岁	1.91	
	76~85岁	2.09	
	86岁及以上	1.64	
婚姻	有配偶	1.88	t=-0.622
	无配偶	1.80	

12.2.2 农村老年人社会经济地位分析

社会经济地位指由教育、收入、职业和居住地区等一系列指标综合反映的个体或群体在社会等级体系或分层系统中的等级设置。为了解农村老年群体的社会经济地位情况，我们对经济收入、职业与教育程度三个指标赋值，得分加总后计算社会经济地位水平，社会经济地位越高的个体得分越高（见表12-3）。

表12-3 农村老年人社会经济地位

项目		频数	均值	F值
经济独立性	无独立经济收入	81	3.18	F=5.555***
	主要靠子女	178		
	子女和自己负担基本持平	86		
	主要靠自己	119		
	经济收入独立	169		
受教育程度	从未上过学	186	2.02	F=3.971***
	小学	273		
	初中	151		
	其他	23		

续表

项目		频数	均值	F 值
从事职业	务农	407	1.61	F=0.056
	家务	126		
	外出打出	25		
	其他	69		

（1）经济收入的测量。为了研究农村老年人经济收入独立情况，我们在调查问卷中设置了题项，问题为"您的经济收入情况为（ ）？"我们请被试在无独立经济收入、主要靠子女、子女和自己负担基本持平、主要靠自己和经济收入独立中进行选择，依次赋值1~5分，分值越高代表经济收入独立程度越高，结果显示，调查样本中经济收入独立状况平均得分为3.18，方差分析结果显著（$F=5.555$，$p=0.000<0.01$），表明可以通过提高该群体的经济收入独立性来提高其总体健康水平，例如开设老年兼职工作、发放补贴等。

（2）受教育程度的测量。分别将从未上过学、小学、初中及其他赋值1~4，平均得分为2.02。农村老年人的统计数据显示，在调查对象中，72.5%的农村老年人受教育程度为小学及以下，甚至其中的40.5%从未上过学，且方差分析结果显示受教育程度对患病种类有显著影响（$F=3.971$，$p=0.008<0.01$），由于农村老年人的受教育程度低、健康意识薄弱、接收信息能力差等多重因素的影响，农村老年人很难养成良好的饮食习惯，缺乏健康饮食的习惯也会损害其身体健康，政府可以通过开设老年大学、鼓励补贴农村老年人读书看报和主动学习等措施，通过提高老年人的文化水平达到提高其健康水平的目的。

（3）从事职业的测量。我们对农村老年人务农、家务、外出打工及其他四项，分别赋值1~4，平均得分1.61，所从事职业类型差别不大，因而对患病种类的影响也不显著（$F=0.056$，$p=0.982>0.05$）。正如我们所知，无论是在家务农还是外出打工，农村老年人由于年龄大、技术水平差等因素，所从事职业多为劳动时间长、薪资报酬少的行业，农村老年人很少有时间参与体育活动，不能享受较为全面的医疗保障，无法定期体检，有效预防疾病的发生，因而损害了健康。

我们将三个指标加总后得到农村老年人的社会经济地位。数据分析结果显示，社会经济地位与患病种类的相互关系显著（$F=2.465$，$p=0.007<0.01$），之后根据个体是否患有老年慢性病对样本进行分类后发现：未患病人群的社会经济地位平均得分为7.36，患有1~3种老年慢性病的人群社会经济地位平均得分为6.77，患有4~6种老年慢性病的样本社会经济地位平均得分为6.27，7种以上老年慢性病的患者社会经济地位平均得分仅为5分，因此，改善农村老年人的健康状况，降低慢性病病发率，可通过加强其农业技术的培训、进行经济补贴等方式，此外，应该对新生代农村人口加强普及教育，提高农村人口整体教育程度。

已有研究普遍认为，社会经济地位越高，健康水平越高。社会经济地位与健康状况之间的关系可以从三方面解释：①经济收入能够在一定程度上缓解贫困状态，改善物质生活水平，保障病前有效预防、病后及时就医；②个体在接受教育的同时，收获健康意识和保健知识等信息资源，会有效提高他们加强身体锻炼和防病治病的能力；③职业所获得医疗服务的可及性和质量之间存在差异。而上述因素对健康的加总效应，即为社会经济地位的影响。对社会经济地位高者而言，外部信息资源的有用性下降。此外，生活方式、环境和心理因素也对健康产生影响。Mamot（2008）"地位决定行为方式"的观点指出，经济收入低的人群更易养成吸烟、酗酒等不良健康习惯，受教育程度差的个体不易认识到不利行为的危害，负面职业经历和环境会使人们更易受生活困境等不确定性压力的影响。由此可见，社会经济地位不同的农村老人群体在健康状况上存在差异。综上所述，老年人深受慢性病的折磨，难以治愈的疾病不仅带来了身体上的病痛，经济上的困难也折磨着他们的精神，如何改善农村老人健康状况亟待解决。对此进行分析后，我们发现要提高该群体健康水平，应从个体和宏观两方面考虑，即不仅要考虑提高显著影响健康的社会经济地位，且政府有必要出台援助措施，以保障老年群体的健康状况。

12.2.3 政府帮助

政府对于农村老年人的医疗补助和经济方面的帮助相对匮乏，针对农村老年群体的医疗保障体系不够完善。尹尚菁（2011）指出，有医保的老年人的诊疗费用可以报销，患病后能及时得到诊断和治疗，及时了解病情，健康状况相对较好。因此，要降低农村老年群体患有慢性病所带来的负面影响，政府应该加强该群体的医疗保障并给予经济方面的投入。此外,农村老年人的经济收入水平较低,一旦患病,医疗费用开支负担过重,最基本生活将受到影响。针对这一问题,我们进行了关于"他们对社会和政府有哪些需求?""政府和社会应该如果提供精准的帮助?"等问题的思考,并对此进行了调研和分析。调研问题为"您希望村里或政府提供哪一方面的帮助?"题项分别为:①医疗补助或经济方面;②建立老年活动中心;③创办养老院;④其他。前三项的统计结果如表12-4所示。

表12-4 农村老年人对村里和政府帮助的需求

希望村里或政府提供的帮助	患病	未患病	需求百分比
医疗补助或经济方面	342(92.0%)	30(8.1%)	63.6%
建立老年活动中心	32(82.1%)	7(17.9%)	6.7%
创办养老院	27(84.4%)	5(15.6%)	5.5%

从数据来看,调查对象的农村老年人中,63.6%认为自己需要外界提供的医疗补助以及经济方面的帮助,其中92%的个体患有老年慢性病。以往研究显示,农村老年人的住院率明显高于一般人群,这是农村老年人的自身特点所决定的。在我国,与城市老年人相比,农村老年人的经济水平处于明显的劣势,用于医疗费用的开销占其主要开销的比例较大,患有慢性病的农村老年人对来自政府、村里的医疗补助和经济方面帮助的需求就比较迫切(杨春江,2011)。

12.3 改善农村老人健康状况的途径分析

健康问题是人类实现可持续发展的永恒主题,长寿且健康的生活是人类发展的不懈追求。健康是影响老年人正常生活的主要因素,同时也是人类生存的基本生理需求,政府应该花费更多的精力去关注社会底层人群的健康问题。关注农村老年人群体的健康问题,是提高整体健康水平必不可少的部分。通过调研分析发现,该群体的健康状况与个体的人口学特征并无显著关系,而社会经济地位的作用较为明显,且患有慢性病的农村老年人对政府的经济援助需求更为迫切,因此,我们针对农村老年人社会经济地位和政府经济帮助两方面,提出了相应的对策:

(1)有研究显示,大部分老年人不进行体检,并且文化程度高、经济条件好者对健康体检服务利用得比较好。患有慢性病的农村老年群体教育程度和社会经济地位均处于较低水平，政府对于发病率较高的老年慢性病，在加强预防知识的普及度的同时，应该提供免费体检等服务，使农村老年群体的慢性病患病早期被发现，以便得到及时诊断、及时治疗，降低慢性病的发病率，提高农村老年群体的健康水平和生命质量。另外，大多数慢性疾病由于发病初期症状不明显而不被重视，有调查显示，一部分老年人对自己是否患有慢性病不够了解，患有常见老年慢性病后病情不能得到有效的控制（如接受正规医院的治疗等），病情加重后果严重，致残致死率增加。因此，作为老年群体本身来说，积极主动地参加针对性老年教育，提高自身健康意识，进行定期体检是必不可少的。最后，锻炼心理学的研究表明，体育锻炼对个体具有良好的身心健康效应，对改善老年人健康状态是一种最基本的积极而有效的方式，体育锻炼多的老年人慢性病的患病率低。霍鹏（2014）提出，老年人对于体育锻炼的参与程度受城乡分布、受教育程度和居住地周边是否有体育活动场地及设施的影响，因此，开办老年再教育活动以及增加在农村地区体育活动场地的建设和体育设施的配备，都能够有效提高老年人的体育锻炼意识和健康观念（杨春江，2012）。

（2）政府的经济支持是农村老年群体最为需要的帮助。建立并推行降低农村患病个体自付费用、提高卫生服务利用、提高慢性病患者诊断效率的农村医疗保障体系。李昱（2015）在研究中发现，县级政府在新农合中的补偿比越高，农村居民的慢性病患病率越低，也就是说补偿政策可以有效降低慢性病患病率。因此，各级政府针对农村老年群体看病问题的经济帮助能够有效缓解老年慢性病的高发现状。此外，政府也应该加大对医疗场所建设的投入和农村医务人员的待遇，为农村提供高质量的医疗单位和医疗团队。

（3）积极乐观的心态对提高人们的健康水平有重要干预作用。有研究发现，乐观的生活态度对慢性病患者的康复有积极作用，农村老年群体本身需要培养积极乐观的生活态度，做好对老年慢性病的有效预防，促进患病个体的康复。再者，王新军等（2014）的研究显示，医疗保险可提高老年人对医疗服务的利用率和老年人的及时就医概率，能够显著减少老年人对患病的经济投入，明显提升老年人的健康水平。由此看来，农村老年人应该自觉自愿地参加医疗保险，改善自身健康状况。

13

社会支持对农村老人生活满意的影响机制研究

——基于河北省19个村的调查

13.1 引言

中国社会的老龄化程度正不断加深,最新统计数据显示,截至2014年底,我国60岁以上的老年人口已超过2亿,占总人口的14.9%,远超联合国老龄社会的标准(10%)。其中,农村老人是主体,占70%以上(国家统计局,2014)。这一群体数量虽然庞大,却游离在主流社会的边缘,构成了最大的弱势群体。在城乡二元经济结构下,经济收入低、卫生保健条件差的农村老人心理健康问题日益突出。中国乡村治理研究中心的调查显示,农村老人自杀现象呈逐年上升趋势,从20年前的1‰上升到现在的5‰。究其原因,除上述结构性因素外,家庭和社会因素也不可忽视。例如,我国工业化进程中的劳动力缺口使大量农村适龄劳动力流向城市,老人与儿童则因年龄、户籍等问题留守农村,致使农村老人一方面不得不承担繁杂沉重的田间劳动,抚养和照顾儿童,生活负担过重;另一方面缺失子女的照顾和关怀,较少进行社交活动,社会参与程度低。可见,这些家庭和社会因素对农村老人的(生活)影响可能更加直接和显著。

党的十八大提出"到2020年实现全面建成小康社会"的宏伟目标,在社会生活领域要实现人民生活水平的"全面"提高。农村老人的生活现状能否得到改善,能否幸福地安度晚年,不仅影响家庭和社会的稳定,而且影响中华民族伟大复兴总战略的实现。由此可见,关注农村老人的生活质量和心理健康具有重大的历史和现实意义。同时,探究影响农村老人生活质量的重要因素,分析其间的效应机理与条件又是社会心理学研究的前

城镇化进程中农民工和农村老人的健康与生活满意研究

沿课题,具有重要的理论意义。

鉴于农村老人生活质量的重要性,为回答"哪些因素会影响生活质量""生活质量是如何形成的"等问题,学者们着手去发现和辨识影响生活质量的关键要素。早期研究主要集中在人口统计变量、经济状况和居住条件等个体层面因素。例如,周东明等(2001)研究发现,农村老人的生活满意存在明显的性别差异。冯晓黎等(2005)调查显示,慢性疾病会降低老人的生活满意水平。随着个体层面研究趋于饱和,学者们又将关注点移向社会层面因素。例如,王萍等(2011)研究指出,代际支持的规模和密度影响着老人的生活满意。李越等(2014)研究发现,与子女联系的密切程度、子女的经济支持会影响父母的生活满意。Rachel 等(2015)的研究也发现,参与社会活动会影响老人的生活满意和幸福体验。由此可见,社会因素对老人生活质量的影响得到了大多实证数据的支持。而在众多社会影响因素中,来自子女、亲朋和团体等的社会支持不仅备受学者关注,而且影响作用显著。

社会支持是指个体通过各种途径实际获得的或意识到的由社会关系提供的各种资源。这些资源中既有物质方面的,也有情感和精神方面的。它们能够满足个体日常生活所需,促进其生存发展(贺寨平,2008)。社会支持可分为两类:客观支持和主观支持。客观支持也称实际社会支持,包括物质上的直接援助及社会关系网络的直接交往和参与等客观存在的支持(其中最典型的是社会交往)(Atchley,1985);主观支持也称领悟社会支持,是个体所体验到情感上的支持,即个体因在社会中受尊重、被支持和被理解等产生的情感体验和心理满足,是个体的主观感受(其中最典型的是情感支持)(张卫东,1997)。社会支持在提升个体生活满意的同时,也会促进成功老龄化转型(Rowe 等,1997;徐明颖等,2002)。例如,Boise 等(1996)发现社会支持是提高生活质量和满意的重要途径,对老人适应能力和应对方式等有积极作用。尽管如此,两类社会支持对个体生活满意的影响不尽相同。在我国情境下,学者进行了相关研究。例如,李建新(2007)发现社会支持会积极影响老人的生活满意,但不同类型社会支持的影响程度不同。考虑到各类社会支持在影响效果和作用机理上可能存在差异,本章将选取社会交往(代表客观支持)和情感支持(代表主观支持)为前因变量,分别探析两者对农村老人生活满意的影响和作用机理。

涉及社会支持和生活满意的现有文献主要存在如下局限：①探讨上述关系时未细分老人群体。已有研究多是在老人群体中整体探讨社会支持与生活满意的关系，缺乏具体针对农村老人群体的相关研究（高歌等，2011）。众所周知，在城乡二元结构下，农村与城市老人在社会交往、关系网络、代际支持、经济条件和生活状况等诸多方面存在明显差异，上述关系的强弱、作用条件和效应机理势必存在不同。因此，有必要针对不同的老年群体开展更有针对性的实证研究。②以往研究多集中在社会支持对生活满意的直接影响，缺乏作用机理的深入探析。一方面，大部分研究未将社会支持加以区别，忽视从客观和主观两条路径深入探讨社会支持对老人生活满意的影响；另一方面，限于探讨两者的直接关系，缺乏辨识和分析其间作用的路径和中介效应的研究。③缺乏在不同权变条件下，对社会支持与生活满意关系的细致分析。现有研究多是不加条件限制地实证两者之间的关系。然而，老人对社会支持的需要程度、对生活满意的认识和理解等受到多重因素的影响，不加区别地探讨，难以准确地掌握上述关系产生的条件边界和真实结果。因此，有必要选取重要的调节变量，对上述关系加以更准确地描述和分析。鉴于以上三点研究不足，本章拟从以下方面加以弥补：首先，选取典型的农村老人群体为研究对象，做到研究问题、假设模型和对策建议的有的放矢；其次，区别主观和客观社会支持，从身体和心理双重视角选择关键中介因素（健康感知与心理福利），分析社会支持对生活满意的作用路径和机理；最后，鉴于老人的社会经济地位可能对上述关系构成作用条件，我们将其作为调节变量引入研究模型，在两条路径中精细分析中介效果的作用边界。

13.2 文献回顾与研究假设

13.2.1 社会支持和生活满意

生活满意是个体对生活状态的心理满足程度，代表了生活质量的主观体验。对生活感到满意的个体会在生理和心理上呈现良好的状态，体验到幸福感和满足感。从积极心理学视角研究老年人社会心理议题，生活满意往往被视为代表健康老龄化和身心适应的重要指标（James，1991）。现实生活中，受年龄、身体健康和家庭等因素的影响，老年人的生活满意水平往往不容乐观，农村老人尤为如此。农村剩余劳动力的增多，迫使适龄劳动力进城务工，老人与儿童留守农村。与城市老人相比，农村老人不仅要负担繁杂的家务和农活，而且缺失来自子女、亲属和社会的关怀和支持。对于患病、经济条件较差、劳动强度较大和缺乏精神慰藉、内心孤独的农村老人而言，社会支持对生活质量的影响效果更为突出。

社会支持是指个体通过各种途径实际获得或意识到的由社会关系提供的客观和主观的资源。如前所述，客观支持主要指社会交往，主观支持主要指情感支持。社会交往是人们在日常生活中，通过互动交流物质和情感的社会活动。人类的社会属性决定了社会交往会对人的自我意识和评价产生重要影响。就农村老人而言：①由于信息获取渠道有限，社会交往是其最重要的身体保健、卫生医疗等信息的来源（例如，受文化程度和年龄所限，农村老人普遍缺乏读书看报、借助计算机或移动网络平台等获取信息的能力）；②弱势群体中的互助和获得其他群体帮助，使农村老人便于通过社会交往获得他人的物质支持和帮助。这些都会从客观上增强农村老人对抗疾病的能力，提升其身体健康水平，进而对生活质量产生更积极的评价。大量研究显示，社会交往能有效调节人体生理机能、预防疾病、促进身心健康，提高生活满意度（韦艳等，2010）。其中，Duperluis 等（2001）经过 14 年的追踪研究更是发现，缺乏交往的老人平均患病率会增加 1.6 倍，死亡率上升 2 倍。

情感支持是个体在与他人、家庭和社会等的互动过程中，因获得支持和帮助，感到被理解与重视而产生的归属、认同等心理体验。其中，与子女和家庭的互动是老人情感支持的最普遍和有效的源泉。子女和家人的陪伴与慰问不仅能够直接给老人带来愉悦的心情，排解孤独和失落，而且能够增强老人的安全感和归属感，使之感受到被爱和被重视，提升自我价值的认同。日常生活中的这些积极心理感受会促进农村老人的主观幸福体验，进而提升其整体的生活满意水平。上述影响得到了实证支持，例如，同钰莹（2000）发现老人的孤独感可以由子女的情感支持有效化解。严标宾等（2003）也发现积极情感支持是促进老人生活满意的最重要因素，并直接提升身心健康水平。

13.2.2 健康感知作为中介变量

健康感知是个体对自我身心健康状况的主观感知和评价,具有强主观性的特点。普遍观点认为,人们会随着年龄的增长越发重视健康问题。对于身体机能明显下降的老年群体而言,锻炼身体、健康保健、寻医问药等活动可能占据日常生活的大部分精力和时间。因此,老年人对自我健康水平的感知,会成为对生活状态和质量整体评价的重要部分,甚至是首要部分,直接影响着生活的满意程度。基于此考虑,我们认为健康感知可能成为社会交往与生活满意间的一个重要中介变量。

社会网络理论认为,社会交往具有增益效应。社交网络不仅可以通过直接支持和帮助改善个体的生活状态,而且促使个体从更广泛的视角解读生活经历,减弱负向事件的消极体验或增强正向事件的积极体验,从而提升整体生活满意水平。就农村老人而言:①从直接支持角度看,一方面,社会交往能帮助其获得更多的来自他人在物质、经济和人力上的帮助;另一方面,人际交往是他们获取信息的主要渠道,便于了解诸如医疗信息、保健知识等有益信息。②从社会参与角度看,一方面,人际交往是老人满足社会需要、尊重需要等最直接的途径,能够缓解心理压力和维持心态平衡;另一方面,良好的人际互动能够排解忧愁和分享快乐,有助于身心健康。总之,人际交往会使农村老人在身体上保持和恢复健康,在精神上提升自我健康评价。健康既是生活质量评价的根本,也是老人社会参与、人际交往的保障。因此,农村老人的社会交往会积极影响其健康评价,并进而提升他们的生活满意程度。综上所述,我们提出如下假设:

H1:农村老人的健康感知在社会交往对生活满意的影响中起到了中介作用。

13.2.3 心理福利作为中介变量

心理福利是个体对自己在精神和心理上获得满足与利益的主观感受和评价(刘慧君等,2012)。心理福利代表了个体的主观幸福感和心理健康程度,可以分为负向和正向两类。正向心理福利受社会接触和参与的影响,负向心理福利与焦虑、担忧等负向情感相关。

在对抗应激压力时,个体会调用个人和社会资源。社会资本理论指出,社会关系网络中的互动会形成社会资源,对其的有效利用有助于个人目标的实现。在各类社会关系中,联系最紧密、互动最频繁的莫过于家庭关系,其构成了最重要的一类强关系。来自子女的情感支持,至少会从四方面对农村老人的心理福利产生影响:①家庭提供的保护,会缓冲老人压力状态下的应激反应,减少对其心理健康的损害;②家庭的交流和关爱等会为老人带来快乐、愉悦等积极情感,促进其心理健康;③家庭中隐含的契约关系,会强化老人的归属感和安全感,满足其心理需要;④家庭所扩展的社会关系网,能提高老人的社会融入和支持程度,使其保持健康心态。总之,来自家庭的情感支持会正向影响农村老人的心理健康和幸福感。一方面,心理健康会促进老人以乐观前瞻的态度去规划生活,以友好和谐的方式去享受生活,以正确合理的标准去评价生活,提高生活满意度;另一方面,源于内心的幸福感体验会促进老人的积极心态,有助于老人回味过往生活的岁月如歌,感受现实生活的含饴弄孙,憧憬未来生活的清闲自在,更乐观地评价生活。综上所述,我们提出以下假设:

H2:农村老人的心理福利在情感支持与生活满意之间起到了中介作用。

13.2.4 社会经济地位作为调节变量

社会经济地位是指个体或群体在特定社会等级体系中的等级位置,是教育、收入、职业以及居住地区等指标的综合反映(刘丽杭等,2004)。因受教育程度、以往职业、家庭背景、经济水平等方面的不同,老年人在社会经济地位中存在较大差异。个体社会经济地位与社会资本相互影响。依据Portes(1998)、Burt(1992)和Burt(2001)等的观点,一方面,个体社会网络关系的广度、密度和所处位置等决定着其社会资本量,并进而影响其社会经济地位;另一方面,个体社会经济地位又会影响其社会关系网络的建立、联系和在其中的位置,进而影响社会资本量。如前所述,社会支持所获资源有赖于个体的社会网络关系。可见,这些基于社会关系的物质或情感支持不仅在数量和程度上受限于社会经济地位,而且它们对个体身心健康的影响程度也受社会经济地位左右。具体而言,个体的社会经济地位可能通过物质/结构因素、生活方式、生活环境因素和社会心理因素对社会支持与身心健康的关系产生重要影响(黄洁萍,2014)。因此,我们预期社会经济地位会在"社会交往—健康感知"和"情感支持—心理福利"间起到调节作用。

众多相关研究显示，物质和结构因素会影响个体的健康水平和身体自我感知。农村老人在社会交往过程中：①获得的资金支持和物质援助等经济收入，能够在一定程度上缓解贫困状态，改善生活水平；②获得的送医救治和咨询等医疗服务，有助于他们恢复健康或缓解病痛；③获得的健康保健知识和活动等信息资源，能帮助他们进行自我保健和防病治病。而上述物质因素对健康的效应会受到社会经济地位的影响。对社会经济地位高者而言，物质生活条件较好，无须援助；获得医疗服务的可及性和质量较高，不依赖于医疗援助；自我保健意识强、方法多，外部信息资源的有用性下降。此外，生活方式、环境和心理因素也对健康产生影响。Mamot（2008）的"地位决定行为方式"的观点认为，低收入人群更易养成吸烟、酗酒等不利健康的行为习惯，受教育较少者不易认识到不利行为的危害，负面生活经历和环境会使人们更易受生活困境和不确定性等压力的影响。社会交往所提供的物质和信息支持可以缓解上述因素对健康的损害。由此可见，处于不同社会经济地位的农村老人群体，在健康受社会交往影响的程度上存在差异。综合以上分析，我们提出如下假设：

H3a：社会经济地位调节了社会交往与健康感知之间的关系。具体而言，这一关系对于社会经济地位低的老年人而言相对较强，而对于社会经济地位高的老年人而言相对较弱。

需求层次理论认为，人的需求存在差异，在物质层面需求得到满足后人们会更重视和追求精神层面需求的满足。对社会经济地位较低的农村老人而言，受生活条件较差、经济收入较少、受教育程度较低等条件所限，相对更需要物质方面的支持。子女对老人的代际支持也主要表现在提供物质帮助上（满足外在需求）。对社会经济地位较高的农村老人来说，由于经济条件较好、受教育程度较高、以往从事的职业和社会经历较好等原因，无须子女在物质方面提供额外帮助。相比之下，他们更希望子女"常回家看看"，享受子女们的关心、理解和交流，增加参与社会生活的机会、自主性、安全感和归属感，进而提升心理健康和福利水平（满足内在需求）。可见，社会经济地位的差异会影响子女的情感支持对老人心理福利的影响效果。因此，我们提出如下假设：

H3b：社会经济地位调节了情感支持与心理福利之间的关系。具体而言，这一关系对于社会经济地位高的老年人而言相对较强，而对于社会经济地位低的老年人而言相对较弱。

综合上述分析和假设，建构本章的理论模型，如图13-1所示。

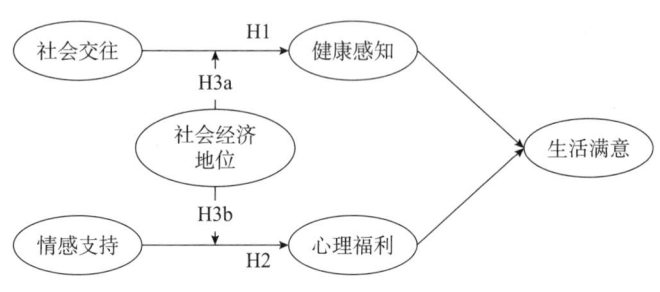

图 13-1　假设模型

13.3　研究设计

13.3.1　研究样本

本章的相关调查在2014年暑期进行，历时三个月。研究者在河北省选择四个地级市（秦皇岛市、石家庄市、承德市、保定市）的所属乡镇进行实地调查。在样本选择上，受社会资源所限，我们在方便原则上，尽可能地随机抽样，减少样本偏差。研究者在上述四地，各选择4~6个自然村，每村抽取20~30户当地居民参与调查。为保证被试配合调查，我们通过附赠赠品作为激励。整个调查共发放问卷613份，剔除无效问卷后，得到有效问卷518份，有效回收率为86%。在实际调研中，考虑到部分被试受文化程度和健康状况所限难以完成调查，调查组对部分农村老人采用"一对一"的形式，协助填答问卷。

有效被试中，男女比例基本持平，其中男性为271人，占52.3%；年龄普遍较大，60~69岁的占46.5%，70~79岁的占40.4%，80岁以上的占13.1%；婚姻方面，仅有少数老人处于未婚或离异状态，占总数的4.2%，已婚被试中有150人丧偶，占总数的29%；大部分老人与配偶共同居住，占总数的52.2%，另有23.9%的老人与子女同住，5%与孙辈同住，18.9%独居。

13.3.2 变量测量

（1）社会交往。借鉴韦艳等（2010）的做法，即从交往频率和交往对象两个方面进行测量。前者题项如"您是否经常出门与他人聊天?"，回答从"从不去"到"每天都去"，按李克特5点计分；后者测量被试交往对象的范围（子女、亲属、邻居、朋友），累加计分。社会交往分数为两者得分之和。

（2）健康感知。采用Alexopoulos等（2009）的主观自评法，通过被试对"您觉得目前自己的健康状况如何"的作答，从"很好"到"不好"，采用李克特5点计分。

（3）社会经济地位。根据李强（2002）的研究，选取经济收入、职业和受教育程度三个指标衡量被试的社会经济地位。各指标得分加总后为社会经济地位得分，得分越高表示社会经济地位越高。

（4）情感支持。采用王萍等（2012）的情感支持量表，共包括三个题项，例如"从各方面考虑，您觉得和孩子感情很亲近?"。题项以李克特5点计分（1代表"不同意"，5代表"同意"），该量表的Cronbach's α系数为0.897。

（5）心理福利。借鉴Radloff（1977）开发的CES-D心理抑郁度量表和Lee等（1987）开发的PGC量表，从中抽取部分题项编制成老年人心理福利问卷，共包括九个题项。题项如"我时常觉得孤单"，量表采用李克特5点计分（1代表"同意"，5代表"不同意"），该量表的Cronbach's α系数为0.886。

（6）生活满意。采用Diener等（1985）开发的共包括五个题项的整体生活满意度量表。代表题项如"在大多数情况下，我的现实生活很接近我的理想生活"，采用李克特5点计分（1代表"不同意"，5代表"同意"），量表的Cronbach's α系数为0.855。

（7）控制变量。考虑到老年人的身心健康与年龄、性别会存在较大的关联，以及老人的心理状态、压力感知和物质条件等会受到婚姻和居住状况等家庭因素的影响，我们将年龄、性别、婚姻和居住状况视为可能产生系统外影响的变量加以控制。

13.4 数据分析

本章采用定量分析,通过LISREL8.7统计软件建立社会交往和情感支持与生活满意的中介模型,分析其间的关系;采用SPSS19.0统计软件进行相关分析与层次回归分析。

13.4.1 描述性统计

表13-1报告了本章所涉及变量的均值、标准差和相关系数。社会交往和情感支持与中介变量、结果变量都呈显著相关,符合我们的理论预期。从表13-1可见,社会交往与健康感知之间呈现显著的正向关系（$r=0.299$，$p<0.01$）；健康感知与生活满意呈显著正相关（$r=0.312$，$p<0.01$）；情感支持与心理福利呈显著的正相关（$r=0.278$，$p<0.01$）；心理福利与生活满意呈显著正相关（$r=0.336$，$p<0.01$）。可见,这些结果为本章的相关假设提供了初步支持。表13-1中对角线上的数据为潜变量的AVE值,各潜变量的AVE值均大于0.5的判断临界值,表示量表的各指标变量可以有效地反映其潜变量,各潜变量具有良好的判别效度。

13.4.2 量表效度检验

本章涉及三个潜变量:情感支持、心理福利与生活满意。我们应用CFA检验测量的区分效度。按照Hair等（1998）的要求,χ^2/df值应在1~3,越小越好,RMSEA应小于0.08,CFI、GFI、NNFI等指标应该大于0.8,越接近1越好。如表13-2所示,观测数据与理论模型（M_1）之间拟合较好（$\chi^2=360.64$，$df=74$，$RMSEA=0.087$，$CFI=0.96$，$GFI=0.91$），χ^2/df值虽超过3,但该值受样本量的影响较大,随样本量的增加有增大的趋势。考虑到本章样本量较大,该值大于3是可以接受的。其他四个替代模型（$M_2 \sim M_5$）与实际观测数据之间拟合程度较差,卡方检验和模型拟合指数都显示理论模型明显优于替代模型。可见,本章理论模型中的潜变量测量具有良好的区分效度。

13 社会支持对农村老人生活满意的影响机制研究——基于河北省19个村的调查

表13-1 各主要变量的均值、标准差和变量间的相关系数

变量	1	2	3	4	5	6	7	8	9	10
1. 年龄										
2. 性别	-0.037									
3. 婚姻	-0.011	0.018								
4. 居住	-0.095	0.061	-0.139*							
5. 社会交往	-0.004	0.050	0.089*	0.035						
6. 健康感知	0.055	-0.011	0.069	0.031	0.299**					
7. 社会经济地位	-0.031	-0.109*	-0.147**	0.045	0.038	0.102*				
8. 情感支持	-0.109	0.104*	-0.008	0.230**	0.258**	0.198**	0.028	(0.754)		
9. 心理福利	0.060	-0.049	-0.045	0.232*	0.174**	0.427**	0.085	0.278**	(0.551)	
10. 生活满意	-0.001	0.038	0.008	0.098*	0.217**	0.312**	0.122**	0.525**	0.336**	(0.554)
平均值	70.307	0.477	1.266	0.649	3.666	3.405	2.333	3.582	3.389	2.881
标准差	32.808	0.500	0.675	0.381	1.467	1.083	0.718	1.225	1.092	1.126

注：①*表示 $p<0.05$（双尾检验），**表示 $p<0.01$；②$n=518$；③对角线括号内数据为平均抽取方差AVE值。

表 13-2 测量模型的比较

模型	描述	χ^2	df	RMSEA	$\Delta\chi^2$	CFI	GFI	NNFI
M_1	ES, PW, LS	360.64	74	0.087	—	0.96	0.91	0.95
M_2	ES+LS, PW	1196.64	76	0.17	836.00**	0.88	0.75	0.86
M_3	ES+PW, LS	2638.8	76	0.26	2278.16**	0.78	0.58	0.74
M_4	PW+LS, ES	2027.15	76	0.22	1666.51**	0.83	0.64	0.8
M_5	ES+PW+LS	3042.5	77	0.27	2681.86**	0.73	0.54	0.69

注：①*表示 p<0.05，**表示 p<0.01（双尾检验）；②ES 为情感支持，PW 为心理福利，LS 为生活满意。

13.4.3 假设检验

为检验 H1、H2 的中介效应，本章应用结构方程模型构建中介效应的理论模型与替代模型。通过比较各模型与数据拟合程度间的优劣，检验中介效应。

参照 Baron 和 Kenny（1986）推荐的中介效应检验程序，在评估理论中介模型 M_a 的同时，我们还估计了两个嵌套模型 M_b 和 M_c 与一个替代模型 M_d。首先，我们构建了"健康感知"和"心理福利"在各自路径中的完全中介模型 M_a。其次，我们分别在第一条路径中增加了"社会交往"对"生活满意"的直接效应，构建了模型 M_b；在第二条路径中增加了"情感支持"对"生活满意"的直接效应，构建了模型 M_c。最后，构建了社会交往、情感支持、健康感知和心理福利对生活满意的直接效应模型 M_d。四个模型的数据拟合结果如表 13-3 所示，M_b 较 M_a 并没有明显提升拟合优度，而 M_c 较 M_a 明显提升了拟合优度，M_d 虽然较 M_a 也有明显提升，但由于变量之间的替代效应，其中最主要的假设路径（从社会交往到生活满意）系数不显著，与理论不符。因此，考虑到模型的简洁性、理论基础，我们认为 M_c 更合适，更能有效地反映数据。

表 13-3 结构方程模型的比较

模型	χ^2	df	$\Delta\chi^2$	RMSEA	NNFI	CFI	IFI
M_a	619.25	115		0.093	0.93	0.94	0.94
M_b	619.36	114	0.11	0.093	0.93	0.94	0.94
M_c	526.56	114	92.8	0.084	0.94	0.95	0.95
M_d	437.85	110		0.076	0.95	0.96	0.96

路径分析的结果如图13-2所示,"社会交往→健康感知""情感支持→心理福利"两条路径都是显著的(分别为 $\gamma=0.52$,$p<0.01$ 和 $\gamma=0.31$,$p<0.01$)。同时,"健康感知→生活满意"和"心理福利→生活满意"路径系数也都显著(分别是 $\beta=0.18$,$p<0.01$ 和 $\beta=0.17$,$p<0.01$)。此外,"情感支持→生活满意"路径系数也显著($\beta=0.54$,$p<0.05$)。由数据可见,H1得到支持,而H2得到部分验证。

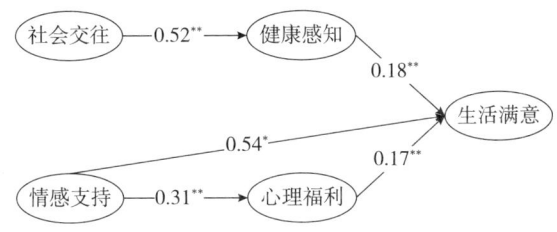

图13-2 中介模型的模型估计

注:①报告的是标准化系数;② * 表示 $p<0.05$,** 表示 $p<0.01$(双尾检验)。

在前文模型的基础上,增加前因变量与调节变量的交互项对结果变量的影响路径,应用层级回归分析,计算路径系数的显著程度,判断H3a和H3b中的调节作用。为检验H3a,我们依次将控制变量(性别、年龄、婚姻情况、居住情况)、社会交往(自变量)、社会经济地位(调节变量)、社会交往与社会经济地位的交互项引入对健康感知(因变量)的回归模型中,分别构建模型 M_{a1}、M_{a2}、M_{a3} 和 M_{a4}。为检验H3b,我们依次将控制变量(性别、年龄、婚姻情况、居住情况)、情感支持(自变量)、社会经济地位(调节变量)、情感支持与社会经济地位的交互项引入对心理福利(因变量)的回归模型中,分别构建模型 M_{b1}、M_{b2}、M_{b3} 和 M_{b4}。以上各模型的层级回归结果如表13-4所示。

由表13-4数据可见,M_{a4} 与 M_{a3} 相比,M_{a4} 的F值在0.01水平上显著,两模型的 ΔR^2 为0.012,在0.01水平上显著,说明 M_{a4} 比 M_{a3} 更具有解释力度。社会交往与社会经济地位的交互项对健康感知的回归系数为 $r=-0.113$($p<0.01$),说明社会经济地位的调节效应显著,H3a得到数据支持。而 M_{b4} 较 M_{b3} 方差贡献率的增加并不多($\Delta R^2=0.002$),而且F检验也不显著,数据不支持社会经济地位在情感支持与心理福利的关系中有调节作用,H3b未得到验证。

表13-4 层级分析结果

因变量		健康感知				心理福利			
		M_{a1}	M_{a2}	M_{a3}	M_{a4}	M_{b1}	M_{b2}	M_{b3}	M_{b4}
控制变量	性别	-0.017	-0.030	-0.019	-0.019	-0.063	-0.085	-0.078	-0.081
	年龄	-0.057	-0.037	-0.023	-0.026	0.002	-0.007	0.002	0.002
	婚姻	0.086	0.055	0.066	0.065	-0.011	-0.015	-0.008	-0.008
	居住	0.043	0.029	0.026	0.023	0.234	0.179	0.177	0.176
自变量	SC		0.293***	0.288***	0.306***				
	ES						0.245***	0.243***	0.242***
调节项	SS			0.094	0.090			0.061	0.065
交互项	SC×SS				-0.113**				
	ES×SS								-0.043
	R^2	0.010	0.094	0.102	0.115	0.058	0.114	0.118	0.120
	F	1.271	47.526***	4.734*	7.105**	7.893	32.649***	2.044	1.032
	ΔR^2	0.010	0.084	0.008	0.012	0.058	0.056	0.004	0.002

注：①SC 为社会交往，ES 为情感支持，SS 为社会经济地位；②* 表示 $p<0.05$，** 表示 $p<0.01$，*** 表示 $p<0.001$。

为了进一步展示得到数据支持的 H3a 的调节效果,我们遵从 Aiken 和 West(1991)的建议,按照社会经济地位的 $\overline{X}\pm1SD$ 代表高分组和低分组,展示各自社会交往与健康感知的关系。如图 13-3 所示,较社会经济地位高的农村老人而言,社会交往对社会经济地位低者的健康感知的影响更为显著。

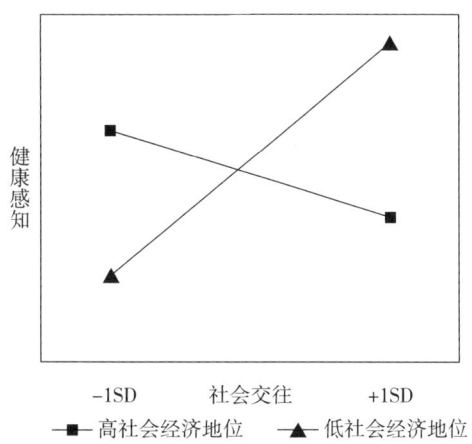

图 13-3　社会交往与社会经济地位对健康感知的交互关系

13.5　讨论与本章结论

13.5.1　研究结果讨论

本章针对社会支持、身心健康与生活满意之间的关系进行了实证检验。数据分析结果显示:①健康感知在社会交往对生活满意的影响中起到完全中介作用;②心理福利在情感支持对生活满意的影响中起到部分中介作用;③社会经济地位调节了社会交往与健康感知的关系。总体而言,本章的理论贡献与实践启示主要表现在以下三点:

第一,本章成功地将社会支持和生活质量感知联系起来,从物质和精神两个方面详细揭示了高质量的社会活动促使农村老人积极评价生活质量的心理过程。生活满意作为个体的主观认知,是衡量个人和社会生活水平的重要指标。因此,研究者将生活满意视为国家"三农"政策在改善农民民生问题上于个体层面的具体表现,一定程度上反映了国家和社会的进步与可持续发展。然而,二元经济下大量过剩的农村青壮年劳动力向城市流动,老人和儿童不得不留守农村,造成农村老人经济收入低、劳动负担重、缺乏精神慰藉等自身难以解决的实际困难。基于农村老人边缘化的生活状况,在以往研究的基础上,我们将社会支持视为提升生活满意的预测变量,通过阐述社会支持影响身心健康构建了两者之间的联系(杨春江、侯红旭和娄文龙,2017)。

在本章中,我们根据社会网络和社会资本理论提出了社会支持影响农村老人生活满意的心理中介变量——健康感知和心理福利。作为社会弱势群体,面对实际生活困难、健康与疾病问题的农村老人难以仅凭借自身努力克服困难,而是急需亲朋好友和社会的帮助。因此,社会交往所带来的实际物质帮助、寻医问药信息和健康保健知识等,能够缓解或解决老人的经济困难或弱化负向生活体验,为其恢复或保持身体健康提供物质保障,提升身体自我感知,实际提高生活质量。健康感知作为中介变量能够很好地从身体机能状态入手解释物质援助对生活质量的影响作用机理。另外,社会支持不仅为农村老人提供物质和信息等方面的工具性帮助,而且促进良好的人际互动和人文关怀。留守老人在缺乏物质生活资料的同时,情感需要也难以得到满足。来自子女、亲朋和社会的情感支持能够减少老人的孤独感,减轻压力带来的心理伤害,减少心理疾病,提升心理健康水平,促进生活质量的提升。此外,社会需要得到满足的老人能够以更宽广的视野看待生活,以平衡、乐观的心态面对现实和包容困难,对生活质量有更积极的评价。可见,心理福利作为中介变量能够从精神和心理健康角度解释情感支持对生活质量的作用机理的同时,还能够帮助老人在一个更加积极的心理平台上解读生活。因此,我们综合了物质和精神两方面的健康评价,论述了社会支持影响农村老人生活质量的心理机制。

第二,本章提出并检验了社会经济地位在社会支持对健康感知和心理福利影响中的调节作用。研究结果表明,社会经济地位显著地调节了社会交往与健康感知之间的关系:对于社会经济地位低的农村老人而言,社会交往对健康感知的影响更加明显。作为一项描述人们在社会结构中所处位置的重要指标,社会经济地位影响了农村老人对社会交往所提供帮助的敏感程度。那些低社会经济地位的老人会更加关注与他人互动过程中带来的物质帮助（包括信息），他们的生活条件和健康水平会因他人的帮助得到明显改善，并由此影响到他们对生活质量的总体评价。

值得关注的是，如图13-3所示，社会交往对于健康感知的影响在高社会经济地位的老人与低社会经济地位的老人中甚至可能产生截然相反的效应：社会交往与健康感知在高分组中的关系不仅比低分组低，而且两者可能呈现负向关系。也就是说，对于高社会经济地位的农村老人而言，社会交往会降低他们对健康的感知。结合以往的研究结果，我们认为发展中国家的生活和消费特征可能起到重要作用。生活方式（饮食、体育活动等）会对健康产生影响，得到了大量的实证证据。例如，Katja（2012）针对芬兰的调查显示，低社会经济地位者更易出现肥胖和超重等健康问题。Glorioso 和 Pisati（2007）、Beydoun 和 Wang（2008）分别基于澳大利亚和美国样本的研究也基本与 Katja（2012）的发现一致，即高社会经济地位者有更高的健康水平。然而，Dinsa（2012）和黄洁萍等（2013）的研究显示，上述发现在发展中国家并不成立：高社会经济地位者更倾向于消费高脂肪和糖分的饮食、缺乏必要的运动和不良的生活习惯（如吸烟和饮酒）等，会危害健康。我国农村的实际情况是，即便是社会经济地位相对较高的老人，日常物质交往的内容也主要集中在高脂肪、高热量、高糖分的饮食和金钱等。这不利于养成健康的生活方式，可能造成健康水平的下降。由此可见，社会经济地位对老人的影响可能受社会发展阶段、文化传统和生活方式等宏观因素的复杂影响，不单是一个心理机制。将来的研究应该在现有的基础上继续探索各种情境下上述关系的共性与特性。

第三，我们的研究显示来自子女家人和亲朋好友的社会支持对促进农村老人的生活满意具有重要作用。社会支持为提高老人生活质量创造了两个有利条件：①因为身体和精神状态的改善而使生活质量发生实质性改善；②因为社交带来的情感满足而在更积极和乐观的心态中评价生活质量。人口老龄化是当今世界各国共同面对的重大社会问题，我国农村老人的养老问题尤为突出，现有经济格局下的农村养老存在两难困境：一方面，农村居民的经济收入整体偏低，医疗保健等社会福利体系缺乏；另一方面，农村仍以家庭养老为主，老人的生活主要依赖自身劳动和子女的经济支持。我们认为，社会支持对解决这一困境提供了一定的思路，即积极倡导和鼓励老人进行人际沟通，充分发挥情感支持的作用，使之不仅能够缓解老人的生活压力，满足情感需要，而且能够维持良好的心境，乐观生活。

13.5.2 研究局限和未来的研究方向

本章检验了社会支持对农村老人生活满意产生影响的两项传导机制——社会交往和情感支持。它们也许仅是上述关系作用机制中的一部分,可能没有完整地反映社会支持影响生活质量感知的机理。未来研究可以从不同的理论视角,探索其他可能的中介效应。受研究经费所限,本次调查范围集中在河北,取样也未能实现随机,一定程度上影响了结果的外部效度。鉴于我国农村发展中区域差异较大,未来的研究可以针对本章研究结果进行跨区域检验。

13.5.3 本章结论

本章着重分析了社会支持影响农村老人生活满意的作用机制,通过结合生活满意和健康、心理福利的相关文献,推动了社会支持研究的发展。社会支持作为能够对老人群体的心理和行为产生重要影响的预测变量,历来受到学术界的关注。本章从两类社会支持出发,严谨地阐述了社会交往和情感支持分别通过身体和心理健康这两种中介作用机制来影响农村老人对生活质量的主观评价,进一步支持了社会支持的理论价值,为推进今后的相关领域研究提供了一些新思路。此外,考虑到各国发展水平不同,各层次群体生活方式的跨文化差异明显,社会支持对老人生活满意的重要性和效果情境依赖性较大。在人际互动中,社会各方应该针对老人的实际社会经济地位和需要,有的放矢地提供帮助、支持和沟通,这对于促进老人的身心健康和主观幸福感是十分必要的。

14

农村老人社会交往对生活满意的心理作用机制研究

——基于情感支持视角

14.1 引言

国家统计局数据显示，截至2014年我国60岁以上老人已占全国人口的14.89%，较上年同比增长0.3%，呈现持续增长趋势。按照世界卫生组织（WHO）关于老龄化社会的标准——60岁以上老人占人口的10%，我国已处于深度老龄化阶段。伴随我国的深度老龄化，出现了老年病发病率高、医疗资源短缺、社会保障负担重、家庭稳定性差等社会问题。鉴于现阶段我国的具体国情及文化特点，老年人自身及家庭成为解决上述老龄化问题的关键。然而，我国城乡居民在经济收入、生活条件等方面差距较大，即使同属城市或乡村，个人与个人、家庭与家庭之间的贫富差距也十分明显。从整体上看，农村老人较城市老人的生活负担更重、经济收入更低、家庭照料更缺乏、社会交往更少。可见，农村老人构成了当今社会最大的弱势群体，常游离于社会的边缘地带。因此，他们面临的社会问题更应受到关注。究其原因，至少有以下四点：①在人口方面，常言道"十亿人民九亿农"，中国作为农业大国，不仅农民占全国人口的绝大多数，农村老年群体也占到老年人口总数的70%。②在社会方面，大中城市普遍具有较为完善的医疗保健和社会救助服务体系。相比之下，广大农村则缺乏必要的、完善的医疗保障体系，使农村老人的社会福利需求难以满足。③在经济方面，城市居民大多有较为固定的职业和工作，退休后能领取固定的养老金，经济收入相对稳定、有保障。而农村居民多数无固定职业和工作，步入老年后难有稳定收入，或者仍须劳动维持生计或者依赖子女支持，经济状况往往不如城市老人。④在家庭方面，中国二元经济结构下城市劳动力的缺乏导致农村富余青壮劳动力向城市流动。这在提升就业和增加收入的同时，也造成了农村老人和儿童的"留守"现象。每年几次甚至数年一次的子女探望，造成农村留守老人普遍缺乏情感支持、情感难得慰藉、心理问题难以疏导等现象。由此可见，研究农村老人的生活质量问题具有重要的现实意义。

在评价老人生活质量的众多指标中，生活满意备受重视。生活满意是人们对生活水平和状态的整体满足程度，反映个体主观认知的幸福感（Diener，1996）。与个体的实际经济收入和物质条件相比，主观评价更为重要。毕竟个体的态度和行为更多地基于主观感知而非客观现实。因此，在人口学、社会学和心理学领域，生活满意一直是研究的热点问题。辨识生活满意的影响因素历来是研究的重点，大体呈现三阶段发展：①探索人口统计变量的影响。例如 Usui（1985）发现已婚者生活满意程度较未婚者更高。Larson（1978）和 Bowling（1991）认为，对于老人来说，健康状况对生活满意的影响最为显著。②探讨个体心理因素的影响。例如，Deneve（1998）发现自尊、乐观、信任和情绪稳定与生活满意显著相关。Okulicz（2010）也发现心理状态对员工的生活满意有明显影响。③探讨社会因素的影响。Miltiades（2002）提出社会支持对生活满意有正面影响。崔丽娟（2001）研究发现养老院老人之间的互帮互助对其生活满意有较大影响。郭文斌（2006）发现社会交往、子女孝顺是生活满意的主要影响因素。

正如 Lindsay（2013）所言，交往能降低个体的孤独感和负向情绪，使人领会更多的社会支持，进而提升其自我认同意识。然而，以往研究多是简单地构建社会交往与生活满意之间的直接关联，较少探究其间的作用机制和条件边界。受儒家"孝"文化的长期影响，中国家庭体系中的直系血亲之间存在直接、紧密的关系。这种强关系不仅体现为长辈对子孙的抚养、权威和关爱，而且表现为子孙对长辈的供养、顺从和体恤。即在此双向关系中既有物质方面的互动，也有精神方面的交流。而其中，来自子女的情感支持对老人的身心影响尤为突出。可见，基于互动视角，整合社会和家庭两类关系互动对老人生活质量的影响是未来研究的前瞻方向。有鉴于此，本章将针对农村老人构建一个被中介的调节作用模型，探讨社会交往影响生活满意的中介心理机制和情感支持的调节作用。

建构上述模型的理论创新主要有三点：其一，考虑到生活满意的主观性,本章将"心理福利"作为首要心理中介变量。这不仅更加贴近结果变量,而且能从心理机制入手更清晰深入地分析社会交往影响生活满意的机理。其二,为了更加精细地掌握社会互动对老人生活满意的影响程度,根据差序格局理论我们将家庭的情感支持视为会对上述关系产生权变影响的条件因素,帮助我们深刻掌握家庭与社会活动对老人情感的互补影响。其三,结合上述中介和调节关系,提出一个被中介的调节模型,通过检验心理福利分别在社会交往、社会交往与情感支持的交互项对生活满意影响中的传递作用,进一步明确了老人对生活质量主观评价的直接心理机制。总之,通过整合上述创新点建构理论模型,现场调研并进行实证检验,会使我们更加深入地掌握农村老人生活满意的影响因素和效应机理,丰富和完善现有相关理论文献。

14.2 理论假设

14.2.1 情感支持对"社会交往—生活满意"关系的调节作用

14.2.1.1 社会交往与生活满意

社会支持是围绕个体构建的支持性人际交往系统。作为社会支持的客观部分,社会交往是人们通过相互接触、作用和影响建立联系的过程,主要受交往对象和频率的影响。社会交往会影响个体对生活质量的感知。广泛而频繁的社会交往能帮助个体构建良好的人际关系网络,成为其必要的社会支持系统。系统性支持下,个体会获得更多的外界信息和帮助,并且倾向于从更广泛的视角解读事件,降低负向事件造成的心理压力。Shimada等(2010)认为,在积极的社会交往中,老人可以通过情感交流、互帮互助、心理依存等得到物质和心理满足,在提升自我认同感的同时,排解了孤独感、无助感、沮丧等消极情绪。这些改善和满足会促进老人对生活质量的正面评价。正如现代化(Modernisation)与脆弱性(Vulnerability)假设所言,城市化和工业化进程会改变家庭结构,使老年人的家庭地位和社会作用下降。当今,二元经济结构的中国在快速城市化和工业化进程中,农村老人和儿童的经济、社会地位普遍下降。在越来越多的农村青壮年劳动力涌向城市追逐高经济收入的同时,越来越多的老人和儿童被迫留守农村。实际情况是,农村老人不仅要进行田间劳作和家务,还要承担儿童的抚养责任。不仅如此,由于子女进城务工,农村老人普遍缺乏来自家庭的情感交流和关怀。如此的社会经济背景,再加之收入少、文化程度低、医疗福利差和信息闭塞等各种客观条件的限制,使老人与邻里和亲朋之间的人际往来成为满足他们心理和社会需要的主要渠道。可见,频繁而广泛的社会交往能满足老人社会和心理需要,促进老人对生活的积极评价。

14.2.1.2 情感支持的调节作用

代际支持是家庭中的子女或孙子女等为老人提供的各种帮助,主要包括经济支持、生活照料和情感支持。本章主要关注情感支持部分,即子女通过谈心、倾诉和关爱等为老人提供的情感慰藉,它是衡量老人与子女关系融洽程度的重要指标。受我国传统儒家思想的影响,"孝"长久成为华人价值观的重要组成部分。子女不仅有尽孝的义务,老人也有对尽孝的期待。费孝通先生的差序格局理论强调个体会以自我为中心,与周围社会构建出一个个由近及远、由厚到薄的呈递减关系的社会网络圈子。这种社会关系是以血缘本位与家庭本位为中心,由"家"到"家族"再到"外人"逐层扩大,其中血缘关系最为亲密。具体到农村老人,他们的社会交往圈大体依次包括配偶、子女、亲属、邻居、熟人等。这些圈子会为老人提供不同价值的心理满足。倘若子女能够为老人提供足够的情感支持,无疑会降低老人依赖外界社会交往获得心理满足的必要性。鉴于农村老人社交圈狭窄、社会联系少、普遍缺乏借助移动和网络平台的沟通能力等现实,情感支持的重要性就更为突出。穆光宗等(1996)调查显示,"儿孙绕膝,其乐融融"是中国农村老人最为向往的生活状态。如王硕等(2012)研究显示,子女与老人的交流最为频繁,而且与子女共同居住也是中国老人的希望。然而,现实中农村青壮年劳动力多在城市务工,老人则留守农村,与城市老人相比普遍缺乏情感支持。在家庭支持难以得到满足的情况下,老人便倾向于从亲属、邻里和其他社会关系中获得情感慰藉和心理满足。简言之,老人们会从"家人"和"外人"多层次获取心理需要,两者互相补充。在"家人"范围难以获得满足时,他们会退而求其次,即从与"外人"的交往中获取心理满足,提升生活满意度。可见,子女的情感支持可能权变地影响社会交往对老人生活质量的主观评价。综合以上分析,我们提出如下假设:

H1:情感支持会调节农村老人社会交往与生活满意的关系。具体而言，家庭情感支持较多时，社会交往与生活满意的关系较弱；家庭情感支持较少时，上述关系较强。

14.2.2　心理福利的中介作用

14.2.2.1　主效应的中介

心理福利是个体主观感知到的幸福程度及其带来的积极影响，包括积极人际关系、自尊、生活目标、环境掌控、自主性和个体成长六个维度。该理论认为人们会根据既定标准对生活中的事件进行评价，产生情感体验和心理活动，进而对自我生存质量进行综合判断，产生稳定的认知。可见，心理福利会影响个体的生活满意。Ryff 和 Keyes（1995）研究显示，心理福利和生活满意密切相关，其中积极的人际关系、自尊、生活目标对生活满意影响最为突出。另外，在提升个体的心理福利方面，社会支持扮演着重要的角色。一方面，社会交往能够缓解负向事件产生的消极影响。人际关系网络不仅能够提供必要的物质帮助，解决实际困难，还能够从精神方面为个体提供同情和安慰，缓解焦虑和孤独等。另一方面，社会交往能够增强个体的自我效能和信心。人际关系网络不仅能够满足个体的被关爱、社会归属和被尊重等需要，还能够表现个人的社交能力、社会资本和社会存在感与价值。曾毅和顾大男（2004）认为，社会交往是影响老年人心理福利的主要因素之一。

对农村老人而言：①在积极人际关系方面，频繁的社会交往能够提高与他人交往的亲密性、融洽性和协调性，促进构建良好的人际关系。良好的人际关系不仅为老人提供物质和经济方面的资助，也为他们提供了人与人之间互动和寻求归属的社交平台。人际关系对农村老人物质和精神需要的满足，能够提升他们的生活满意水平。②在自尊方面，社会交往要从个体在社会中扮演的角色关系、地位和体验等方面来评价，这些都要通过个人的社会交往来实现。社会交往有助于树立自我的价值感、归属感和自尊，使个体接受和认同自我，增强对生活的积极认知。③在生活目标方面，依据自我决定理论的观点，个体可以通过社会交往活动实现自我成长的目标、社会贡献的目标和建立网络关系的目标，生活目标的实现无疑会提升个体对现实生活状况的满意度。④在环境掌控方面，社会交往会改善物质经济环境、家庭氛围和人际关系环境等，良好的环境氛围和社会网络会提升个体的环境驾驭能力，降低环境不确定性带来的风险，从而提高个体对现实生活的自我决定和主观评价。⑤在自主性方面，社会交往能够使个体获得较多的社会支持，提升自信心和影响力，坚持自己的主张和观点，实现自己的生活设想。不仅如此，自我决定理论还认为个体的自主活动更能激发快乐。⑥在个体成长方面，社会交往有助于老人降低患心理疾病的风险，实现心理发展和健康，获取信息和积累新经验，进而强化对现实中自我状态的积极评价。总之，社会交往过程中的资源（包括物质、信息和精神等）互动是老人获取信息、建立社会联系、增加社会资本、取得支持和帮助、体现自我价值和强化自尊等的必要渠道，而上述因素会从物质和精神、社会与自我、接受与给予等多范畴、多层面和多方向地提升老人对客观生活质量的主观评价。归纳以上论述，我们提出如下假设：

H2：农村老人的心理福利作为重要的心理因素，中介着社会交往对生活满意的积极影响。

14.2.2.2 交互效应的中介

以往围绕农村居民社会交往问题的研究发现，此类行为能够提高个体精神健康水平，产生更积极的自我健康评价，有助于建构和拓展社会资本，促进人的本质与个体发展，促进社会的心理融入等。在这些积极作用影响下，农村老人能够保持健康的心理状态和积极的自我评价，从而提升对生活质量的主观认知。正如李建新（2004，2007）的研究发现，积极进行社会交往的老年人能够构建一个更为紧密和广泛的社会关系网络。这一重要的社会资本不仅在遭遇困难时能够为老人提供物质帮助和精神支持/慰藉，而且能够提升幸福感和帮助他们保持/恢复乐观的心态去评价生活质量。

我们认为，心理福利会中介社会交往对生活满意的影响。前文述及，频繁的社会交往会提升农村老人的心理福利水平。即社会交往是老人建构和谐人际关系、降低环境不确定性的必要途径，提升自尊、增强自我能动性的基本手段，有助于实现自我发展和生活目标。另外，越来越多的证据显示，老人积极健康的精神和心态会提升生活满意度。其根本在于，生活质量的主观评价是老人基于特定情境下的自我心理特征和精神状态做出的。

尽管社会交往对生活满意的正向影响基本得到承认，但是在实证研究中影响效果却不尽相同。例如，李建新（2007）认为社会交往是生活满意的重要影响因素；而费孝通（1949）认为两者之间只是存在同向关系，但社会交往对生活满意并不重要。因此，有理由相信子女对老人的情感支持会权变地影响社会交往对老人生活满意的效果。我们认为家庭给予的情感支持会降低老人对社会交往的依赖性。具体而言，当子女给予的情感支持足够多时，社会交往对老人生活满意的正向影响会降低。此外，来自"外人"的社会交往和来自"家人"的情感支持都将使老人产生积极的情感，保持健康的心态，进而提升幸福感，满足于现在的生活。也就是说，社会交往既可能对生活满意产生独立的影响，也可能与情感支持共同对生活满意施以影响。而这些独立和交互影响都是通过心理福利的传递效应间接完成的。基于上述讨论，我们进一步提出如下假设：

H3：心理福利中介了社会交往和情感支持的交互效应对生活满意的影响。

本章的具体理论模型如图14-1所示。

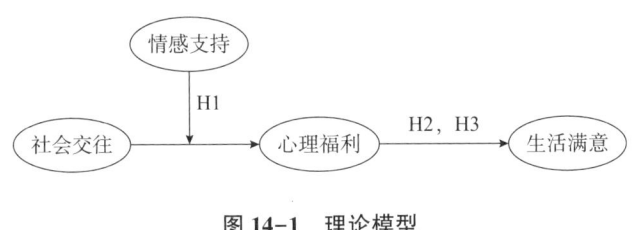

图 14-1　理论模型

14.3　研究方法

14.3.1　研究样本和程序

研究者在河北省选择四个地级市（秦皇岛、石家庄、承德和保定）的所属乡镇进行实地调查。受社会资源所限，选择样本在方便原则上尽可能地随机抽样，尽量减少样本偏差。研究者在上述四地，各选择4~6个自然村，每村抽取20~30户居民参与调查。整个调查共发放问卷707份，剔除无效问卷后，得到有效问卷658份，有效率93.07%。在实际调研中，考虑到部分被试受文化程度和健康状况所限难以完成调查，调查组对部分被试采取"一对一"的形式，协助填答问卷。

有效被试中，男女比例基本持平，其中男性为369人，占56.1%；年龄普遍较大，其中，60~69岁的占46.5%，70~79岁的占40.4%，80岁以上的占13.1%；婚姻方面，仅有少数老人处于未婚或离异状态，占总数的4.2%，已婚被试中有205人丧偶，占总数的31.2%；大部分老人与配偶共同居住，占总数的52.2%，另有23.9%的老人与子女同住，5%与孙辈同住，18.9%独居。

14.3.2 变量测量

为保证各变量测量的信度、效度，本章首选成熟、适用国内文化背景和应用广泛的量表，对数据应用SPSS18.0和Mplus7统计软件包进行分析。具体如下：

（1）社会交往。借鉴韦艳和贾亚娟（2010）的做法，从交往频率和对象两方面对社会交往施测。交往频率的题项如"您经常到邻居家串门聊天，或出去和村里人聊天吗"，从"不经常"到"经常"依次赋予1~5分；交往对象的题项如"你主要的交往对象"，从"子女"到"朋友"依次赋予1~4分。上述两项加总为社会交往分数，得分越高表示社会交往程度越高。

（2）情感支持。采用王萍等（2012）的四个题项，例如"从各方面考虑您觉得和孩子间的感情很亲近"，以李克特5点计分，1为"不同意"，5为"同意"，Cronbach's α值为0.863（$\chi^2/df = 1.462$，CFI = 0.998，TLI = 0.996，RMSEA = 0.037）。

（3）心理福利。借鉴CES-D心理抑郁度量表（Radloff，1977）和PGC（Lee，1987）量表，从中挑选九个题项，示例如"我时常觉得孤单""我总是觉得老了，没有用了"，采用李克特5点计分，1代表"同意"，5代表"不同意"，Cronbach's α值为0.932（$\chi^2/df = 9.669$，CFI = 0.888，TLI = 0.856，RMSEA = 0.163）。

（4）生活满意。采用Dinner等（1985）的整体生活满意量表，包括五个题项，如"在大多数情况下我的生活接近我想过的生活"，以李克特5点计分，1代表"不同意"，5代表"同意"，Cronbach's α值为0.837（$\chi^2/df = 12.27$，CFI = 0.952，TLI = 0.919，RMSEA = 0.148）。

14.4 数据分析

14.4.1 共同方法偏差检验

为检验数据是否存在严重的共同方法偏差，采用 Harman 单因子法进行检验。该方法是设定一个公共因子，如果该因子可以解释全部或者大部分的变异，便认为数据存在严重的共同方法偏差。据此，我们将社会交往、情感支持、心理福利与生活满意四个潜变量设定为一个公共因子。验证性因子分析的结果显示，数据与单因素模型难以拟合（$\chi^2/df = 16.13$，RMSEA = 0.142，CFI = 0.722，TLI = 0.691），说明单因子难以解释大部分变异及本章数据不存在严重的共同方法偏差。

14.4.2 相关分析

计算各变量间的相关系数，如表 14-1 所示。根据相关分析的结果对假设关系进行初步鉴定。例如，社会交往与情感支持（r = 0.409，p < 0.01）、生活满意（r = 0.389，p < 0.01）、心理福利（r = 0.599，p < 0.01）呈显著正相关，情感支持与心理福利（r = 0.537，p < 0.01）也呈显著正相关。上述相关分析结果初步反映了研究假设的合理性。

14.4.3 结构效度检验

本章中各潜变量的 AVE 值如表 14-1 对角线上数字所示，均大于 0.5，且大于对应的相关系数，可见各潜变量的测量具有较佳的判别效度。如本章"变量测量"部分中各潜变量的验证性因子分析数据显示，测量数据与理论模型拟合较好。为了进一步检验潜变量之间的结构效度，我们除理论模型外还建构了七个替代模型。其中，M_1、M_2 和 M_3 是三个 3 因子模型，分别是社会交往合并情感支持、社会交往合并心理福利与社会交往合并生活满意。M_4、M_5、M_6 和 M_7 是四个 2 因子模型，分别是社会交往、情感支持与心理福利合并，社会交往、情感支持与生活满意合并，社会交往、心理福利与生活满意合并，情感支持、心理福利和生活满意合并。表 14-2 给出了各模型的拟合指数，基准的 4 因子模型的各项拟合指数均符合统计要求，且优于其他替代模型，表明潜变量的测量具有较好的结构效度。

表14-1 各变量的描述性统计与相关分析结果

变量	1	2	3	4	5	6	7	8
1. 性别								
2. 年龄	-0.048							
3. 配偶情况	-0.001	-0.025						
4. 住房情况	0.009	0.030	0.020					
5. 社会交往	-0.004	-0.054	0.065	0.146**	(0.807)			
6. 情感支持	0.068	0.011	0.232**	0.040	0.409**	(0.807)		
7. 生活满意	0.013	-0.010	0.145**	-0.022	0.389**	0.617**	(0.794)	
8. 心理福利	0.000	-0.016	0.084	0.070	0.599**	0.537**	0.526*	(0.773)
均值	0.50	71.12	1.16	1.83	4.89	3.69	2.99	3.48
标准差	0.501	40.877	0.784	0.387	1.25	1.03	1.17	0.91

注：① * 表示 $p<0.05$，** 表示 $p<0.01$；②样本容量 $n=658$。

14 农村老人社会交往对生活满意的心理作用机制研究——基于情感支持视角

表14-2 测量模型比较

模型	χ^2/df	CFI	TLI	RMSEA
基准模型	2.673	0.949	0.940	0.071
M_1	5.659	0.874	0.853	0.095
M_2	5.324	0.883	0.864	0.092
M_3	6.981	0.838	0.811	0.108
M_4	8.087	0.807	0.776	0.118
M_5	8.828	0.787	0.753	0.124
M_6	10.034	0.754	0.715	0.133
M_7	8.393	0.799	0.767	0.120

14.4.4 假设检验

根据 Muller 等（2005）提出的被中介的调节模型的检验三步法，我们构建如下模型：

（1）生活满意对社会交往、情感支持和情感支持社会交往的回归，如式（14-1）所示：

$$Y = c_0 + c_1 X + c_2 U + c_3 UX + u_1 \qquad (14-1)$$

其中，Y 是生活满意，X 是社会交往，U 是情感支持。c_0 为常数项，c_1、c_2、c_3 是各个变量的回归系数，u_1 是回归残差项。

（2）心理福利对社会交往、情感支持和情感支持社会交往的回归，如式（14-2）所示：

$$W = a_0 + a_1 X + a_2 U + a_3 UX + u_2 \qquad (14-2)$$

其中，W 是心理福利，a_0 是常数项，a_1、a_2、a_3 是变量的回归系数，u_2 是回归残差项。

（3）生活满意对社会交往、情感支持、情感支持社会交往和心理福利的回归，如式（14-3）所示：

$$Y = c'_0 + c'_1 X + c'_2 U + c'_3 UX + b_1 W + u_3 \qquad (14-3)$$

其中，c'_0 是常数项，c'_1、c'_2、c'_3 和 b_1 是变量的回归系数，u_3 是回归残差项。

根据上述公式，我们首先检验情感支持的调节效应，用乘积配对法计算出交互项（UX），并建立社会交往（X）、情感支持（U）、两者交互项

(UX）与生活满意（Y）的回归模型 M_a。计算结果见表14-3，其中社会交往对生活满意的正向影响显著（$c_1=0.394$，t=6.880，$p<0.001$）；交互项对生活满意的负向影响显著（$c_3=-0.300$，t=-2.325，$p<0.05$），即情感支持存在负向调节作用，H1得到支持。

表14-3　中介和调节效应检验结果

模型	M_a	M_b	M_c
因变量	Y：生活满意	W：心理福利	Y：生活满意
社会交往 （X）	0.394 （0.000）	0.588 （0.037）	0.242 （0.022）
情感支持 （U）	0.638 （0.000）	0.528 （0.047）	0.639 （0.000）
社会交往×情感支持 （UX）	-0.300 （0.020）	-0.356 （0.000）	-0.278 （0.043）
心理福利 （W）	—	—	0.140 （0.228）

构建社会交往（X）、情感支持（U）和交互项（UX）对心理福利（W）的回归模型 M_b，社会交往（X）、情感支持（U）、心理福利（W）以及交互项（UX）对生活满意（Y）的回归模型 M_c，结果见表14-3。模型 M_b 中社会交往显著正向影响心理福利（$a_1=0.588$，t=16.104，$p<0.05$）。模型 M_c 中社会交往对生活满意的影响显著（$c'_1=0.242$，t=2.291，$p<0.05$），交互项对生活满意的负向影响显著（$a_3=-0.278$，t=-2.024，$p<0.05$），心理福利对生活满意的影响不显著（$b_1=0.140$，t=1.206，$p>0.05$）。即 a_3b_1 不显著，根据Muller提出的检验方法，以上检验并不能充分确定社会交往与生活满意的关系是被中介的调节模型。

为进一步检验假设，根据叶宝娟等（2013）提出的被中介的调节检验流程，应该使用偏差校正的百分位Bootstrap法计算 a_1b_1、a_3b_1 的置信区间，如果置信区间不包含0，则表明被中介的调节作用存在。表14-4显示，a_1b_1 的95%置信区间为［0.061，0.157］，不包含0，说明心理福利在社会交往与生活满意度的关系中起到中介作用，H2成立；a_3b_1 的95%的置信区间为［0.052，0.103］，也不包含0，依据叶宝娟等（2013）的标准，被中介的调节作用显著，H3 成立。

表 14-4 对中介效应显著性检验的 Bootstrap 分析

路径	平均间接效应	95%的置信区间	
		下限	上限
社会交往—心理福利—生活满意度	0.110	0.061	0.157
社会交往×情感支持—心理福利—生活满意度	0.075	0.052	0.103

如表 14-3 所示，社会交往与情感支持的交互项对生活满意的总效应 c_3 为 -0.3，其中直接效应 c'_3 为 -0.278，计算得间接效应 $c_3-c'_3$ 为 -0.022，占总效应的 7%。在引入中介变量心理福利后，交互项对生活满意的直接效应依然显著（$c'_3=-0.278$，$t=-2.024$，$p<0.05$），说明心理福利在社会交往与生活满意的关系中起到了部分中介作用，进一步细化分析了 H3。

为展示情感支持的调节作用，我们按照情感支持的均值 $\pm 1\sigma$ 来划分高情感支持组和低情感支持组。图 14-2 描述了高分组与低分组中社会交往对生活满意的影响效果，可见低情感支持的农村老人，社会交往对生活满意的影响更显著（$\beta_{低}$ 为 0.578，$p<0.001$；$\beta_{高}$ 为 0.409，$p<0.001$）。

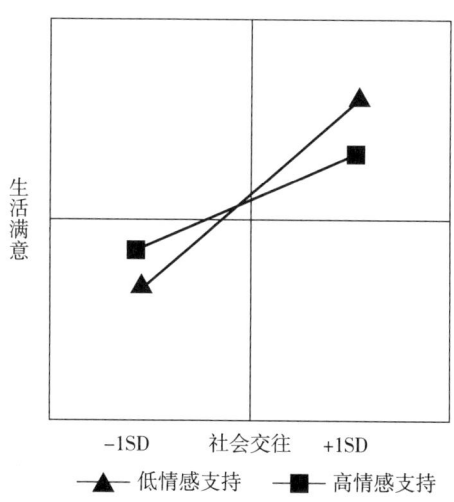

图 14-2 情感支持对社会交往与生活满意关系的调节作用

14.5 讨论与分析

14.5.1 研究结果讨论

在本章中,我们分析了农村老人的社会交往与生活满意之间的关系。研究结果主要包括:①社会交往与生活满意存在正向相关关系;②心理福利在社会交往与生活满意的关系中起到部分中介作用;③情感支持负向调节了社会交往与生活满意之间的关系;④心理福利部分中介了社会交往与情感支持的交互效应对生活满意的影响。本章的理论贡献和实践启示包括以下四个方面:

第一,本章成功地将社会交往与生活满意联系起来,揭示了高水平社会交往促进农村老人对生活质量做积极评价的心理过程。生活满意是个体对生活质量的主观评价,是衡量一个人生活质量的综合心理指标,可以说是个人改善生存条件、追求个人和家庭需求满足的结果。因此,研究者将人们的生活满意视为生活改善和社会发展的重要组成元素。特别是农村老人的生活满意更是构建和谐社会的重要指标。整个社会的发展源于每个社会成员的进步,其中主观认知非常重要。诚然,客观物质条件会对个体的生活质量产生重要影响。然而,人们的个体行为和社会行为更是基于对客观生活实际的主观认知。基于这一特征,在以往研究的基础上,我们把社会交往视为促进生活满意的预测变量,通过阐述社会交往如何改善个体的心理健康水平和状态而构建了两者之间的联系(杨春江、侯红旭和娄文龙,2017)。

在本章中,我们根据社会网络理论提出了社会交往影响农村老人生活满意的心理中介变量——心理福利。那些积极参与社会交往的农村老人,会频繁地参加社会活动,在给予他人支持的同时也获得他人的支持。因此,他们能够与社会相关群体进行有效的社会交换,构建高质量的社会网络和人际关系,这些既可以有效缓解负向事件的压力,也能够使老人获得更多的归属感、认同感和被关爱感,使他们能够在健康、乐观的心理状态下,对生活产生积极的评价。因此,我们链接了上述逻辑关系,论述了社会交往影响农村老人生活满意的心理机制。

第二,本章基于差序格局理论提出并检验了情感支持对于社会交往——

生活满意之间间接效应的调节作用。结果表明,情感支持显著地调节了社会交往与心理中介变量之间的关系:对于获得情感支持较多的农村老人而言,社会交往对于心理福利的影响相对较弱。作为来自子女的情感回报,情感支持影响了农村老人对外部社会交往的敏感程度。那些较少获得来自子女情感支持的老人会更加依赖于与非家庭成员的社会交往活动,他们会从外部人际交往中获取支持、认同、归属和关爱,并由此影响到他们的心理状态、态度和行为。

第三,本章结果显示,社会交往与情感支持的交互作用对生活满意的影响也是由心理福利传递的。情感支持不仅调节了社会交往的主效应,而且两者的共同作用也是通过影响老人的心理状态进而对生活满意产生了影响。家庭支持和社会支持是满足老人社会需要最主要的两条途径。在儒家的"孝"文化下,家庭是老人最期待的情感来源。家庭不仅能够提供给老人获得保障的安全感和关爱,而且包含着孝道、地位和权威。可以说,家庭和社会共同左右着老人的归属感、安全感、认同感等,并借此影响着他们的心理状态和生活评价。

第四,我们的研究表明社会交往对提高农村老人生活满意具有重要作用。社会交往为老人积极地评价生活质量创造了必要的心理条件——因被关爱、认同和归属等社会需要的满足而发展出良好的心理状态。农村家庭普遍存在两难的情境:一方面,老人和儿童要靠青壮年劳动力来供养和提供经济支持;另一方面,为了就业和获得较高经济收入,青壮年劳动力不得不离开父母和子女进城务工。基于本章的发现,我们认为在二元经济结构短时间内难以改变的情况下,社会交往为缓解这种两难的困境提供了一定的思路,即充分发挥人际交往的支持作用,利用关系网络为老人提供经济和信息等方面客观支持的同时,提供互相慰藉、彼此关爱的精神支持。通过维持老人良好的心理状态,提升他们的主观幸福感,促进社会和谐发展。

14.5.2 研究局限和未来方向

本章检验了社会交往影响生活满意的心理机制(心理福利)。这个变量并没有完整地反映社会交往影响农村老人生活满意的整个心理过程。例如,李妍君(2014)提出社交自尊在社会交往与生活幸福之间起到中介作用。将来的研究可以从不同的理论视角来探讨其他可能的中介变量。

另外，本章的数据来源于河北省的19个村。考虑到本章研究了情感支持的调节作用，并且中国本身就是一个重视家庭孝道的国家，因此我们得到的结论可能存在一定的情境依赖性。将来的研究可以针对我们的研究结果进行跨文化、跨层次的检验，使相关变量间的逻辑关系更加清晰。

15 社会支持对农村老人心理福利的影响机制研究

——基于河北省516位农村老人的问卷调查

15.1 引言

中国正快速进入深度老龄化社会，预计到2020年老年人口将达到2.48亿，占全国人口的17.17%，其中农村老年人口占七成以上。农村老人虽然数量庞大，但限于经济条件差、受教育水平低等因素，长期游离在主流社会的边缘，成为最大的弱势群体。近年来，农村老人因心理问题而自杀的比例持续增加，从20年前的1‰飙升到现在的5‰。显然，老人心理问题已成为农村社会不和谐因素之一。他们的心理状况能否得到改善、能否安度晚年，不仅影响着社会稳定，而且代表着社会的发展水平和文明程度。因此，从农村老人的社会活动切入探寻提升心理健康（以心理福利为代表）的路径，具有重要的现实意义。同时，探究上述影响路径中的作用机理或边界，又是当前社会学和心理学的前沿议题，具有重要的理论意义。

回顾现有文献，相关研究存在如下不足：①针对心理福利的研究多集中于城市老年群体，对更需关心的农村老人的重视不够；②围绕心理福利的研究多集中于内涵、结构和个体因素的影响上，少有研究从社会因素探讨其影响因素和作用边界。有鉴于此，本章将聚焦于农村老人群体，更有针对性地分析他们心理福利的影响因素，从人际互动视角，在分析社会支持对心理福利主效应的同时，权变地分析社会交往频率在上述关系中的调节作用。

15.2 理论框架与研究假设

15.2.1 社会支持和心理福利

心理福利是人们从心理上对幸福和利益的主观评价与感受，反映了个体的心理状态、幸福感和满足感。在研究老人社会心理问题时，其常被视为个体成功老龄化和心理适应的重要指标。由于身体机能衰退、就医困难、缺乏代际支持等，农村老人心理福利水平普遍偏低，促使学者们关注其影响因素。早期研究主要集中在个体的人口统计学特征等方面。如Kawachi等（2001）发现已婚对心理福利有积极作用。Johnson（2005）的研究结果表明性别和年龄对个体心理福利有显著作用。李德明等（2003）发现心理福利与睡眠状况呈正相关。现阶段研究主要集中在社会因素的影响方面。如Rachel等（2015）指出，社会活动参与度影响老人的生活满意与心理福利。刘慧君等（2012）发现，在中国转型社会，社会支持对心理福利存在保护功能。李越等（2014）发现子女的生活照料会影响老人的心理福利。宋璐等（2015）的研究表明，成年子女迁移对其老年父母的心理福利有消极影响。崔烨等（2016）发现情感关系是影响农村随迁父母心理福利的重要因素。刘慧君等（2016）认为参加新农保在整体上显著改善了农村老人的心理福利。可见，社会因素的影响中，心理福利日益成为研究的热点。

社会支持是个体通过各种途径实际获得或意识到的由他人提供的物质和精神等多重资源，这些资源能改善个体的生活和促进其生存发展，根据支持的客观性，可细分为实际支持和情感支持。缓冲器模型认为，社会支持是通过减少应激事件对个体的易感性起作用的，它能缓解个体经历应激事件时的负面情绪。从实际支持来看，他人、家庭和社会提供的实际支持，能够缓解贫困和疾病给农村老人带来的心理压力，减少他们因无法满足基本生活和生存需要而产生的抑郁、苦闷等负面情绪，提高整体满意水平。从情感支持来看，外界为农村老人提供的情感支持，会使老人感受到被关爱和重视，体验到心理上的归属感和认同感。此外，情感支持还能减弱老人因体弱、衰老和行动不便等造成的失落感。总之，实际支持与情感支持都能缓冲应激事件对老人造成的负性体验，减少压力反应，提升心理福利水平。基于此，提出如下假设：

H1：情感支持对农村老人的心理福利有正向影响。

H2：实际支持对农村老人的心理福利有正向影响。

15.2.2 社会交往频率的调节作用

社会交往是特定时期和条件下，人与人之间进行物质和精神交流的社会活动。社会交往频率则反映了老人与他人进行社会交往的频繁程度。韦艳等（2010）认为良性的社会交往与和谐的人际关系会持续促进人们的身心健康和社会发展。社会交往频率会影响与他人联系的广度和紧密程度。社会交往频率高的个体会发展出较为广泛的社会关系，而且倾向于将这些关系发展为强关系。在遭遇困难和急需帮助时，具有广泛和较强社会关系的老人更易于得到社会网络的支持，而具有狭窄和较弱社会关系的老人获取社会帮助的可能性和强度都会大大降低。由此我们预期，社会支持对农村老人心理福利的影响会因社会交往频率的不同存在差异。

在情感支持与心理福利的关系方面，社会交往频率会影响个体与外界联系的广泛和紧密程度。个体与他人和群体之间的联系越密切越广泛，越容易因共同的经历和感受产生同理心。关系紧密者更易与他人产生情感上的共鸣，在倾诉自己的困难时，更易被他人理解。关系广泛者会获得更多的同情和宽慰。这些广泛、深刻的情感支持会增加农村老人的群体归属感和认同感，缓解心理压力的应激反应，有助于保持和恢复心理健康状态。可见交往频率高的老人，情感支持对其心理福利的影响会更强。反之，交往频率低的老人一方面在遭遇困难时会获得较少的社会情感支持，另一方面，产生的心理压力也难以在较为宽广的视角下得到舒缓。因此，交往频率低的老人，情感支持对心理福利的影响是有限的。综上所述，我们提出如下假设：

H3a：社会交往频率会调节情感支持对心理福利的影响。具体表现为，上述影响对交往频率高的农村老人表现较强，对交往频率低者表现较弱。

同理，在实际支持与心理福利的关系方面，广泛、紧密的社会网络会为个体提供物质和信息等方面的直接帮助。在遭遇生活困难时，交往频率高的老人不仅会得到社会多方面的物质支持，如金钱和物品等，而且支持的力度也会因关系紧密而增强。除此之外，他们还会获得更多的有益信息，如寻医问药等。这些实际帮助，会有效地改善老人的困难生活，消除或降低生活事件等压力源的影响，提高心理福利。相比之下，交往频率低的老人获得实际支持的广度和强度都会明显降低。获得的实际支持对生活困难的改善也是有限的，压力源难以消解。综上所述，我们提出如下假设：

H3b：社会交往频率会调节实际支持对心理福利的影响。具体表现为，上述影响对交往频率高的农村老人表现较强，对交往频率低者表现较弱。

综合以上分析，我们提出图15-1所示的概念模型。

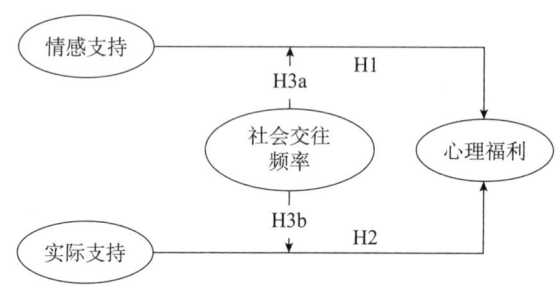

图 15-1 概念模型

15.3 研究设计

15.3.1 数据收集

课题组于2014年7~10月，在河北省秦皇岛市、石家庄市、承德市和保定市所属乡村进行了抽样调查，共涉及19个自然村，在各村中随机抽取20~30户有老人的农户进行问卷调查。为了提高填答质量，我们一则对配合调查者给予一定的赠品作为报酬，二则对难以完成调查的老人，由专人协助填答问卷。整个调查共发放问卷613份，剔除无效问卷后，得到有效问卷516份，有效回收率为86%。样本的人口特征如下：男性占53.3%，女性占46.7%；平均年龄为70岁，其中60岁以下的占8.9%，60~69岁的占41.0%，70~79岁的占34.8%，80岁以上的占15.3%；未婚者较少，仅为4.7%,已婚丧偶者占28.5%;独居的老人占18.9%,与配偶同住的占52.2%,与子女同住的占23.9%,与孙子女同住的占5%。

15.3.2 变量测量

实际支持和情感支持变量的测量,采用了肖水源等(1986)所编制的社会支持评定量表。实际支持选取其中客观部分的三个题项,采用李克特5点计分,1代表"无",5代表"全力支持"。示例条目如"在您遇到急难情况时,曾经得到邻居的经济支持和解决实际问题的帮助"。量表的Cronbach's α值为0.845。情感支持选取其中主观支持部分的三个题项,同样以5点计分,1代表"不同意",5代表"同意"。示例条目如"当您跟孩子讲自己的心事或困难时,您觉得他/她很愿意听您说",量表的Cronbach's α值为0.888。

心理福利变量的测量,参考Radloff(1977)的CES-D心理抑郁度量表和Lee等(1987)的PGC量表,选取与农村老人最密切相关的题项,编制心理福利问卷。量表采用李克特5点计分,1代表"同意",5代表"不同意"。示例条目如"我总觉得心里难过""我时常觉得孤单",量表的Cronbach's α值为0.88。

针对社会交往频率,编制老人交往频率量表,将交往范围设定在与子女、亲友、邻居和朋友之间的各种联系,将交往频率按5级评分,1代表"从不联系",5代表"每天联系"。

关于控制变量,参考以往研究,将性别、年龄、婚姻状况、居住状况作为控制变量引入模型,去除其影响。

15.4 数据分析

本章应用统计软件SPSS 19.0和LISREL 8.7对数据进行结构方程与层级回归分析,在检验量表信度、效度的基础上,对研究假设进行检验。

15.4.1 问卷的信度与效度

由前文数据可见,模型中涉及的各潜变量的Cronbach's α值均大于管理学要求的0.7标准,说明各潜变量的测量具有较好的一致性信度。

为检验各潜变量的效度,我们构建了假设模型和四个竞争模型,应用

城镇化进程中农民工和农村老人的健康与生活满意研究

验证性因子分析评估各模型与数据的拟合优度。按照 Hair 等（1998）的要求，值应在 1~3，越小越好，RMSEA 应小于 0.08，CFI、GFI、NNFI 等指标应该大于 0.8，越接近 1 越好。各模型的拟合指数如表 15-1 所示，可见观测数据与假设模型（M_1）之间的拟合度最优。其他四个竞争模型（M_2~M_5）与实际观测数据之间拟合度未达到标准，卡方检验和模型拟合指数也都明显劣于假设模型。

表 15-1 测量模型的比较

模型	因子	χ^2	df	RMSEA	Δx	CFI	GFI	NNFI
M_1	实际支持，情感支持，心理福利	417.60	116	0.056		0.95	0.92	0.96
M_2	物质支持和情感支持并入一个因子	1937.18	118	0.21	1519.58**	0.84	0.60	0.81
M_3	物质支持和心理福利并入一个因子	1819.70	118	0.21	1402.10**	0.85	0.61	0.82
M_4	情感支持和心理福利并入一个因子	2922.59	118	0.21	2504.99**	0.82	0.60	0.80
M_5	物质支持、情感支持和心理福利并入一个因子	3352.16	119	0.23	2934.56**	0.80	0.57	0.77

注：* 表示 $p<0.05$，** 表示 $p<0.01$（双尾检验）。

M_1 所有题项的标准化因子载荷均大于 0.7，且都在 0.01 水平上显著，表明构念测量具有较好的结构效度。同时，各潜变量的 AVE 数值均大于相应潜变量间相关系数的平方（见表 15-2），表明变量测量间具有较好的区分效度。

表 15-2 各主要变量的均值、标准差和变量间的相关系数

项目	1	2	3	4	5	6	7	8
1. 年龄								
2. 性别	−0.028							
3. 婚姻状况	0.195**	0.024						

续表

项目	1	2	3	4	5	6	7	8
4. 居住状况	-0.031	0.041	-0.062					
5. 实际支持	0.049	0.060	-0.006	0.045	(0.52)			
6. 情感支持	0.042	0.098*	-0.016	0.135**	0.517**	(0.73)		
7. 心理福利	0.008	-0.033	-0.086	0.162**	0.489**	0.427**	(0.55)	
8. 社会交往频率	0.034	0.119**	0.055	-0.017	0.172**	0.329**	0.290**	
9. 平均值	69.41	0.48	1.27	0.65	2.91	3.62	3.38	3.41
10. 标准差	8.43	0.50	0.68	0.38	1.10	1.17	0.96	1.17

注：①*表示 $p<0.05$（双尾检验），**表示 $p<0.01$；②n=516；③对角线括号内数据为平均抽取方差 AVE 值。

15.4.2 假设检验

15.4.2.1 相关分析

在对各假设进行检验之前，首先计算各变量间的相关系数，结果如表 15-2 所示，对角线上的数据为潜变量的 AVE 值。由表 15-2 可见，实际支持与心理福利之间呈中高正相关关系，且 t 检验达到了显著性水平（r=0.489，$p<0.01$）；情感支持与心理福利也呈显著中高正相关关系（r=0.427，$p<0.01$）；社会交往频率与实际支持（r=0.172，$p<0.01$）和情感支持（r=0.329，$p<0.01$）也呈正相关关系，但是相关程度为中低水平。相关分析结果初步验证了 H1 与 H2 的合理性。

15.4.2.2 假设检验

相关分析只能说明变量间是否存在关系，由于变量之间或变量维度之间还存在相互影响和作用，我们进一步应用结构方程模型对 H1 与 H2 进行检验。具体应用 LISREL 8.7 软件构建路径模型，检验假设。路径分析结果显示，样本数据与假设模型具有较佳的拟合度（χ^2=417.60，df=116，RMSEA=0.056，GFI=0.96，IFI=0.89，NFI=0.93）。模型中，实际支持与心理福利的标准化路径系数为 0.6（$p<0.01$），表明实际支持对心理福利具有较强的正向影响，H1 通过检验；情感支持对心理福利影响的路径系数为 0.2（$p<0.05$），表明情感支持对心理福利影响虽没有实际支持强，但也达到了显著水平，H2 也通过了检验。

为检验社会交往频率的调节作用，本章采用层级回归的方法。为检验H3a，我们依次将控制变量（性别、年龄、婚姻状况、居住状况）、情感支持（自变量）、社会交往频率（调节变量）、情感支持×社会交往频率的交互项引入对心理福利（因变量）的回归模型中，分别构建模型 M_{a1}、M_{a2}、M_{a3} 和 M_{a4}。为检验H3b，我们依次将控制变量（性别、年龄、婚姻状况、居住状况）、实际支持（自变量）、社会交往频率（调节变量）、实际支持×社会交往频率的交互项引入对心理福利（因变量）的回归模型中，分别构建模型 M_{b1}、M_{b2}、M_{b3} 和 M_{b4}。以上各模型的层级回归结果见表15-3。由表15-3可见，M_{a4} 与 M_{a3} 相比，F值在0.01水平上显著，两模型的 ΔR^2 为0.009（$p<0.01$），说明 M_{a4} 比 M_{a3} 更具有解释力度（$r=0.096$，$p<0.001$）。数据支持了社会交往频率在情感支持与心理福利关系中的调节作用，H3a得到验证。M_{b4} 与 M_{b3} 相比，M_{b4} 的F值改变不显著，两模型的 ΔR^2 为0，说明社会交往频率在实际支持与心理福利的关系中未起到调节作用，H3b未得到验证。

为进一步展示调节作用的表现形式，我们遵从 Aiken 和 West（1991）的建议，计算社会交往频率 $\bar{X}\pm 1SD$ 水平下情感支持与心理福利的关系。如图15-2所示，对社会交往频率高的农村老人而言，情感支持对心理福利的影响更为显著。

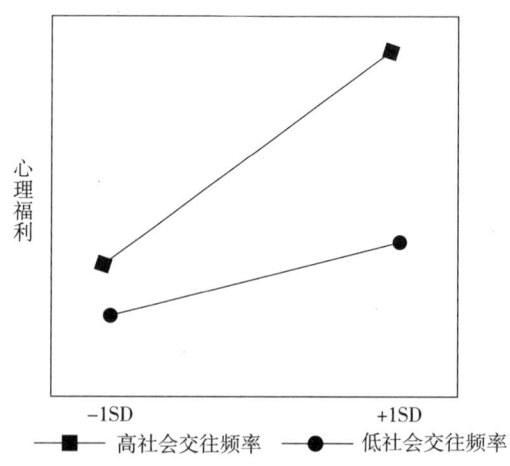

图15-2 情感支持与社会交往频率对心理福利的交互关系

表 15-3 层级分析结果

因变量		心理福利							
		M_{a1}	M_{a2}	M_{a3}	M_{a4}	M_{b1}	M_{b2}	M_{b3}	M_{b4}
控制变量	性别	-0.037	-0.077	-0.095	-0.092	-0.037	-0.066	-0.092	-0.092
	年龄	0.028	0.007	0.005	0.012	0.028	0.001	0.002	0.002
	婚姻	-0.080	-0.071	-0.080	-0.078	-0.080	-0.072	-0.083	-0.083
	居住	0.159	0.104	0.116	0.106	0.159	0.138	0.144	0.144
自变量	ES		0.419***	0.357***	0.356***				
	MS			0.191***	0.211***		0.486***	0.448***	0.448***
调节项	SIF			0.191***	0.211***			0.231***	0.231***
交互项	ES×SIF				0.096**				
	MS×SIF								0.005
R^2		0.034	0.204	0.236	0.245	0.034	0.268	0.319	0.319
F		4.486	108.978***	21.236***	5.832**	4.486	163.097***	37.964***	0.021
ΔR^2		0.034	0.170	0.032	0.009	0.034	0.234	0.051	0.000

注:* 表示 $p<0.05$,** 表示 $p<0.01$,*** 表示 $p<0.001$。

15.5 讨论与总结

15.5.1 理论意义

在本章中，我们检验了实际支持、情感支持与心理福利之间的关系。研究结果主要包括：①实际支持对心理福利有正向影响；②情感支持对心理福利有正向影响；③社会交往频率调节了情感支持对心理福利的影响。

本章针对农村老年群体，从社会支持的视角对心理福利进行探讨，检验了实际支持与情感支持对心理福利的正向影响。回顾文献发现，有关老人心理问题的研究大多集中于城市老人或整体老年群体，对更需要关注的农村老人研究较少。在中国的二元经济结构下，城、乡老人的处境有很大差异。本章将关注点集中在农村老年群体上，更具实践意义。农村老人面临更多的生活困难和压力，由于身体机能衰退、收入不稳定、子女外出务工、无人陪伴、精神慰藉缺失等问题，很容易产生严重的心理疾病。社会支持通过弱化或阻止压力应激反应，缓冲老人遇到应激事件时的负性情绪，减少应激事件对个体的易感性。朋友、邻居、子女等提供的实际支持能缓解因经济困难和疾病等给老人带来的心理压力，减弱负性情绪的影响，提高心理满足程度。情感支持能让老人感受到被关爱与重视，缓解无人陪伴所造成的孤独和寂寞。同时，精神上的慰藉也能减轻老人因体弱、衰老产生的失落感。总之，来自外界的社会支持会对老人的心理产生积极的影响，提高其心理福利水平（杨春江等，2017）。

本章检验了社会交往频率在情感支持与心理福利之间的调节作用。农村老人的频繁交往显著地增强了情感支持与心理福利之间的正向关系。交友广泛能促使更多人分担老人的苦闷和压力，关系密切能使他人更易产生情感共鸣和提供更及时的帮助。这些来自外界的同情、关心和帮助会增加老人的社会归属感与认同感，有效减缓生活压力对老人造成的心理伤害。总之，社会交往频率越高说明社会关系构建得越广泛和紧密，"关系"能提供的社会支持就越多，老人情感上的需求就越能得到满足，心理福利水平就越高。分析结果未能支持社会交往频率在实际支持与心理福利之间的调节作用。造成这一结果可能是由于：①农村老人主要靠子女等家人和近亲提供实际物质帮助，在这方面老人之间的差异不明显；②现阶段中国农村社会中，老人与邻居、相关群体和社会等的关系尚不足以构成强关系，只能提供有限的实际支持。

15.5.2 实践意义

在提供实际支持方面，①政府应健全农村老人养老的法律制度，加大投入，通过制定相应的公共政策，不断完善社会支持体系，以财政拨款的方式设立养老专项基金，为高龄、低保、孤寡的农村老人提供必要的经济支持。②充分调动非营利组织的支持作用，多重渠道筹集资金，开展扶困助老活动；提供多元化的服务以满足不同农村老人的需要。③加大对乡镇企业的支持力度，增加就业机会，留住农村劳动力，从而在家庭方面对农村老人提供实际支持。④倡导全社会共同关注老人尤其是农村老人的心理健康问题，献己之力，为老人提供帮助与支持。

为帮助老人营造良好的社会和生活氛围，丰富农村老人的精神生活：①社会方面，通过广告、条幅、广播等宣传手段，开展"敬老爱老"的宣传活动，发扬孝敬老人的风尚。②基层组织方面，村委会应建立综合性老年活动中心，开设棋牌室、乒乓球室、票友活动室、图书报刊阅览室等，使他们在活动中排解孤独和寂寞，增强自我价值感的同时，也能增加与外界的交往与联系；发挥农村党员模范作用，带头关爱、孝敬老人，尽可能满足老人的社会需求，给予他们精神慰藉，缓解他们心中的不愉悦感。③子女方面，弘扬"孝"文化，唤醒子女对农村老人的关爱，比如多与父母长辈谈心交流，多回家看望，以此降低农村老人的孤独感。④老人自身方面，基层应开展对农村老人的再教育活动，提高其文化素质和精神自养意识，从而提高农村老人自身对孤独感的慰藉能力，有利于他们精神生活质量的提高。

15.5.3 研究的优势、局限和未来研究方向

相对于以往研究，本章以农村老人为研究对象，具体探讨了两类社会支持（实际支持与情感支持）对心理福利的影响，以及其间社会交往频率的调节机制。受人力和物力条件的限制，本章的研究尚存许多局限：首先，本章的调查范围主要集中在河北省，样本规模受到限制，这在一定程度上抑制了研究的外部效度。后续研究可以选择更广泛的地区进行调查，以进一步检验本章的研究结论。其次，本章选取社会交往频率为调节变量，仅从交往次数上进行了统计，未涉及交往质量。未来研究可以沿着本章思路，综合分析交往次数和质量的调节作用。

参考文献

[1] Aboderin I. Decline in Material Family Support for Older People in Urban Ghana, Africa: Understanding Processes and Causes of Change [J]. The Journals of Gerontology Series B: Psychological Sciences and Social Sciences, 2004, 59 (3): S128-S137.

[2] Aiken L. S., West S. G. Multiple Regression: Testing and Interpreting Interaction [M]. America: Sage Publications, 1991: 265-280.

[3] Ainsworth M. D. S., Blehar M. C., Waters E., Wall S. Patterns of Attachment: A Psychological Study of the Strange Situation [M]. Hillsdale: NJ: Erlbaum, 1978.

[4] Alexopoulos E. C., Geitona M. Self-rated Health: Inequalities and Potential Determinants [J]. International Journal of Environment Research and Public Health, 2009, 6 (9): 2456-2469.

[5] Allison R. A., Foster J. E. Measuring Health Inequality Using Qualitative Data [J]. Journal of Health Economics, 2004, 23 (3): 505-524.

[6] Atchley R C. Social Force and Aging [M]. California: Wadsworth Publishing Company, 1985: 151.

[7] Balzarotti S., Biassoni F., Villani D., Prunas A., Velotti P. Individual Differences in Cognitive Emotion Regulation: Implications for Subjective and Psychological Well-being [J]. Journal of Happiness Studies, 2016, 17 (1): 125-143.

[8] Baron R. M., Kenny D. A. The Moderator-Mediator Variable Distinction in Social Psychological Research: Conceptual, Strategic, and Statistical Considerations [J]. Journal of Personality and Social Psychology, 1986, 51 (6): 1173-1182.

[9] Bartol K. M., Liu W., Zeng X., Wu K. Social Exchange and Knowledge Sharing among Knowledge Workers: The Moderating Role of Perceived Job Security [J]. Management and Organization Review, 2009, 5 (2): 223-240.

[10] Beehr T. A., McGrath J. E. Social Support, Occupational Stress and Anxiety [J]. Anxiety Stress and Coping, 1992, 5 (1): 7-19.

[11] Bennett R. Resilience in the Face of Post-election Violence in Kenya: The Mediating Role of Social Networks on Wellbeing among Older People in the Korogocho Informal Settlement, Nairobi [J]. Social Science & Medicine, 2015, 128 (3): 159-167.

[12] Beydoun M. A., Wang Y. How Do Socio-economic Status, Perceived Economic Barriers and Nutritional Benefits Affect Quality of Dietary Intake among US Adults? [J]. European Journal of Clinical Nutrition, 2008, 63 (2): 303-313.

[13] Blanck P. D., Rosenthal R., Snodgrass S. E., et al. Sex Differences in Eavesdropping on Nonverbal Cues: Developmental Changes [J]. Journal of Personality & Social Psychology, 1979, 37 (2): 273-285.

[14] Boise L., Heagerty B, Eskenzi L. Facing Chronic Illness: The Family Support Model and Its Benefits [J]. Patient Educ Cous, 1996, 27 (1): 75-84.

[15] Borodulin K., Zimmer C., Sippola R, et al. Health Behaviours as Mediating Pathways between Socioeconomic Position and Body Mass Index [J]. International Journal of Behavioral Medicine, 2012, 19 (1): 14-22.

[16] Bowlby J. Attachment and Loss: Retrospect and Prospect [J]. American Journal of Orthopsychiatry, 1982, 52 (4): 664-678.

[17] Bowling A. Measuring Health: A Review of Quality of Life Measurement Scales [M]. Milton Keynes: Open University Press, 1991.

[18] Bultmann U., Kant I. J., Kasl, S. V. Life Style Factor as Risk Factors for Fatigueand Psychological Distress in the Working Population: Prospective Results from the Maas-tricht Cohort Study [J]. JOEM, 2002, 44 (2): 116-124.

[19] Buunk B. P., Oldersma F. L., Dreu C K W D. Enhancing Satisfaction through Downward Comparison: The Role of Relational Discontent and Individual Differences in Social Comparison Orientation [J]. Journal of Experimental Social Psychology, 2001, 37 (6): 452-467.

[20] Canadian Mental Health Association: Mental Health—The Connec-

tion between Mental and Physical Health [EB/OL]. http://www.ontario.cmha.ca/about_ mental_ illness mental_ health.asp? c.

[21] Carver C. S., Scheier M. F., Segerstrom S. C. Optimistsm [J]. Clin-Psychol Rev, 2010, 30 (7): 879-889.

[22] Chang W. C. Social Capital and Subjective Happiness in Taiwan [J]. International Journal of Social Economics, 2009, 36 (8): 844-868.

[23] Chen Y., Williams M. Subjective Social Status in Transitioning China: Trends and Determinants [J]. Social Science Quarterly, 2018, 99 (1): 406-422.

[24] Chou K. L. Social Support and Subjective Well-being among Hong Kong Chinese Young Adults [J]. The Journal of Genetic Psychology, 1999, 160 (3): 319-331.

[25] Christoppher Pollit. Joined-up Government: A Survey [J]. Political Studies Review, 2003 (1): 35.

[26] Cobb S. Social Support as a Moderator of Life Stress [J]. Psychosomatic Medicine, 1976, 38 (5): 300-314.

[27] Cohen J., Cohen P., West S. G., Aiken L. S. Applied Multiple Regression/Correlation Analysis for the Behavioral Sciences: Lawrence Erlbaum, 2003.

[28] Cohen S., Wills T. A. Stress, Social Support, and the Buffering Hypothesis [J]. Psychol Bull, 1985, 98 (2): 310-357.

[29] Cole H. L., Mailath G. J., Postlewaite A. Social Norms, Savings Behavior, and Growth [J]. Journal of Political Economy, 1992, 100 (6): 1092-1125.

[30] Condliffe S., Link C. R. The Relationship between Economic Status and Child Health: Evidence from the United States [J]. American Economic Review, 2008, 98 (4): 1605-1618.

[31] Currie J., Stabile M. Socioeconomic Status and Health: Why is the Relationship Stronger for Older Children? [J]. Nber Working Papers, 2002, 93 (5): 1813-1823.

[32] Deci E. L., Ryan R. M. Handbook of Self-determination Research [M]. Rochester, New York: University of Rochester Press, 2002.

［33］Deci E. L., Ryan R. M. The Support of Autonomy and the Control of Behavior［J］. Journal of Personality and Social Psychology, 1987, 53（6）: 1024-1037.

［34］Deci E. L., Ryan R. M. The "What" and "Why" of Goal Pursuits: Human Needs and the Self-determination of Behavior［J］. Psychological Inquiry, 2000, 11（4）: 227-268.

［35］Deri C. Social Networks and Health Service U-tilization in Canada［J］. Journal of Health Economics, 2003, 24（6）: 1076-1107.

［36］Diener E. D., Emmons R. A., Larsen R. J., et al. The Satisfaction with Life Scale［J］. Journal of Personality Assessment, 1985, 28（1）: 489.

［37］Diener E., Emmons R. A., Larsen R. J., Griffin S. The Satisfaction with Life Scale［J］. Journal of Personality Assessment, 1985, 49（1）: 71-75.

［38］Diener E. Traits Can Be Powerful, But Are Not Enough: Lessons from Subjective Well-being［J］. Journal of Research in Personality, 1996, 30（3）: 389-399.

［39］Dinsa G. D., Goryakin Y., Fumagalli E., et al. Obesity and Socioeconomic Status in Developing Countries: A Systematic Review［J］. Obesity Review, 2012, 13（11）: 1067-1079.

［40］Dr Christina Boswell. Combining Economics and Sociology in Migration Theory［J］. Journal of Ethnic & Migration Studies, 2008, 34（4）: 549-566.

［41］Duperluis L. C. Aldwin R. Does the Source of Support Matter for Different Health Outcome? Findings from the Normative Aging Study［J］. Journal of Aging Health, 2001, 13（4）: 494-510.

［42］Dávila A., Mora M. T. The Marital Status of Recent Mexican Immigrants in the United States in 1980 and 1990［J］. International Migration Review, 2001, 35（2）: 506-524.

［43］Easterlin R. A. Does Economic Growth Improve the Human Lot? Some Empirical Evidence［C］. In P. A. David & M. W. Reder（Eds.）, Nations and Households in Economic Growth. Cambridge, Massachusetts: Academic Press, 1974: 89-125.

[44] Edwards J. R., Lambert L. S. Methods for Integrating Moderation and Mediation: A General Analytical Framework Using Moderated Path Analysis [J]. Psychological Methods, 2007 (12): 1-22.

[45] Ehrenberg R. G., Smith R. S. Modern Labor Economics [M]. Addison-Wesley, 2000: 145.

[46] Evans M. D. R., Kelley J. Subjective Social Location: Data from 21 Nations [J]. International Journal for Quality in Health Care, 2004, 16 (1): 3-38.

[47] Fabian F. J., Xiao S. Work Values, Job Satisfaction and Organizational Commitment in China [J]. International Journal of Human Resource Management, 2012, 23 (10): 2144-2162.

[48] Feeney B. C. The Dependency Paradox in Close Relationships: Accepting Dependence Promotes Independence [J]. Journal of Personality and Social Psychology, 2007, 92 (2): 268-285.

[49] Feinstein J. S. The Relationship between Socioeconomic Status and Health: A Review of the Literature [J]. The Milbank Quarterly, 1993, 71 (2): 279-322.

[50] Festinger L. A Theory of Social Comparison [J]. Human Relations, 1954, 7 (2): 117-140.

[51] Fisher C. D. Why Do Lay People Believe That Satisfaction and Performance Are Correlated? Possible Sources of a Commonsense Theory [J]. Journal of Organizational Behavior, 2003, 24 (6): 753-777.

[52] Fornel C., Larcker D. F. Evaluating Structural Equation Models with Unobservable Variables and Measurement Error [J]. Journal of Marketing Research, 1981, 18 (3): 39-50.

[53] Frese M. Stress at Work and Psychosomatic Complaints: A Causal Interpretation [J]. J Appl Psychol, 1985, (70): 314-328.

[54] Fujita M., Krugman P. The New Economic Geography: Past, Present and the Future [J]. Papers in Regional Science, 2003, 83 (1): 139-164.

[55] Giddens A. The Constitution of Society: Outline of the Theory of Structuration [M]. Univ of California Press, 1986.

[56] Gillath O., Shaver P. R., Mikulincer M., Nitzberg R. E., Erez A.,

Ijzendoorn Mh. Attachment, Caregiving, and Volunteering: Placing Volunteerism in an Attachment-Theoretical Framework [J]. Personal Relationships, 2005, 12 (4): 425-446.

[57] Glorioso V., Pisati M. Social Inequalities Regarding Health and Health Behavior in Austrian Adults [J]. Public Health Nutrition, 2007, 10 (2): 158-167.

[58] Greenwell L., Bengtson V. L. Geographic Distance and Contact between Middle-aged Children and Their Parents: The Effects of Social Class over 20 Years [J]. The Journals of Gerontology Series B: Psychological Sciences and Social Sciences, 1997, 52 (1): 13-26.

[59] Gregory Veeck, Clifton W. Pannell. Rural Economic Restructuring and Farm Household Income in Jiangsu, People's Republic of China [J]. Annals of the Association of American Geographers, 1989, 79 (2): 275-292.

[60] Gross J. J. The Emerging Field of Emotion Regulation: An Integrative review [J]. Review of General Psychology, 1998, 2 (3): 271-299.

[61] Grossman M. On the Concept of Health Capital and the Demand for Health [J]. The Journal of Political Economy, 1972, 80 (2): 223-255.

[62] Hair J. F., Anderson R. E., Tatham R. L., Black W. C. Multivariate Data Analysis (5th end.) [M]. Newjersey: Prentice Hall, 1998: 167-200.

[63] Harris J. R., Todaro M. P. Migration, Unemployment and Development: A Two-Sector Analysis [J]. American Economic Review, 1970, 60 (1): 126-142.

[64] Hayes A. F., Scharkow M. The Relative Trustworthiness of Inferential Tests of the Indirect Effect in Statistical Mediation Analysis: Does Method Really Matter? [J]. Psychological Science, 2013 (24): 1918-1927.

[65] Hegney D., Plank A. Extrinsic and Intrinsic Work Values: Their Impact on Job Satisfaction in Nursing [J]. Journal of Nursing Management, 2006, 14 (4): 271-281.

[66] Helliwell J. F., Putnam R. D. Economic Growth and Social Capital in Italy [J]. Eastern Economic Journal, 1995, 21 (3): 295-307.

[67] Holbrook M. B. Aims, Concepts, and Methods for the Representation

of Individual Differences in Esthetic Responses to Design Features [J]. Journal of Consumer Research, 1986, 13 (3): 337-347.

[68] Huang C., Elo I. T. Mortality of the Oldest Old Chinese: The Role of Early-life Nutritional Status, Socio-economic Conditions, and Sibling Sex-composition [J]. Population Studies, 2009, 63 (1): 7-20.

[69] Jackman M. R., Jackman R. W. An Interpretation of the Relation between Objective and Subjective Social Status [J]. American Sociological Review, 1973, 38 (5): 569-582.

[70] James E. Birren. The Concept and Measurement of Quality of Life in the Frail Elderly [M]. San Diego: Academic Press, 1991: 55-57.

[71] Jasso G., Massey D. S., Rosenzweig M R, et al. Immigrant Health—Selectivity and Acculturation, 2004: 227-266.

[72] Johnson D. Two-wave Panel Analysis: Comparing Statistical Methods for Studying the Effects of Transitions [J]. Journal of Marriage and Family, 2005 (67): 1061-1075.

[73] Joormann J., Hertel P. T., Brozovich F., Gotlib I. H. Remembering the Good, Forgetting the Bad: Intentional Forgetting of Emotional Material in Depression [J]. Journal of Abnormal Psychology, 2005, 114 (4): 640-648.

[74] Jost T., Kay C. Social Justice: History, Theory, and Research [A] // Handbook of Social Psychology [M]. John Wiley & Sons, Inc., 2010: 1122-1165.

[75] Kasser T., Sheldon K. M. Time Affluence as a Path toward Personal Happiness and Ethical Business Practice: Empirical Evidence from Four Studies [J]. Journal of Business Ethics, 2009, 4 (2): 243-255.

[76] Katja B., Catherine Z., Risto S., et al. Health Behaviours as Mediating Pathways between Socioeconomic Position and Body Mass Index [J]. International Journal of Behavioral Medicine, 2012, 19 (1): 14-22.

[77] Kawachi, Ichinro, Berkman, Lisa F. Social Ties and Mental Health [J]. Journal of Urban Health: Bulletin of the New York Academy of Medicine, 2001, 78 (3): 458-467.

[78] Kelley H. H. Attribution in Social Interaction [M]. New York: General Learning, 1971.

[79] Kraus M. W., Piff P. K., Mendoza-Denton R. Social Class, Solipsism, and Contextualism: How the Rich are Different from the Poor [J]. Psychological Review, 2012, 119 (3): 546-572.

[80] Laaksonen M., Talala K., Martelin T., et al. Health Behaviours as Explanations for Educational Level Differences in Cardiovascular and All-cause Mortality: A Follow-up of 60000 Men and Women over 23 Years [J]. European Journal of Public Health, 2008, 18 (1): 38-43.

[81] Larson R. Thirty Years of Research on the Subjective Well-being of Older Americans [J]. Journal of Gerontology, 1978, 33 (1): 109-125.

[82] Lee G. R., Netzer J. K., Ishii-Kuntz M. Social Interaction, Loneliness, and Emotional Well-being among the Elderly [J]. Research on Aging, 1987, 9 (4): 459-482.

[83] Liao H. F. Integrating Leader Fairness and Leader-Member Exchange in Predicting Work Engagement: A Contingency Approach [D]. Portland State University, 2013: 317-372.

[84] Liliana B., Nicoleta T. M. Personality, Family Correlates and Emotion Regulation as Well-being Predictors [J]. Procedia - Social and Behavioral Sciences, 2014, 159 (159): 142-146.

[85] Lindsay P. H., Norman D. A. Human Information Processing: An Introduction to Psychology [M]. Academic Press, 2013.

[86] Liu Yang. 2015年中国外出农民工1.68亿人平均工资2864元 [EB/OL]. http://www.askci.com/news/2015/02/28//1746t5.shtml.

[87] Locke E. A. What is Job Satisfaction? [J]. Organizational Behavior and Human Performance, 1969, 4 (4): 309-336.

[88] Lockwood P., Kunda Z. Increasing the Salience of One's Best Selves Can Undermine Inspiration by Outstanding Role Models [J]. Journal of Personality & Social Psychology, 1999, 76 (2): 214-228.

[89] Lu L. Personal or Environmental Causes of Happiness: A Longitudinal Analysis [J]. The Journal of Social Psychology, 1999, 139 (1): 79-90.

[90] Lynda G., Sumantra G. Managing Personal Human Capital: New Ethos for the "Volunteer" Employee [J]. European Management Journal, 2003,

21 (1): 1-10.

[91] McDonough M. H., Sabiston C. M., Wrosch C. Predicting Changes in Post Traumatic Growth and Subjective Well-being among Breast Cancer Survivors: The Role of Social Support and Stress [J]. Psycho-Oncology, 2014, 23 (1): 114-120.

[92] Meehan M. P., Durlak J. A., Bryant F. B. The Relationship of Social Support to Perceived Control and Subjective Mental Health in Adolescents [J]. Journal of Community Psychology, 1993 (21): 49-55.

[93] Mikulincer M., Shaver P. R., Gillath O., Nitzberg R. A. Attachment, Caregiving, and Altruism: Boosting Attachment Security Increases Compassion and Helping [J]. Journal of Personality and Social Psychology, 2005, 89 (5): 817.

[94] Miltiades H. B. The Social and Psychological Effect of an Adult Child's Emigration on Non-immigrant Asian Indian Elderly Parents [J]. Journal of Cross-Cultural Gerontology, 2002, 17 (1): 33-55.

[95] Mincer J. Family Migration Decision [J]. Journal of Political Economics, 1978, 86 (5): 749-773.

[96] Mino Y., Shigemi J., Tsuda T. Perceived Job Stress and Mental Health in Precision Mach in Eworkers of Japan: A 2 Year Cohort Study [J]. Occupation & Environment, 1999 (56): 41-45.

[97] Muller D., Judd C. M., Yzerbyt V. Y. When Moderation is Mediated and Mediation is Moderated [J]. Journal of Personality and Social Psychology, 2005, 89 (6): 852-863.

[98] Okulicz-Kozaryn A. Religiosity and Life Satisfaction across Nations [J]. Mental Health, Religion & Culture, 2010, 13 (2): 155-169.

[99] Oliver Bakewell. Some Reflections on Structure and Agency in Migration Theory [J]. Journal of Ethnic & Migration Studies, 2010, 36 (10): 1689-1708.

[100] Pais-Ribeiro J., Silva A. M. D., Meneses R. F., et al. Relationship between Optimism, Disease Variables, and Health Perception and Quality of Life in Individuals with Epilepsy [J]. Epilepsy & Behavior, 2007, 11 (1): 33-38.

[101] Park R. E. Human Migration and the Marginal Man [J]. American

Journal of Sociology, 1928 (6): 881-893.

[102] Perri Six. Towards Holistic Governance: The New Reform Agenda [M]. Palgrave, 2002: 28-35.

[103] Portes A., Zhou M. The New Second Generation: Segmented Assimilation and Its Variants [J]. The Annals of the American Academy of Political and Social Science, 1993, 530 (1): 74-96.

[104] Pouget A. Zhang K., Deneve S. et al. Statistically Efficient Estimation Using Population Coding [J]. Neural computation, 1998, 10 (2): 373-401.

[105] Preacher K. J., Haye A. F. SPSS and SAS Procedures for Estimating Indirect Effects in Simple Mediation Models [J]. Behavior Research Methods, 2004 (36): 717-731.

[106] Preston S. H. The Changing Relation between Mortality and Level of Economic Development [J]. Population Studies, 1975 (29): 231-248.

[107] Radcliff B., Shufeldt G. Direct Democracy and Subjective Well-being: The Initiative and Life Satisfaction in the American States [J]. Social Indicators Research, 2016, 128 (3): 1405-1423.

[108] Radloff L. S. The CES-D Scale a Self-report Depression Scale for Research in the General Population [J]. Applied Psychological Measurement, 1977, 1 (3): 385-401.

[109] Rahman O. Excess Mortality for the Unmarried in Rural Bangladesh [J]. International Journal of Epidemiology, 1993 (22): 445-456.

[110] Richard M. R., Edward L. D. Self Determination Theory and the Facilitation of Intrinsic Motivation, Social Development, and Well-being [J]. American Psychologist, 2000, 55 (1): 68-78.

[111] Rijt A. V. D. Selection and Influence in the Assimilation Process of Immigrants [J]. Advances in Group Processes, 2013, 30 (30): 1-35.

[112] Robert S., Kimberly M., Maclin Otto H. Cognitive Psychology [M]. Beijing: Peking University Press, 2005: 1-29.

[113] Rose D. Social Comparisons and Social Order: Issues Relating to a Possible Re-study of W. G. Runciman's "Relative Deprivation and Social Justice" [R]. Iser Working Paper, 2006.

[114] Rowe J. W., Kahn R. L. Successful Aging [J]. The Gerontologist,

1997, 37 (4): 433-440.

[115] Ryan C., P. Walsh. Collaboration of Public Sector Agencies: Reporting and Accountability Challenges [J]. International Journal of Public Sector Management, 2004 (7): 621-631.

[116] Ryan J. J. Work Values and Organizational Citizenship Behaviors: Values That Work for Employees and Organizations [J]. Journal of Business and Psychology, 2002, 17 (1): 123-132.

[117] Ryff C. D., Keyes C. L. M. The Structure of Psychological Well-being Revisited [J]. Journal of Personality and Social Psychology, 1995, 69 (4): 719-727.

[118] Sarracino F. Social Capital and Subjective Well-being Trends: Comparing 11 Western European Countries [J]. Journal of Socio-Economics, 2010, 39 (4): 482-517.

[119] Selye, Hans. The Stress of Life [M]. New York: McGraw-Hill, 1956.

[120] Shaver P. R., Mikulincer M. Attachment-related Psychodynamics [J]. Attachment & Human Development, 2002, 4 (2): 133-161.

[121] Shimada H., Ishizaki T., Kato M. et al. How Often and How Far do Frail Elderly People Need to Go Outdoors to Maintain Functional Capacity? [J]. Archives of Gerontology & Geriatrics, 2010, 50 (2): 140-146.

[122] Shin C., Johnson M. Avowed Happiness as an Overall Assessment of the Quality of Life [J]. Social Indicators Research, 1978, 5 (1-4): 475-492.

[123] Shi Y. J., Cui Y. An Analysis of the Concept of Citizen Equity and Its Impact on Social Justice and Life Satisfaction [J]. Management World, 2006 (10): 39-49.

[124] Sindey Cobb, M. D. Social Support as a Moderator of Life Stress [J]. Psychosomatic Medicine, 1976, 38 (5).

[125] Siu O. L. Job Stress and Job Performance among Employees in Hong Kong: The Role of Chinese Work Values and Organizational Commitment [J]. International Journal of Psychology, 2008, 38 (6): 337-347.

[126] Smith J. P., Kington R. Race, Socioe-conomic Status and Health in Late Life [M]. National Academy Press, 1997: 106-162.

[127] Stark O. Rural-to-Urban Migration in LDCs: A Relative Deprivation Approach [J]. Economic Development & Cultural Change, 1984, 32 (3): 475-486.

[128] Stark O., Taylor J. E. Relative Deprivation and International Migration [J]. Demography, 1989, 26 (1): 1-14.

[129] Steel P., Schmidt J., Shultz J. Refining the Relationship between Personality and Subjective Well-being [J]. Psychological Bulletin, 2008, 134 (1): 138-161.

[130] Stolzenberg R. M. It's about Time and Gender: Spousal Employment and Health [J]. American Journal of Sociology, 2001 (107): 61-100.

[131] Super D. E. A Life-span, Life-space Approach to Career Development [J]. Journal of Vocational Behavior, 1980, 16 (3): 282-298.

[132] Tom Carter, Chesya Polevychok. Housing is Good Social Policy [R]. Canadian Policy Research Networks, 2004: 18.

[133] Tosevski D. L., Milovancevic M. P. Stressful Life Events and Physical Health [J]. Current Opinion in Psychiatry, 2006, 19 (2): 184-189.

[134] Turner R. J., Lloyd D. A. Life-time Traumas and Mental Health: The Signification of Cumulative Adversity [J]. Journal of Health and Social Behavior, 1995 (36): 360-376.

[135] Tyler R., Boeckmann J. Three Strikes and You Are Out, But Why? The Psychology of Public Support for Punishing Rule Breakers [J]. Law and Society Review, 1997, 31 (2): 237-265.

[136] Umberson D. Family Status and Health Behaviours: Social Control as a Dimension of Social Integration [J]. Journal of Health and Social Behavior, 1987 (28): 306-319.

[137] Usui W. M., Keil T. J., Durig K. R. Socioeconomic Comparisons and Life Satisfaction of Elderly Adults [J]. Journal of Gerontology, 1985, 40 (1): 110-114.

[138] Verme P. Life Satisfaction and Income Inequality [J]. Review of Income and Wealth, 2011, 57 (1): 111-127.

[139] Wegener B. Relative Deprivation and Social Mobility: Structural Constraints on Distributive Justice Judgments [J]. European Sociological

Review, 1991, 7 (1): 3-18.

[140] Wilson T. D., Gilbert D. T. Explaining Away: A Model of Affective Adaptation [J]. Perspectives on Psychological Science, 2008, 3 (5): 370-386.

[141] Wilson T. Information Behaviour: An Inter-disciplinary Perspective. An International Conference on Information Seeking in Context [J]. Taylor Graham Publishing, 1997: 39-50.

[142] Wilson W. Correlates of Avowed Happiness [J]. Psychological Bulletin, 1967 (4): 294-306.

[143] Zhao X., Chen Q. Reconsidering Baron and Kenny: Myths and Truths about Mediation Analysis [J]. Journal of Consumer Research, 2010 (37): 197-206.

[144] 边燕杰等. 社会分层、住房产权与居住质量 [J]. 社会学研究, 2005 (3): 82-93.

[145] 蔡昉. 认识中国经济减速的供给侧视角 [J]. 经济学动态, 2016 (4): 14-22.

[146] 蔡昉, 王美艳. 为什么劳动力流动没有缩小城乡收入差距 [J]. 经济学动态, 2009 (8): 4-10.

[147] 蔡玉胜. 中国农村金融体系三十年改革的经验总结与创新研究 [J]. 云南财经大学学报, 2009 (1): 21-27.

[148] 曹炳良. 中国人口老龄化发展趋势百年预测研究报告 [J]. 中国社会工作, 2009 (17): 57-60.

[149] 长沙农民工廉租房曾上新闻联播, 入住民工仅一成 [N]. 潇湘晨报, 2013-11-29.

[150] 陈浩, 刘锡安, 曹亚. 后危机时代下农民工就业决策及困境分析——基于武汉返乡农民工就业安置现状调查 [J]. 农村经济, 2010 (10): 94-98.

[151] 陈和午, 李斌, 刘志阳. 农户创业、村庄社会地位与农户幸福感——基于中国千村调查数据的实证分析 [J]. 农业技术经济, 2018 (10): 57-65.

[152] 陈鸿彬, 徐珍珍. 农民工住房存在的问题与解决对策 [J]. 地域研究与开发, 2013 (1): 41-44.

[153] 陈建宝, 段景辉. 中国性别工资差异的分位数回归分析 [J]. 数

量经济技术经济研究,2009(10):87-97.

[154] 陈世平,乐国安.城市居民生活满意度及其影响因素研究[J].心理科学,2001,24(6):664-666.

[155] 陈锡文.解读农民增收难[J].内部文稿,2002(3):17-19.

[156] 陈亚硕,王潞,陈奥博,李朋波,杨春江.农民工缘何背井离乡?基于社会比较和区位理论的农民外出务工主客观路径分析[J].人力资源管理评论,2018(1):48-61.

[157] 陈云松,范晓光.阶层自我定位、收入不平等和主观流动感知(2003—2013)[J].中国社会科学,2016(12):109-126.

[158] 成德宁.我国进城农民工的居住问题及其解决思路[J].中国人口·资源与环境,2008(4):78-84.

[159] 丛中,安莉娟.安全感量表的初步编制及信度、效度检验[J].中国心理卫生杂志,2004,18(2):97-99.

[160] 崔丽娟,秦茵.养老院老人社会支持网络和生活满意度研究[J].心理科学,2001,24(4):426-428.

[161] 崔岩.流动人口心理层面的社会融入和身份认同问题研究[J].社会学研究,2012(5):141-160.

[162] 崔烨,靳小怡.家庭代际关系对农村随迁父母心理福利的影响探析[J].中国农村经济,2016(6):15-29.

[163] 邓林园,马博辉,武永新.初中生依恋与主观幸福感:自尊的中介作用[J].心理发展与教育,2015,31(2):230-238.

[164] 邓睿,冉光和,肖云等.生活适应状况、公平感知程度与农民工的城市社区融入预期[J].农业经济问题,2016(4):58-69.

[165] 丁成日等.中国快速城市化时期农民工住房类型及其评价[J].城市发展研究,2011(6):49-54.

[166] 董贝蓓.心理不安全感、群体认同对网络集群行为意向的影响[D].中国地质大学硕士学位论文,2016:16-17.

[167] 董君.我国农村民间金融发展:生成、困境与前景[J].科技进步与对策,2005(1):35-43.

[168] 董昕.中国农民工住房问题的历史与现状[J].财经问题研究,2013(1):117-123.

[169] 董兴杰.河北省贫困农村养老状况实证研究[J].燕山大学学

报（哲学社会科学版），2012，13（3）：64-65.

[170] 段景辉，陈建宝. 城乡收入差距影响因素的非参数逐点回归解析[J]. 财经研究，2011，37（1）：101-111.

[171] 樊帆. 金融风暴背景下返乡农民工就业问题探讨——以湖北荆州市为例[J]. 安徽农业科学，2009，37（19）：9158-9160.

[172] 方杰，张敏强，邱皓政. 中介效应的检验方法和效果量测量：回顾与展望[J]. 心理发展与教育，2012（1）：105-111.

[173] 方蔚琼. 我国农民工住房保障模式比较与评析[J]. 经济纵横，2015（2）：105-109.

[174] 费孝通. 乡土中国 生育制度[M]. 北京：北京大学出版社，1998.

[175] 冯冬冬，陆昌勤，萧爱铃. 工作不安全感与幸福感、绩效的关系：自我效能感的作用[J]. 心理学报，2008，40（4）：448-455.

[176] 冯继红. 金融危机背景下农民工就业及外出务工意愿分析[J]. 农业经济问题，2010（1）：35-41.

[177] 冯晓黎，李晶华，李兆良等. 长春市农村老年人生活质量及其影响因素分析[J]. 中国老年学杂志，2005，25（11）：1333.

[178] 傅利平，贾才毛加. 公共服务满意度、社会资本与居民主观幸福感关系研究——基于中国综合社会调查（CGSS）2013的实证分析[J]. 天津大学学报（社会科学版），2017，19（4）：321-326.

[179] 高歌，高启杰. 农村老年人生活满意度及其影响因素分析——基于河南省叶县的调研数据[J]. 中国农村观察，2011（3）：61-62.

[180] 高婧，冯辉，袁群. 怀旧团体心理干预对社区老年人抑郁症状和生活满意的影响[J]. 中国老年学杂志，2011（3）：386-388.

[181] 高文书. 进城农民工就业状况及收入影响因素分析——以北京、石家庄、沈阳、无锡和东莞为例[J]. 中国农村经济，2006（1）：28-34.

[182] 高耀志. 金融危机下的农民工就业导疏与服务模式研究——以河南省为例[J]. 生产力研究，2009（21）：53-55.

[183] 顾大男，曾毅. 高龄老人个人社会经济特征与生活自理能力动态变化研究[J]. 中国人口科学，2004（S1）：14-21.

[184] 顾昕. 当代中国农村医疗体制的变革与发展趋向[J]. 河北学刊，2009，29（5）.

[185] 郭沛. 中国农村非正规金融规模估算 [J]. 中国农村观察, 2004 (2): 21-25.

[186] 郭文斌. 大学生网络交往调查研究 [J]. 中国健康心理学杂志, 2006, 14 (4): 17-22.

[187] 郭新宇, 薛建良. 农民工住房满意度及其影响因素分析 [J]. 河北经贸大学学报, 2015 (3): 111-116.

[188] 郭星华, 才凤伟. 新生代农民工的社会交往与精神健康——基于北京和珠三角地区调查数据的实证分析 [J]. 甘肃社会科学, 2012 (4): 30-34.

[189] 国家统计局. 2015 年农民工检测调查报告 [EB/OL]. http://www.stats.gov.cn/tjsj/zxfb/201604/t201604281349713.html.

[190] 国家统计局. 2014 年全国农民工监测调查报告 [EB/OL]. http://www.stats.gov.cn/tjsj/zxfb/201504/t20150429_797821.html.

[191] 国家统计局. 2011 年我国农民工调查监测报告 [R]. 2012-04-27.

[192] 国家统计局. 中国统计年鉴 [M]. 北京: 中国统计出版社, 2014: 40-56.

[193] 国土资源部. 2010 年全国住房用地供应计划执行情况公告 [EB/OL]. http://www.mlr.gov.cn/zwgk/zytz/201101/t20110129_814507.htm.

[194] 国务院发展研究中心"国际金融危机对农民工就业的影响及对策研究"课题组. 农民工就业总体态势与政策因应: 对 19 个省 (区/市) 107 个村的调查 [J]. 改革, 2010 (6): 5-24.

[195] 韩凯, 王宾. 国际金融危机对农民工就业影响的百村调查 [J]. 经济纵横, 2009 (8): 73-76.

[196] 韩艳. 农民工生活满意度影响因素研究——基于 RUMiC 数据的实证分析 [D]. 南京财经大学硕士学位论文, 2015.

[197] 郝身永. 究竟是患寡、患不均还是患不公？——基于 CGSS (2006) 对居民幸福感决定的经验研究 [J]. 云南财经大学学报, 2015 (5): 3-18.

[198] 贺京同, 那艺, 郝身永. 决策效用、体验效用与幸福 [J]. 经济研究, 2014 (7): 176-188.

[199] 贺雪峰, 董磊明. 农民外出务工的逻辑与中国的城市化道路 [J]. 中国农村观察, 2009 (2): 12-18, 95.

[200] 贺雪峰. 论中国农村的区域差异——村庄社会结构的视角 [J]. 开放时代, 2012 (10): 108-129.

[201] 贺寨平. 个人特征与老年人社会支持 [J]. 江苏社会科学, 2008, 11 (5): 99-105.

[202] 胡宏伟, 串红丽, 杨帆. 我国老年人心理抑郁感及其影响因素研究 [J]. 燕山大学学报 (哲学社会科学版), 2012, 13 (3): 64-65.

[203] 胡杰成. 社会排斥与农民工的城市融入问题 [J]. 兰州学刊, 2007 (7): 87-90.

[204] 胡平, 赵俊怀. 构建和谐社会与农民工市民化 [J]. 农村经济, 2007 (2): 112-114.

[205] 胡荣, 陈斯诗. 农民工的城市融入与公平感 [J]. 厦门大学学报 (哲学社会科学版), 2010 (4): 97-105.

[206] 胡荣华, 陈琰. 农村居民生活满意度统计分析——以江苏为例 [J]. 中国农村经济, 2012 (1): 80-91.

[207] 胡荣华, 葛明贵. 对408名城市农民工心理健康状况的调查 [J]. 中国卫生事业管理, 2008 (3).

[208] 胡小勇, 郭永玉, 李静等. 社会公平感对不同阶层目标达成的影响及其过程 [J]. 心理学报, 2016, 48 (3): 271-289.

[209] 华生. 城市化转型与土地陷阱 [M]. 北京: 东方出版社, 2013: 140.

[210] 黄邦根. 我国农民收入增长缓慢的原因与对策分析 [J]. 农村经济, 2010 (10): 37-40.

[211] 黄洁萍. 社会经济地位对人口健康的影响机制研究进展 [J]. 北京理工大学学报, 2014, 16 (6): 52-60.

[212] 黄洁萍, 尹秋菊. 社会经济地位对人口健康的影响——以生活方式为中介机制 [J]. 人口与经济, 2013 (3): 26-34.

[213] 黄乾. 教育与社会资本对城市农民工健康的影响研究 [J]. 人口与经济, 2010 (2).

[214] 黄胜忠, 伏红勇. 成员异质性、风险分担与农民专业合作社的盈余分配 [J]. 农业经济问题, 2014, 35 (8): 57-64, 111.

[215] 黄婷婷, 刘莉倩, 王大华等. 经济地位和计量地位: 社会地位比较对主观幸福感的影响及其年龄差异 [J]. 心理学报, 2016, 48 (9):

1163-1174.

[216] 黄永明, 何凌云. 城市化、环境污染与居民主观幸福感——来自中国的经验证据 [J]. 中国软科学, 2013 (12): 82-93.

[217] 霍娜, 李超平. 工作价值观的研究进展与展望 [J]. 心理科学进展, 2019, 17 (4): 795-801.

[218] 霍朋. 老年人参加体育锻炼的行为因素 [J]. 中国老年学杂志, 2014 (13).

[219] 霍志刚. 吉林省农村人口老龄化和养老保障研究 [D]. 吉林大学博士学位论文, 2012.

[220] 纪韶. 中国农民工就业状态的调研 [J]. 经济理论与经济管理, 2011 (2): 93-99.

[221] 贾东立, 李毅峰, 李昌俊. 破解农村留守老人问题的心理学思考 [J]. 河北北方学院学报 (社会科学版), 2012, 28 (2): 69-71.

[222] 姜庆志. 基于嵌入性理论的农民工住房保障政策创新研究 [D]. 华中师范大学硕士学位论文, 2012.

[223] 金萍. 论新生代农民工市民化的住房保障 [J]. 社会主义研究, 2012 (4): 89-91.

[224] 金盛华, 田丽丽. 中学生价值观、自我概念与生活满意度的关系研究 [J]. 心理发展与教育, 2003 (2): 58-63.

[225] 赖林. 大学生安全感与生涯决定程度的相关性研究 [D]. 广西师范大学硕士学位论文, 2015.

[226] 李斌. 中国住房改革制度的分割性 [J]. 社会学研究, 2002 (2): 80-87.

[227] 李兵弟. 寻求以制度转化解决农民工住房问题 [J]. 城市规划, 2012 (3): 10-13.

[228] 李丹, 李玉凤. 新生代农民工市民化问题探析——基于生活满意度视角 [J]. 中国人口·资源与环境, 2012, 22 (7): 151-155.

[229] 李德明, 陈天勇, 李贵芸. 空巢老人心理健康状况研究 [J]. 中国老年学杂志, 2003, 7 (23): 405-407.

[230] 李红霞, 张海钟. 社会身份突显性: 从自我参照效应到群体参照效应的研究述评 [J]. 西华大学学报 (哲学社会科学版), 2013, 32 (2): 52-59.

[231] 李红艳,谢咏才,谭英.构建中国乡村传播学的基本思路——传播学本土化的一种探索[J].中国农业大学学报(社会科学版),2005(2):86-89,95.

[232] 李鸿雁,刘娅,王胜今.中国南北方老年人健康状况调查与分析——以广东省珠海市和吉林省长春、四平两市为例[J].人口学刊,2016,38(1):77-87.

[233] 李华胤.社会公平感、愤怒情绪与群体性事件的关系探讨[J].广西师范大学学报(哲学社会科学版),2016(8):26-34.

[234] 李华,张志元,郭威.完善我国农村医疗救助制度的思考[J].人口学刊,2009(1).

[235] 李建华,郭青.新生代农民工特点分析与政策建议[J].农业经济问题,2011,32(3):42-45.

[236] 李建平,罗建兵,任彬彬等.宁夏海原县农村老年人卫生服务需求与利用现况分析[J].宁夏医科大学学报,2012,34(1):55-58.

[237] 李建新.老年人口生活质量与社会支持的关系研究[J].人口研究,2007,31(3):50-60.

[238] 李建新.社会支持与老年人口生活满意度的关系研究[J].中国人口科学,2004(S1):43-47.

[239] 李建新,于学军,王广州等.中国农村养老意愿和养老方式的研究[J].人口与经济,2004(5):7-12.

[240] 李晶."农民工"住房问题及市民化发展趋势下的住房政策调研[J].现代经济探讨,2008(9):58-65.

[241] 李景春,李玉杰,刘志峰.心理和谐与和谐社会辩证互动机制及其发展趋势[J].燕山大学学报(哲学社会科学版),2009,10(1):104-107.

[242] 李骏,吴晓刚.收入不平等与公平分配:对转型时期中国城镇居民公平观的一项实证分析[J].中国社会科学,2012(3):114-128.

[243] 李利英,董晓媛.性别工资差异中的企业效应[J].经济研究,2008(9):112-135.

[244] 李鲁.社会医学[M].北京:人民卫生出版社,2012.

[245] 李民.张家界旅游产业中城乡居民的收入差异分析[J].吉首大学学报,2011,32(3):103-107.

［246］李欧. 工作满意度在民办幼儿教师职业认同与离职意向间的中介作用［J］. 中国健康心理学杂志, 2014（9）: 1355-1357.

［247］李培林, 李炜. 近年来农民工的经济状况和社会态度［J］. 中国社会科学, 2010（1）: 119-131.

［248］李培林, 李炜. 农民工在中国转型中的经济地位和社会态度［J］. 社会学研究, 2007（3）: 1-18.

［249］李培林. 社会冲突与阶级意识当代中国社会矛盾研究［J］. 社会, 2005, 25（1）: 7-27.

［250］李强. 影响中国城乡流动人口的推力与拉力因素分析［J］. 中国社会科学, 2003（1）: 125-136, 207.

［251］李强. 转型时期的中国社会分层结构［M］. 哈尔滨: 黑龙江人民出版社, 2002.

［252］李强. 转型时期的中国社会经济地位结构［M］. 哈尔滨: 黑龙江人民出版社, 2002: 230-244.

［253］李庆华. 制约农村经济发展的因素分析［J］. 西安财经学院学报, 2011, 24（1）: 120-123.

［254］李群, 杨东涛, 卢锐. 组织公平对新生代农民工留职意向的影响——工作满意度的中介效应［J］. 华东经济管理, 2015（7）: 85-91.

［255］李爽爽, 苗丽静. 河南省县域经济增长俱乐部趋同分析及预测［J］. 燕山大学学报（哲学社会科学版）, 2016, 17（2）: 124-131.

［256］李显东. 工作满意度在工作价值观和离职倾向间的中介作用实证研究［D］. 辽宁大学博士学位论文, 2012.

［257］李小建, 周雄飞, 郑纯辉. 河南农区经济发展差异地理影响的小尺度分析［J］. 地理学报, 2008（2）: 147-155.

［258］李妍君, 朱小爽, 陈英和. 大学生社会支持与幸福感: 社交自尊的中介作用［J］. 心理与行为研究, 2014, 12（3）: 351-356.

［259］李昱. 农村老龄人口健康、医疗服务利用和费用及其与新农合关系研究［D］. 山东大学博士学位论文, 2015.

［260］李越, 崔红志. 农村老人主观幸福感及其影响因素分析: 基于山东、河南、陕西三省农户调查数据分析［J］. 中国农村观察, 2014, 35（4）: 18-27.

［261］李珍珍, 陈琳. 农民工健康状况影响因素分析［J］. 南方人口,

2010（4）.

［262］李振军.论和谐社会构建过程中的政府作用——以河北省为例［J］.燕山大学学报（哲学社会科学版），2007，8（1）：45-48.

［263］廉串德，郑日昌.高一学生学校压力与教师领导行为模式的关系［J］.研究心理科学，2003（3）：549-550.

［264］梁波，王海英.城市融入：外来农民工的市民化——对已有研究的综述［J］.人口与发展，2010，16（4）：73-85.

［265］梁成洪.职业女性心理健康状况探略［J］.广西社会科学，2005（12）.

［266］林初锐，李永鑫，胡瑜.社会支持的调节作用研究［J］.心理科学，2004，27（5）：1116-1119.

［267］林桦.自我决定理论研究［D］.湖南师范大学硕士学位论文，2008.

［268］林剑.论人的社会交往与人的本质和人的发展之间的关系［J］.华中师范大学学报（人文社会科学版），1993（7）：81.

［269］刘电芝，鲁迟，彭杜宏.进城农民工城市融入分析——以苏州地区为例［J］.苏州大学学报（哲学社会科学版），2008，29（1）：29-33.

［270］刘华，曹飞.基于农户视角的新型农村合作医疗满意度的实证分析［J］.华中农业大学学报（社会科学版），2010（6）：57-62.

［271］刘辉武.文化资本与农民工的城市融入［J］.农村经济，2007（1）：122-125.

［272］刘慧君，李树茁.中国社会转型下的心理福利与社会支持［J］.公共管理学报，2012，4（2）：42-48.

［273］刘慧君，唐荷娟.社会转型期农村养老困境的破解——老年公寓和新农保对农村老人心理福利的影响［J］.人口与社会，2016（1）：38-50.

［274］刘济群，闫慧.农村女性居民信息搜寻行为研究——甘皖津三地的田野发现［J］.图书情报知识，2015（1）：4-13.

［275］刘建娥.乡—城移民（农民工）社会融入的实证研究——基于五大城市的调查［J］.人口研究，2010，34（4）：62-77.

［276］刘靖东，钟伯光，姒刚彦.自我决定理论在中国人人群的应用［J］.心理科学进展，2013，21（10）：1803-1813.

[277] 刘静. 蚁族群体社会公平感与主观幸福感的关系研究——基于心理弹性和压力知觉的视角［D］. 河南大学硕士学位论文，2013.

[278] 刘丽杭，唐景霞. 社会经济地位对居民健康公平的影响［J］. 中国卫生经济，2004，23（6）：40-42.

[279] 刘倩辉. 体育锻炼对老年人生存质量的影响研究［D］. 山东大学硕士学位论文，2013.

[280] 刘雪荣，于普林，叶文等. 河北省燕郊社区717名老年人慢性病现况调查［J］. 中华老年医学杂志，2004，23（1）：44-47.

[281] 刘祖云，刘敏. 关于人力资本、社会资本与流动农民社会经济地位关系的研究述评［J］. 社会科学研究，2005（6）：124-129.

[282] 娄文龙，杨春江，唐学庆. 农民工住房保障供给机制存在的问题及其解决路径［J］. 城市问题，2016（10）：69-76.

[283] 卢海阳，梁海兵，钱文荣. 农民工的城市融入：现状与政策启示［J］. 农业经济问题，2015（7）：26-36.

[284] 卢海阳，郑逸芳，钱文荣. 农民工融入城市行为分析——基于1632个农民工的调查数据［J］. 农业技术经济，2016（1）：26-36.

[285] 卢宪英. 社会比较理论视角下的农村攀比现象考察——以山东省3市10村为例［J］. 中国农村观察，2014（3）：65-72.

[286] 陆铭，蒋仕卿，佐藤宏. 公平与幸福［J］. 劳动经济研究，2014（1）：26-48.

[287] 逯野，李陶然，温宏兰等. 后金融危机背景下农民工就业状况及影响因素分析——基于河北样本［J］. 燕山大学学报，2011，13（4）：116-120.

[288] 吕萍，周滔. 农民工住房保障问题认识及对策研究［J］. 城市发展研究，2008（3）：110-114.

[289] 吕炜，番绍立，樊静丽. 我国农民工市民化政策对城乡收入差距影响的实证研究——基于CGE模型的模拟分析［J］. 管理世界，2015（7）：170-171.

[290] 吕晓俊. 社会公平感形成的心理机制研究述评［J］. 河南师范大学学报，2010（3）：27-31.

[291] 罗楚亮. 与权力中心距离对城镇居民收入的影响——基于中国城镇住户调查数据的实证研究［J］. 学术研究，2014（8）：64-72，159.

[292] 罗能生，彭郁. 交通基础设施建设有助于改善城乡收入公平吗？——基于省级空间面板数据的实证检验 [J]. 产业经济研究，2016 (4)：100-110.

[293] 罗霞，陈维政. 自我决定理论与积极组织管理 [J]. 商业经济与管理，2010，1 (9)：39-43.

[294] 罗霞，王春光. 新生代农村流动人口的外出动因与行动选择 [J]. 浙江社会科学，2003 (1)：111-115.

[295] 马克思. 雇佣劳动与资本 [M]. 北京：人民出版社，1971.

[296] 马默特. 地位决定你的健康 [M]. 冯星林，王曲译. 北京：中国人民大学出版社，2008.

[297] 马秀颖，王志涛，杨雪娇. 农民工日均劳动时间及其影响因素研究——基于长春市 382 位外来农民工调查 [J]. 调研世界，2013 (1).

[298] 梅亦，龙立荣. 中国农民工城市融入的问题研究 [J]. 江西财经大学学报，2013 (5)：101-106.

[299] （美）马斯洛. 动机与人格 [M]. 许金声等译. 北京：华夏出版社，1987：44-49.

[300] 孟卫东，张彦楠，孙菊，司林波. 推进河北沿海地区发展的人力资源支持体系研究 [J]. 燕山大学学报（哲学社会科学版），2014，15 (2)：105-109.

[301] 闵婕. 农民工安全感、生活满意度及应对方式的相关研究 [D]. 河北师范大学硕士学位论文，2012.

[302] 穆光宗，陈俊杰. 中国农民生育需求的层次结构 [J]. 人口研究，1996 (2)：25-33.

[303] 倪鹏飞. 中国住房发展报告（2014-2015）[M]. 北京：社会科学文献出版社，2015：263.

[304] 牛晓丽，胡继宏，宋辉. 银川中学教师职业紧张及心理健康状况评定 [J]. 中国学校卫生，2005 (11).

[305] 欧文. 欧文选集（第 2 版）[M]. 北京：商务印书馆，1979.

[306] 潘静洲，赵煌，周文霞，龚铭. 得到的并非我想要的——职业成功观与职业成功感知的差异对幸福感的影响 [J]. 中国人力资源开发，2016 (11)：6-17.

[307] 裴志军. 家庭社会资本、相对收入与主观幸福感：一个浙西农

村的实证研究 [J]. 农业经济问题, 2010, 31 (7): 22-30, 111.

[308] 彭代彦, 匡远凤. 民生工程建设与农民工生活满意度 [J]. 徐州工程学院学报, 2014, 29 (1): 51-57.

[309] 彭代彦. 农村基础设施投资与农业解困 [J]. 经济学家, 2002 (5): 79-82.

[310] 彭华民等. 排斥与融入: 低收入农民工城市住房困境与住房保障政策 [J]. 山东社会科学, 2012 (8): 20-29.

[311] 彭泰中, 廖文梅. 信息不对称理论下的农产品市场风险研究——从农民承担的风险视角分析 [J]. 农机化研究, 2007 (5): 8-11.

[312] 彭晓哲, 周晓林. 情绪信息与注意偏向 [J]. 心理科学进展, 2005, 13 (4): 488-496.

[313] 蒲艳萍, 吴永球. 经济增长、产业结构与劳动力转移 [J]. 数量经济技术经济研究, 2005 (9): 20-30.

[314] 钱文荣, 李宝值. 初衷达成度、公平感知度对农民工留城意愿的影响及其代际差异——基于长江三角洲16城市的调研数据 [J]. 管理世界, 2013 (9): 89-101.

[315] 钱文荣, 张忠明. 农民工在城市社会的融合度问题 [J]. 浙江大学学报 (人文社会科学版), 2006, 36 (4): 115-121.

[316] 全国老龄工作委员会办公室. 我国人口老龄化发展趋势预测研究报告 [EB/OL]. http://www.china.com.cn/chinese/news/1134589.htm.

[317] 冉光和, 张金鑫, 李敬. 农村金融发展对城乡收入差距的影响——以重庆市为例 [J]. 城市问题, 2009 (10): 48-52.

[318] 冉茂洋. 建立和完善中国农村健康保障制度 [D]. 西南财经大学硕士学位论文, 2001.

[319] 任鑫, 薛宝贵. 生产要素单向流动对城乡收入差距的效应研究 [J]. 人文杂志, 2016 (7): 49-54.

[320] 任焰, 梁宏. 资本主导与社会主导——"珠三角"农民工居住状况分析 [J]. 人口研究, 2009 (2): 92-101.

[321] 任远, 邬民乐. 城市流动人口的社会融合: 文献述评 [J]. 人口研究, 2006, 30 (3): 87-94.

[322] 史耀疆, 崔瑜. 公民公平观及其对社会公平评价和生活满意度影响分析 [J]. 管理世界, 2006 (10): 39-49.

[323] 斯蒂芬·戈德史密斯,威廉·埃格斯.网络化治理:公共部门的新形态[M].北京:北京大学出版社,2008:2.

[324] 宋璐,李亮,李树茁.子女迁移对农村老年人心理福利的影响——基于安徽省的纵贯调查[J].中国人口科学,2015(2):115-125.

[325] 苏群,周春芳.农民工人力资本对外出打工收入影响研究——江苏省的实证分析[J].农村经济,2005(7):115-118.

[326] 谭羚雁,娄成武.保障性住房政策过程的中央与地方政府关系[J].公共管理学报,2012(1):52-63.

[327] 檀学文.时间利用对个人福祉的影响初探——基于中国农民福祉抽样调查数据的经验分析[J].中国农村经济,2013(10):76-90.

[328] 唐朝生,芦佩,樊少云等.京津冀城市群空间经济联系研究——基于修正引力模型[J].燕山大学学报(哲学社会科学版),2017,18(6):80-87.

[329] 陶然.以土地制度改革解决农民工住房问题[J].中国党政干部论坛,2013(11):15-18.

[330] 田北海,耿宇瀚.农民工与市民的社会交往及其对农民工心理融入的影响研究[J].学习与实践,2013(7):97-107.

[331] 田凯.关于农民工的城市适应性的调查分析与思考[J].社会科学研究,1995(5):90-95.

[332] 同钰莹.亲情感对老年人生活满意度的影响[J].人口学刊,2000(4):35.

[333] 宛恬伊.新生代农民工的居住水平与住房消费[J].中国青年研究,2010(5):47-51.

[334] 万懿,张腾霄,杨辉,刘正奎.新生代农民工生活压力与负性情绪:婚姻的调节作用[J].中国临床心理学杂志,2014(1).

[335] 王佃利,刘保军,楼苏萍.新生代农民工的城市融入——框架建构与调研分析[J].中国行政管理,2011(2):111-115.

[336] 王甫勤.公平感影响农民工城市融合[N].中国社会科学报,2013-04-26(A08).

[337] 王洪亮,屠亚富.中国"幸福——收入之谜"现象研究[J].南京审计学院学报,2016(2):31-39.

[338] 王怀明,尼楚君,王翌秋.农村居民收入和收入差距对健康的影

响分析——基于医疗服务配置与利用视角［J］. 农业技术经济, 2011 (6): 120-128.

［339］王培刚. 城市居民生活质量满意度影响因素的代际差异研究［J］. 中国青年研究, 2008 (3): 37.

［340］王萍, 李树茁. 代际支持行为对农村老年人生活满意度影响的纵向分析［J］. 人口研究, 2011, 35 (1): 44-52.

［341］王萍, 李树茁. 子女迁移背景下代际支持对农村老人生理健康的影响［J］. 人口与发展, 2012, 18 (2): 61-71.

［342］王琼, 叶静怡. 务工人员健康状况、收入与超时劳动［J］. 中国农村经济, 2016 (2): 2-22.

［343］王硕, 艾斌. 西藏城市老年人社会交往结构研究［J］. 云南民族大学学报（哲学社会科学版）, 2012, 29 (4): 74-83.

［344］王希文, 杨俊杰, 韩波. 浅析农民收入增长滞缓的成因及对策［J］. 软科学, 2002 (2): 52-56.

［345］王晓峰, 温馨. 劳动权益对农民工市民化意愿的影响——基于全国流动人口动态监测8城市融合数据的分析［J］. 人口学刊, 2017 (1): 38-49.

［346］王新华, 王海生. 中国农村金融发展概况及政策建议［J］. 上海金融, 2008 (4): 83-88.

［347］王新军, 郑超. 医疗保险对老年人医疗支出与健康的影响［J］. 财经研究, 2014, 40 (12).

［348］王星. 市场与政府的双重失灵——新生代农民工住房问题的政策分析［J］. 江海学刊, 2013 (1): 101-108.

［349］王延中, 江翠萍. 农村居民医疗服务满意度影响因素分析［J］. 中国农村经济, 2010 (8): 80-87.

［350］韦艳, 贾亚娟. 社会交往对农村老年女性健康自评的影响：基于陕西省调查的研究［J］. 人文杂志, 2010, 18 (4): 160-165.

［351］位志宇, 廖士光, 韩忠伟. 农村金融支持与城乡收入差距的经济效应研究［J］. 华南农业大学学报, 2007, 6 (1): 1-9.

［352］魏钦恭, 张彦, 李汉林. 发展进程中的"双重印象"：中国城市居民的收入不公平感研究［J］. 社会发展研究, 2014 (3): 1-32.

［353］温忠麟, 刘红云, 侯杰泰. 调节效应和中介效应分析［M］. 北

京：教育科学出版社，2012.

［354］温忠麟，叶宝娟. 有调节的中介模型检验方法：竞争还是替补？［J］. 心理学报，2014，46（5）：714-726.

［355］温忠麟，叶宝娟. 中介效应分析：方法和模型发展［J］. 心理科学进展，2014，22（5）：731-745.

［356］温忠麟，张雷，侯杰泰. 有中介的调节变量和有调节的中介变量［J］. 心理学报，2006（3）：448-452.

［357］文军. 当代中国农村人口非农化的根本动因——谈《寻求生存——当代农村外出人口的社会学研究》［J］. 开放时代，2001（10）：123-126.

［358］吴艾竞. 我国农村医疗保险的改革新思路——以浙江省为例［J］. 农业经济，2009（7）.

［359］吴国宝，檀学文. 用多少时间为自己而活？——作为福祉的农民个人生活时间影响因素分析［J］. 中国农村经济，2015（9）：57-68.

［360］吴琼. 主观社会地位评价标准的群体差异［J］. 人口与发展，2014，20（6）：63-70.

［361］吴艳，温忠麟，林冠群. 潜变量交互效应建模：告别均值结构［J］. 心理学报，2009，41（12）：1252-1259.

［362］夏怡然. 农民工定居地选择意愿及其影响因素分析——基于温州的调查［J］. 中国农村经济，2010（3）：35-44.

［363］肖水源，杨德森. 社会支持对身心健康的影响［J］. 中国心理卫生杂志，1987，1（4）：183-187.

［364］谢小庆. 洞察人生——心理测量学［M］. 济南：山东教育出版社，1992：193-199.

［365］邢占军，张羽. 社会支持与主观幸福感关系研究［J］. 社会科学研究，2007（6）：9-14.

［366］熊景维，钟涨宝. 农民工家庭化迁移中的社会理性［J］. 中国农村观察，2016（4）：40-55，95-96.

［367］徐道稳. 生存境遇、心理压力与生活满意度——来自深圳富士康员工的调查［J］. 中国人口科学，2010（4）：104-110，112.

［368］徐明颖，陈爱保，杨家强，吴莹，钟伟强. 上海市社区老年人群生活满意度的初步研究［J］. 中国全科医学，2002，5（8）：637-638.

［369］徐淑英，樊景立. 组织与管理研究的实证方法［M］. 北京：北

京大学出版社，2012.

［370］许崇正，高希武. 农村金融对增加农民收入支持状况的实证分析［J］. 金融研究，2005（9）：173-185.

［371］许莲凤. 公共产品理论视域下的新生代农民工住房保障实现路径研究［J］. 东南学术，2013（6）：63-69.

［372］宣杰，董晓. 基于个人—环境匹配理论的个体需求与工作压力关系研究［J］. 燕山大学学报（哲学社会科学版），2012，13（4）：97-103.

［373］严标宾，郑雪，邱林. 社会支持对大学生主观幸福感的影响［J］. 应用心理学，2003，4（9）：22-28.

［374］阳义南，章上峰. 收入不公平感、社会保险与中国国民幸福［J］. 金融研究，2016（8）：34-50.

［375］杨春江，侯红旭，娄文龙. 社会支持对农村老人生活满意的影响机制研究——基于河北省19个村的调查［J］. 农业经济问题，2017，38（2）：75-84，2-3.

［376］杨春江，黄婉凝. 农民工生活压力与工作时间对生活满意的作用机制研究——健康和社会融入的中介作用［J］. 燕山大学学报（哲学社会科学版），2018，19（2）：82-89.

［377］杨春江，李雯，逯野. 农民工收入与工作时间对生活满意度的影响——城市融入与社会安全感的作用［J］. 农业技术经济，2014（2）：36-46.

［378］杨春江，刘微，温宏兰，逯野. 农民工个体特征和工作性质与其就业境况的相关性——基于河北310名农民工的调查数据［J］. 湖南农业大学学报（社会科学版），2013，14（2）：34-40.

［379］杨春江，刘微. 中国农村金融体系发展对城乡收入差距的影响研究［J］. 农业经济与管理，2013（4）：47-52.

［380］杨春江，穆罗娜，侯红旭，娄文龙. 社会支持对农村老人心理福利的影响机制研究——基于河北省516位农村老人的问卷调查［J］. 燕山大学学报（哲学社会科学版），2017，18（4）：82-88.

［381］杨春江，逯野，张敬伟. 后金融危机背景下农民工就业现状与特征：基于河北样本的分析［J］. 农业经济，2012（2）：70-72.

［382］杨春江，田鹏妹，陈亚硕. 公平与安全对农民工社会融入的影

响研究——基于生活满意和经济收入的作用 [J]. 农业现代化研究，2017，38（5）：843-851.

[383] 杨春江. 我国新型农村合作医疗体系的农村居民参与意愿与行为研究 [J]. 农业经济，2011（4）：45-47.

[384] 杨春江，杨彤，赵新元，李朋波. 生活何以幸福？基于中国城乡居民劳动力动态调查的多路径解读 [J]. 中国人力资源开发，2019，36（2）：118-133.

[385] 杨舸，孙磊. 从"民工慌"到"民工荒"——后金融危机时代对农民工就业问题的反思 [J]. 中国青年研究，2010（1）：69-74.

[386] 杨菊华. 从隔离—选择融入到融合：流动人口社会融入问题的理论思考 [J]. 人口研究，2009，33（1）：17-29.

[387] 杨廷忠，黄汉腾. 社会转型中城市居民心理压力的流行病学研究 [J]. 中华流行病学杂志，2003（9）：11-15.

[388] 杨晓东. 城镇化背景下的农村老龄化问题研究——以潍坊市为例 [D]. 山东大学硕士学位论文，2014.

[389] 杨云彦，褚清华. 外出务工人员的职业流动、能力形成和社会融合 [J]. 中国人口·资源与环境，2013，23（1）：75-80.

[390] 杨云彦，石智雷. 家庭禀赋对农民外出务工行为的影响 [J]. 中国人口科学，2008（5）：66-72，96.

[391] 姚耀军. 金融发展与城乡收入差距关系的经验分析 [J]. 财经研究，2005，31（2）：49-57.

[392] 叶宝娟，温忠麟. 有中介的调节模型检验方法：甄别和整合 [J]. 心理学报，2013，45（9）：1050-1060.

[393] 叶敬忠. 农民发展创新中的社会网络 [J]. 农业经济问题，2004（9）：37-43.

[394] 叶敬忠，张弘. 透视中国农村留守人口社会科学论坛 [J]. 社会科学论坛（学术评论卷），2009（3）：102-115.

[395] 叶子. 温家宝报告语录：让人民生活更加幸福更有尊严 [EB/OL]. 2017-10-18, http：//www.china.com.cn/news/zhuanti/2010lianghui/2010-03/05/content_ 19534976.htm.

[396] 尹庆双，王薇，王鹏. 我国农村居民的收入与健康状况循环效应分析——基于 CHNS 数据的实证分析 [J]. 经济学家，2011（11）.

[397] 尹尚菁. 北京市崇文区老年人慢性病患病现状及影响因素分析 [J]. 中国初级卫生保健, 2011, 25 (4): 43-46.

[398] 于铁山. 个人主观社会地位的社会影响因素——基于 CLDS (2012) 数据的实证研究 [J]. 人口与社会, 2015, 31 (1): 89-97.

[399] 于勇, 陶立坚, 杨土保. 中国人口老龄化与公共卫生服务的需要 [J]. 中国老年学杂志, 2013, 33 (1): 226-228.

[400] 袁松. 消费文化、面子竞争与农村的孝道衰落——以打工经济中的顾村为例 [J]. 西北人口, 2009, 30 (4): 38-42.

[401] 苑会娜. 进城农民工的健康与收入——来自北京市农民工调查的证据 [J]. 管理世界, 2009 (5): 56-66.

[402] 岳经纶, 张虎平. 收入不平等感知、预期与幸福感——基于 2017 年广东省福利态度调查数据的实证研究 [J]. 公共行政评论, 2018 (3): 100-119.

[403] 曾国安等. 农民工住房问题的体制约束与创新构想 [J]. 江西社会科学, 2015 (6): 192-197.

[404] 曾维和. "整体政府"论——西方政府改革新趋向 [J]. 国外社会科学, 2009 (2): 106-112.

[405] 曾伟楠, 马泽威, 王娜. 自尊在心理安全感与生活满意度关系中的中介作用 [J]. 中国健康心理学杂志, 2016 (10): 1491-1494.

[406] 张爱莲, 李梦秋. 太原市某社区老年人慢性病患病情况的调查分析 [J]. 社区医学杂志, 2016 (11).

[407] 张昌彩. 人口老龄化: 影响、特点与对策 [J]. 开放导报, 2008 (3): 28-32.

[408] 张斐. 新生代农民工市民化现状及影响因素分析 [J]. 人口研究, 2011, 35 (6): 100-109.

[409] 张洪霞. 新生代农民工社会融合的内生机制创新研究——人力资本、社会资本、心理资本的协同作用 [J]. 农业现代化研究, 2013, 34 (4): 412-416.

[410] 张建萍, 纳冬荃, 楚学文. 呈贡县农村老年人卫生服务需求与利用的调查 [J]. 中国农村卫生事业管理, 2002, 22 (5): 21-22.

[411] 张建涛. 城镇化与收入结构的相关效应研究——基于陕西省的实证分析 [J]. 天津商业大学学报, 2017 (5): 19-28.

[412] 张黎莉. 家庭式迁移农民工的工作——家庭关系研究 [D]. 浙江大学博士学位论文, 2009.

[413] 张力, 孙鹏. 城乡差距、社会分层与农民工流动问题 [J]. 财贸研究, 2013, 24 (6): 36-45.

[414] 张立军, 湛泳. 我国农村金融发展对城乡收入差距的影响 [J]. 财经科学, 2006a, 4 (217): 53-60.

[415] 张立军, 湛泳. 中国农村金融发展对城乡收入差距的影响——基于1978~2004年数据的检验 [J]. 中央财经大学学报, 2006b (5): 34-39.

[416] 张秋惠, 刘金星. 中国农村居民收入结构对其消费支出行为的影响——基于1997-2007年的面板数据分析 [J]. 中国农业经济, 2010 (4).

[417] 张书维. 社会公平感、机构信任度与公共合作意向 [J]. 心理学报, 2017, 49 (6): 794-813.

[418] 张卫东. 城市老年人社会支持利用度研究 [J]. 心理科学, 1997, 20 (5): 414-417.

[419] 张笑秋. 新生代农民工流动意愿的影响因素分析 [J]. 江西社会科学, 2012, 32 (2): 12-16.

[420] 张羽, 邢占军. 社会支持与主观幸福感关系研究综述 [J]. 心理科学, 2007, 30 (6): 1436-1438.

[421] 张志胜. 新生代农民工住房保障的阙如与重构 [J]. 城市问题, 2011 (2): 90-95.

[422] 赵斌, 刘米娜. 收入、社会资本、健康与城市居民幸福感的实证分析 [J]. 统计与决策, 2013 (20): 96-99.

[423] 赵凤青, 罗晓路. 理论视角: 幸福感与成就动机、社会支持的交互影响 [J]. 黑龙江社会科学, 2016 (2): 103-108.

[424] 赵燕梅, 张正堂, 刘宁, 丁明智. 自我决定理论的新发展述评 [J]. 管理学报, 2016, 13 (7): 1095-1104.

[425] 周东明, 谭红专. 农村敬老院老年人生活质量及其影响因素研究 [J]. 中国公共卫生, 2001, 17 (4): 368-369.

[426] 周浩, 龙立荣. 共同方法偏差的统计检验与控制方法 [J]. 心理科学进展, 2004, 12 (6): 942-950.

［427］周建华，刘建江. 农民工城市住房支持的政策因应［J］. 农村经济，2014（7）：103-107.

［428］周秀平，南方. 心理期待与进城务工青年的城市融入［J］. 当代青年研究，2014（5）：41-46.

［429］朱力. 论农民工阶层的城市适应［J］. 江海学刊，2002（6）：82-88.

［430］竺乾威. 从新公共管理到整体性治理［J］. 中国行政管理，2008（10）：52-58.